최고의 적중률로
최적합
합격을 보장하는

한국정보통신진흥협회 인증 교재

프롬프트 엔지니어

2급

출제기준에 맞춘 **핵심 이론** ⊕ **최신 기출문제** 수록

김현정 지음

KB212946

BM (주)도서출판 **성안당**

■ 도서 A/S 안내

성안당에서 발행하는 모든 도서는 저자와 출판사, 그리고 독자가 함께 만들어 나갑니다.

좋은 책을 펴내기 위해 많은 노력을 기울이고 있습니다. 혹시라도 내용상의 오류나 오탈자 등이 발견되면 "좋은 책은 나라의 보배"로서 우리 모두가 함께 만들어 간다는 마음으로 연락주시기 바랍니다. 수정 보완하여 더 나은 책이 되도록 최선을 다하겠습니다.

성안당은 늘 독자 여러분들의 소중한 의견을 기다리고 있습니다. 좋은 의견을 보내주시는 분께는 성안당 쇼핑몰의 포인트(3,000포인트)를 적립해 드립니다.

잘못 만들어진 책이나 부록 등이 파손된 경우에는 교환해 드립니다.

저자 문의 e-mail : hena080@daum.net(김현정)

본서 기획자 e-mail : coh@cyber.co.kr(최옥현)

홈페이지 : http://www.cyber.co.kr   전화 : 031) 950-6300

인공지능(AI)의 급격한 발전과 함께 생성형 AI의 활용 범위가 다양한 산업 분야로 확장되고 있다. 챗GPT, Gemini, 네이버 클로바와 같은 거대 언어 모델(LLM) 기반 AI 기술은 텍스트 생성, 데이터 분석, 코드 작성, 고객 응대, 자동화 업무 등 여러 분야에서 혁신을 이끌어가고 있다. 그러나 이러한 AI 모델이 항상 완벽한 응답을 제공하는 것은 아니다. 따라서 우리가 원하는 결과를 얻기 위해서는 AI 모델을 활용하는 방법을 아는 것이 필수적이다.

만약 AI 모델의 응답이 기대에 미치지 못했다면, 여러분이 적절한 프롬프트를 작성했는지를 먼저 점검해야 한다. 프롬프트는 AI 응답의 품질을 결정하는 핵심 요소 중 하나이다. AI 모델은 입력된 문장을 바탕으로 최적의 응답을 생성하는데, 프롬프트의 구조와 표현 방식에 따라 결과가 크게 달라질 수 있기 때문이다. 이것이 우리가 프롬프트 엔지니어링을 배워야 하는 이유이다.

프롬프트 엔지니어링은 AI 모델이 더 정확하고 유용한 응답을 생성할 수 있도록 입력을 최적화하는 기술을 의미하며, 이를 통해 AI의 활용성을 높일 수 있는 방법이다.

AI 시대에는 단순히 AI를 사용하는 것을 넘어, AI로부터 더 나은 결과를 이끌어낼 수 있도록 프롬프트를 적절하게 작성하는 능력이 중요하다. 그렇기 때문에 컴퓨터 활용 능력만큼이나 AI 활용 능력이 중요한 시대가 되었다.

한국정보통신진흥협회(KAIT)는 2024년 9월 28일 처음으로 프롬프트 엔지니어 자격시험을 시행하였다. 프롬프트 엔지니어는 이러한 기술을 체계적으로 습득하고, AI 모델을 효과적으로 활용하는 전문가이다. 이 시험은 생성형 AI를 활용하는 실무 능력을 평가하는 자격시험으로, 1급과 2급으로 나뉜다.

- 프롬프트엔지니어 1급: 고급 프롬프트 기술, 모델링 심화, 문제 해결 방법 등 전문 지식 평가
- 프롬프트엔지니어 2급: 생성형 AI의 기초 개념, 활용 사례, 자연어 처리 등 기본 지식 평가

본 수험서는 프롬프트엔지니어 2급 시험을 준비하는 학습자를 위해 제작되었으며, 출제 범위에 맞춰 개념 정리와 문제 풀이 연습을 체계적으로 구성하였다.

자격 시험에 합격하기 위해서는 출제범위에 맞춘 체계적인 학습과 실전 연습이 필수적이다. 이를 위해 이 책에서는 출제범위에 맞춘 개념 학습과 샘플 문제 풀이, 그리고 최신 기출문제와 상세한 해설로 구성하였다.

생성형 AI는 빠르게 발전하고 있으며, 앞으로 다양한 산업에서 핵심 기술로 자리 잡을 것이다. AI의 성능을 극대화하고, 최적의 결과를 얻기 위해 프롬프트 엔지니어링은 필수적인 역량이 되고 있다. 프롬프트 엔지니어 2급 자격시험은 AI를 효율적으로 활용할 수 있는 실무 능력을 검증하는 중요한 기회이다. 본 수험서가 핵심 개념 학습과 실전 대비에 도움이 되기를 바라며, 독자들이 프롬프트 엔지니어로서 성장할 수 있는 디딤돌이 되기를 기대한다.

프롬프트엔지니어 2급 시험 안내

1 자격검정 소개

프롬프트엔지니어는 생성형 AI 모델(예 챗GPT, Gemini, 네이버 클로바 등)의 성능을 극대화하기 위해 프롬프트를 최적화하는 기술과 이를 응용할 수 있는 능력을 갖춘 전문가를 의미한다. 한국정보통신진흥협회는 2024년 9월 8일에 「프롬프트엔지니어」 자격시험을 처음 시행하였으며, 자격은 1급과 2급으로 나뉜다. 2급 시험은 입문자를 대상으로 프롬프트 엔지니어링의 기초 지식, 응용 및 활용 능력을 평가하며, 1급 시험은 전문가 수준의 심화적인 내용을 다룬다. 프롬프트엔지니어의 급수별 출제 범위는 다음과 같다.

등급	과목	대분류	주요 내용
1급	분석 및 모델링	엔지니어 심화	– 언어 모델 고급 – 프롬프트 고급
	모델링 적용 및 구축	엔지니어 적용	– 적합 모델 분석 – 태스크별 모델 적용 상세 – 모델 운영
		문제해결 방법	– 알고리즘 및 논리사고 – 데이터 분석기술
2급	기초 이해 및 개요	개념 및 이해	– 생성형 AI의 이해 – 생성형 AI의 종류 – LLM의 기능 및 역사
		엔지니어 개요	– 디자인 프레임워크 – 확장 테크닉 및 보안
	활용사례 연구	국내외 활용사례	– 국내 활용 사례 – 해외 활용 사례
		도입효과	– 업무 생산성 향상 – 투입 비용 절감
	분석 및 기획	엔지니어 기초	– 생성조건 이해, 자연어 처리 – 액팅& 포맷팅, 체이닝
		엔지니어 적용	– 적합 모델 개요 및 사례 – 상황/목적별 목표값 도출 – 운영비용 최적화

프롬프트엔지니어 자격검정은 비대면 방식으로 진행되며, 검정 시간은 90분이다. 비대면 방식은 인터넷에 접속할 수 있는 환경에서 자택, 기숙사, 회의실 등 1인 1실의 공간에서 개인 컴퓨터를 이용해 응시하는 것을 의미한다. 2급의 자격검정은 2, 5, 8, 11월에 실시되고, 접수 및 시험일자는 KIAT정보통신기술자격검정 웹사이트(www.ihd.or.kr)에서 확인 가능하다.

② 합격 기준

① **문제수**: 60문항(객관식 사지택일)

② **시험시간**: 60분

③ **합격 기준**: 100점 만점 60점 이상

④ **응시자격**: 학력, 연령, 경력 제한 없음

③ 자격검정 준비 방법

프롬프트엔지니어 자격시험을 준비하기 위해서는 출제 범위에 맞춘 체계적인 학습과 문제 풀이 연습이 필수적이다. 이를 효과적으로 대비하기 위해 다음과 같은 방법을 활용해 준비하는 것이 중요하다.

① 출제 범위 이해와 학습

자격검증은 1급과 2급으로 나뉘며, 급수별 출제 범위가 다르다. 따라서 자신이 준비하는 급수에 따라 다음과 같은 학습 방향을 설정해야 한다.

1급	고급 프롬프트 기술, 모델링 심화, 문제 해결 방법 등 전문 지식을 심층적으로 이해
2급	생성형 AI의 기초 개념, 활용 사례, 자연어 처리 등 기본 지식을 중점적으로 학습

자격검정의 출제 범위를 바탕으로 개념을 체계적으로 정리한 학습서와 강의를 활용하는 것이 중요하다. 이 책에서는 챕터별로 출제 범위에 따른 핵심 개념을 설명하고 있다.

② 문제 풀이 연습

자격검정 준비의 또 다른 중요한 요소는 문제 풀이 연습이다. 실제 시험과 유사한 문제를 풀어보며 출제 유형에 익숙해지는 것이 필요하다. 이 책에서는 학습한 내용을 바탕으로 자격검정 홈페이지에서 제공하고 있는 샘플 문제를 풀어보도록 구성하였다.

③ 최신 기출문제 분석

최신 기출문제를 풀어보는 것은 실제 시험에서의 실전 감각을 익히는 데 효과적이다. 이 책의 부록에서는 자신의 실력을 점검할 수 있도록 3회차의 최신 기출문제와 정답을 제공하고 있다.

목차

PART

2 최신 기출문제

PART **1**

프롬프트
엔지니어 핵심
정리

프롬프트 엔지니어가 되기 위해 반드시 알아야 할 생성형 AI 및 거대 언어 모델 (LLM)의 개념을 이해하고, 프롬프트 엔지니어링의 원리, AI의 신뢰성과 윤리적 이슈, 그리고 실무 적용 및 비즈니스 활용 방법을 학습한다.

특히, 생성형 AI의 발전 과정과 거대 언어 모델의 학습 방식, 주요 과제를 분석하여 핵심 기술을 이해하고, 프롬프트 엔지니어링의 다양한 전략 패턴을 익혀 보다 효과적인 AI 프롬프트 설계 역량을 갖춘다. 그뿐만 아니라, 거대 언어 모델의 한계와 윤리적 문제를 고려하여 신뢰성 있는 AI 활용 능력을 배양하고, 생성형 AI의 실제 활용 사례 및 도입 효과를 분석하여 실무 적용 능력을 배양한다.

AI

1 생성형 인공지능

생성형 AI의 개념을 이해하고, 다양한 유형의 생성형 AI 모델을 학습한다. 또한, 생성형 AI가 데이터를 생성하는 원리를 이해하고, AI가 발전해 온 흐름을 살펴본다. 이를 통해 생성형 AI의 원리를 명확히 이해하여 생성형 AI에 대한 기초 지식을 쌓는다.

1 // 생성형 AI 개념

여러분이 그림을 그리거나 이야기를 쓸 때 머릿속에서 새로운 아이디어가 떠오르듯이, 생성형 AI도 새로운 그림, 이야기, 음악 등을 만들어낼 수 있다. 예를 들어, 생성형 AI에게 다양한 영어 단어를 학습시킨다면, 그 단어들을 조합해 시를 쓰는 것도 가능하다. AI에게 여러 그림을 보여주면, 이를 바탕으로 AI가 새로운 그림을 창작하기도 한다.

그렇다면 왜 '생성형'이라는 단어가 사용되었을까? 생성형 AI가 등장하기 이전의 인공지능은 주로 데이터를 분류하거나 예측하는 데 사용되었다. 예를 들어, 사진 속에 무엇이 있는지 인식하거나, 다음에 일어날 일을 예측하는 식이었다. 하지만 생성형 AI는 한 걸음 더 나아간다. 주어진 데이터를 분석하는 것을 넘어서, 새로운 것을 직접 만들어내는 능력을 가지고 있기 때문이다. 즉, 기존의 정보와 데이터를 바탕으로 새로운 그림을 그리거나, 음악을 작곡하고, 이야기를 창작하는 등 창의적인 결과물을 만들어낼 수 있다. 무엇인가를 만들어낼 수 있는 능력을 가지고 있기 때문에 '생성형'이라는 이름이 붙은 것이다. 마치 사람처럼 새로운 아이디어를 떠올리고 그것을 표현할 수 있는 AI라고 할 수 있다.

생성형 AI는 다음과 같이 다양한 분야에서 인간의 창의력을 확장하고, 반복적이거나 시간이 많이 걸리는 작업을 자동화하는 데 중요한 역할을 한다.

① **글쓰기**: 생성형 AI는 기사 작성, 블로그 포스트, 소설, 시 등 다양한 글을 자동으로 작성할 수 있다. 예를 들어, 주어진 주제에 대해 자연스러운 문장을 생성하거나, 기존 텍스트를 바탕으로 요약하거나 편집하는 작업도 가능하다.

② **이미지 생성**: AI는 간단한 설명이나 텍스트를 입력받아 고유한 이미지를 생성할 수 있다. 예술 작품, 포스터, 디자인 시안 등 다양한 창의적인 작업에서 활용된다.

③ **음성 생성**: 입력된 텍스트를 기반으로 사람처럼 자연스러운 음성을 생성한다. AI 음성 비서, 오디오북 내레이션, 자동 응답 시스템 등에서 사용된다.

④ **음악 생성**: AI는 멜로디, 리듬, 악기 선택을 자동으로 조합해 새로운 음악을 작곡할 수 있다. 영화 음악, 배경 음악, 게임 사운드트랙 등에 활용된다.

⑤ **동영상 생성**: AI는 짧은 텍스트 설명을 바탕으로 애니메이션이나 동영상을 자동으로 생성한다. 홍보 영상, 애니메이션 콘텐츠 제작 등에서 사용된다.

⑥ **코드 생성 및 완성**: AI는 주어진 프로그래밍 언어에 맞춰 코드를 생성하거나, 작성 중인 코드를 자동으로 완성해 개발자들이 더 효율적으로 작업할 수 있도록 돕는다.

⑦ **데이터 증강**: AI는 기존 데이터를 변형하거나 확장하여, 모델 훈련에 필요한 추가 데이터를 생성한다. 이는 특히 데이터가 부족한 상황에서 모델 성능을 향상시키는 데 유용하다.

심층학습

인공지능이란 인간의 인지·추론·판단 등의 능력을 컴퓨터로 구현하기 위한 기술을 말한다(출처: 두산백과). 인공지능 기술에 대한 연구는 '인공지능'이라는 개념의 넓은 범위에서 시작해 머신러닝과 딥러닝을 거쳐, 생성형 AI로 발전했다. 인공지능 기술에 대한 연구에 대해 많은 기대를 가졌지만, 사람들의 기대만큼 연구 성과가 나오지 않아 1970년대와 1980년대에 'AI 겨울(AI Winter)'이라는 침체기를 겪게 되었다.

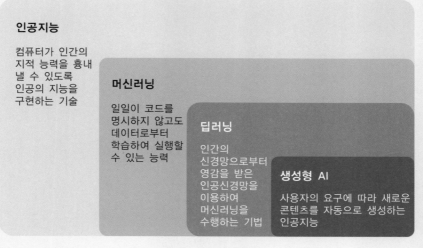

인공지능

컴퓨터가 인간의 지적 능력을 흉내 낼 수 있도록 인공의 지능을 구현하는 기술

머신러닝

일일이 코드를 명시하지 않고도 데이터로부터 학습하여 실행할 수 있는 능력

딥러닝

인간의 신경망으로부터 영감을 받은 인공신경망을 이용하여 머신러닝을 수행하는 기법

생성형 AI

사용자의 요구에 따라 새로운 콘텐츠를 자동으로 생성하는 인공지능

▲ 그림 1 인공지능의 분류

이로 인해 연구 범위는 머신러닝으로 좁혀진다. 머신러닝은 인공지능의 하위 개념으로, 데이터를 분석하고 자동으로 규칙을 학습하는 기술이다. 주어진 데이터를 기반으로 패턴을 찾고, 그 패턴을 바탕으로 예측하거나 분류 작업을 수행한다.

머신러닝(machine learning)은 우리말로 '기계학습'을 뜻한다. 머신러닝 알고리즘에게 입력과 출력 데이터를 알려주면, 알고리즘은 입력과 출력 데이터 간의 규칙을 발견한다. 예를 들어, 자동차의 특징을 뽑아 입력 데이터로 넣어주면, 알고리즘은 이를 자동차로 분류하도록 규칙을 찾아낸다. 이렇게 입력 데이터와 출력 데이터 간의 규칙을 발견하는 것을 '학습'이라고 부른다. 이런 학습 과정을 통해 자동차, 자전거 등의 사물을 분류할 수 있다.

머신러닝 알고리즘은 분류뿐만 아니라 예측하는 기능도 가지고 있다. 예를 들어, 주식 가격, 날씨, 사용자 행동 등의 과거 데이터를 학습한 알고리즘은 미래의 결과를 예측할 수 있다.

딥러닝(deep learning)은 인간의 뇌를 모방한 '인공신경망(Neural Network)'을 기반으로 한 기술이다. 머신러닝의 한 분야인 딥러닝은 여러 층의 신경망을 통해 복잡한 데이터에서 패턴을 학습하고 이를 처리할 수 있다.

딥러닝은 복잡한 패턴을 학습하여 데이터를 분류하거나 예측하는 데 뛰어난 성능을 발휘한다. 예를 들어, 딥러닝 모델이 수많은 동물 사진을 학습한 후, 학습하지 않았던 새로운 동물 사진이 주어졌을 때 해당 동물을 분류할 수 있다.

또한 신경망이 학습한 방대한 데이터를 바탕으로, 새로운 입력 데이터가 주어졌을 때 미래의 결과를 예측할 수 있다. 예를 들어, 의료 데이터를 통해 환자의 상태를 분석해 질병 발생 가능성을 예측하거나, 금융 데이터를 통해 주식 시장의 움직임을 예측할 수 있다.

딥러닝은 그림 2와 같은 심층 신경망을 사용한다. 머신러닝 알고리즘으로 해결하기 어려웠던 객체 인식, 자연어(Natural Language Processing, NLP) 처리 및 음성 처리 분야에서 딥러닝이 두드러진 연구 성과를 보임에 따라, 딥러닝 분야가 머신러닝에 속해 있음에도 이 둘을 구별해 부르고 있다.

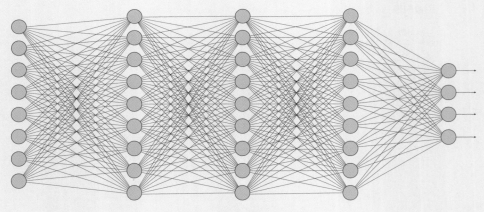

▲ 그림 2 심층 신경망

머신러닝 알고리즘과 딥러닝 알고리즘은 입력 방식에서 큰 차이가 있다. 머신러닝에서는 사람이 직접 특징 데이터를 추출한 후 입력으로 넣어줘야 한다. 반면, 딥러닝 알고리즘은 입력 데이터로부터 자동으로 특징을 추출해 학습을 진행한다.

예를 들어, 자동차 이미지를 분류할 때를 생각해보면, 머신러닝에서는 자동차의 특징(바퀴 개수, 너비, 높이 등)을 직접 뽑아내어 학습 알고리즘에 입력해야 한다. 그러나 딥러닝에서는 자동차 이미지 자체를 입력으로 넣어주기만 하면 된다. 그 이유는 딥러닝 알고리즘이 스스로 특징을 추출하고, 이를 바탕으로 학습을 진행하기 때문이다. 딥러닝은 복잡한 패턴을 학습하고, 그 패턴에 따라 데이터를 분류한다.

2 // 생성형 AI 동작 방식

생성형 AI의 동작방식은 사용자의 입력을 기반으로 새로운 데이터를 생성하는 것이다. 이를 위해 생성형 AI는 대량의 데이터를 학습하여 패턴과 규칙을 파악한다.

① 데이터 학습: 생성형 AI 모델은 방대한 양의 텍스트, 이미지, 음성 등 다양한 형태의 데이터를 학습한다. 이 과정에서 데이터의 패턴, 문맥, 스타일 등을 파악하게 된다. 예를 들어, GPT-3는 570GB 분량의 텍스트를 학습했고, 이를 단어로 계산하면 3,000억 개의 수준이다.

② 사용자 입력 처리: 사용자가 요청사항을 문장으로 입력하거나 이미지 설명 등을 입력하면, 모델은 입력의 내용을 분석하여 가장 적합한 생성 결과를 만들어낸다.

③ 확률적 생성: 생성형 AI는 학습한 패턴을 바탕으로 확률적 접근 방식을 사용하여 새로운 콘텐츠를 생성한다. 여러 개의 단어로 구성된 문장이 주어지면 다음으로 올 수 있는 단어를 확률적으로 계산한 후, 높은 확률의 단어를 선정한다.

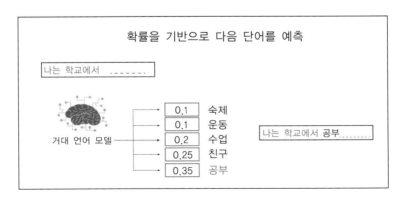

▲ 그림 3 생성형 AI의 동작 방식

그림 3은 생성형 AI 모델이 다음에 나올 단어를 확률적으로 예측하는 과정을 보여준다. "나는 학교에서"라는 단어가 주어지면, AI 모델은 그 다음에 나올 가능성이 있는 단어들에 대해 확률 분포를 계산한다. 다음에 올 수 있는 단어들은 숙제, 운동, 수업, 친구, 공부 등으로, 이 중에서 문맥상 "공부"의 확률이 가장 높은 값을 가지므로, "공부"라는 단어를 선택하여 문장을 완성한다.

④ **출력 생성**: 생성형 AI는 사용자가 입력한 내용에 따라 텍스트, 이미지, 음성, 동영상 등 다양한 형태의 콘텐츠를 완성하여 사용자에게 결과를 제공한다. 이때 생성된 결과는 학습한 데이터를 기반으로 하지만, 새로운 조합과 변형을 통해 새로운 콘텐츠를 만들어낸다. 예를 들어, ChatGPT는 사용자의 질문에 따라 새로운 텍스트를 생성하고, DALL-E는 입력된 텍스트 설명에 따라 새로운 이미지를 생성한다.

샘플문제 풀이

| 프롬프트엔지니어2급 샘플문제 A형 – 1번 |

문제 1 생성형 AI에 대한 설명으로 옳은 것은?

① 규칙 기반 시스템을 말한다.

② 데이터를 분류하는 AI를 말한다.

③ 새로운 콘텐츠를 생성하는 AI를 말한다.

④ 로봇 제어 시스템에 해당한다.

정답 ③

해설

생성형 AI는 새로운 콘텐츠를 자동으로 생성하는 AI를 의미한다. 텍스트, 이미지, 음성, 음악, 비디오 등 다양한 형태의 콘텐츠를 생성할 수 있으며, OpenAI의 ChatGPT나 DALL-E 같은 생성형 AI가 이에 해당된다. 따라서 정답은 ③이 된다.

| 프롬프트엔지니어2급 샘플문제 B형 – 24번 |

문제 2 생성형 AI에 대한 올바른 설명은 무엇인가?

① ChatGPT는 주로 이미지 생성을 목적으로 개발되었다.

② DALL-E는 텍스트 생성에 특화되어 있다.

③ GPT-4는 광범위한 텍스트 생성 능력을 가지고 있다.

④ Codex는 언어 모델이다.

해설

생성형 AI 모델 중 GPT-4는 가장 발전된 언어 모델로, 다양한 텍스트 생성 작업을 수행할 수 있는 광범위한 능력을 가지고 있다. ChatGPT는 텍스트 생성을 목적으로 개발되었고, DALL-E는 이미지 생성에 특화되었다. Codex는 코드 생성에 특화된 모델로, 언어 모델(Large Language Model, LLM)의 확장 형태이므로, 일반적인 언어 모델이라고 보기 어렵다. 따라서 정답은 ③이 된다.

| 프롬프트엔지니어2급 샘플문제 A형 - 3번 |

문제 3 생성형 AI가 제공할 수 있는 기능이 아닌 것은?

① 텍스트 생성

② 음악 생성

③ 코드 생성

④ 시스템 보안

정답 ④

해설

생성형 AI는 주로 텍스트, 이미지, 음악, 코드 등의 창작물을 생성하는 데 사용된다. '시스템 보안'은 해킹 방지, 데이터 보호, 네트워크 보안 등을 통해 시스템을 보호하기 위한 목적이므로, 새로운 콘텐츠를 생성하는 생성형 AI와는 본질적으로 다르다. 따라서 정답은 ④가 된다.

| 프롬프트엔지니어2급 샘플문제 A형 - 6번 |

문제 4 다음 중 생성형 AI에 설명으로 가장 옳은 것은?

① 음성 처리 기술을 활용하여 새로운 텍스트를 생성한다.

② 이미지를 분류하는 인공지능 기술을 말한다.

③ 사물 인식을 위해 사용되는 인공지능 기술을 말한다.

④ 새로운 내용을 생성하는 인공지능 기술을 말한다.

정답 ④

해설

생성형 AI는 텍스트, 이미지, 음성, 비디오 등과 같은 새로운 콘텐츠를 자동으로 생성하는 AI 기술이다. 음성 처리 기술은 보통 음성 인식이나 음성 합성에 사용되므로, 새로운 텍스트 생성과는 관련이 없는 기술이다(①). 이미지 분류나 사물인식은 머신러닝이나 딥러닝 기술이 활용된다(②, ③). 따라서 정답은 ④가 된다.

문제 5 생성형 AI의 주요 목적은 무엇인가?

① 새로운 콘텐츠 생성　　　　② 데이터 저장

③ 네트워크 관리　　　　　　④ 하드웨어 업그레이드

정답 ①

해설

생성형 AI를 활용하는 것은 텍스트, 이미지, 동영상, 음성 등 새로운 콘텐츠를 생성하는 데 목적이 있다. 생성형 AI는 사용자가 입력한 내용에 맞춰 텍스트, 이미지, 음성, 동영상 등 다양한 형태의 콘텐츠를 확률적 접근 방식으로 생성한다. 따라서 정답은 ①이 된다.

문제 6 생성형 AI 모델의 동작 원리에 관한 설명으로 가장 적절한 것은 무엇인가?

① 주어진 입력을 바탕으로 출력 레이블을 예측하는 방식을 사용한다.

② 사용자의 입력을 받아 새로운 데이터를 생성하는 방식으로 동작한다.

③ 주어진 입력과 같은 형태의 데이터를 무작위로 선택하는 방식으로 동작한다.

④ 입력 데이터의 모든 특징을 제거한 후 새로운 데이터를 생성한다.

정답 ②

해설

생성형 AI 모델은 사용자의 입력을 기반으로 새로운 데이터를 생성하는 방식으로 동작한다. 예를 들어, 사용자가 텍스트나 이미지를 생성해달라는 요청을 입력하면, 생성형 AI는 이를 바탕으로 새로운 텍스트나 이미지를 만들어낸다. 따라서 정답은 ②가 된다.

문제 7 생성형 AI의 정의로 가장 적절한 것은?

① 데이터를 분석하여 패턴을 인식하는 기술

② 주어진 입력으로부터 새로운 데이터를 생성하는 기술

③ 사람의 언어를 이해하고 처리하는 기술

④ 로봇이 자율적으로 움직이는 기술

해설

생성형 AI는 주어진 입력(프롬프트)을 바탕으로 텍스트, 이미지, 음성, 비디오 등 새로운 데이터를 생성하는 인공지능 기술이다. 예를 들어, ChatGPT는 사용자가 입력한 문장을 바탕으로 새로운 텍스트를 생성하고, DALL−E는 입력된 설명에 따라 새로운 이미지를 만든다. 데이터 분석 및 패턴 인식 기술은 머신러닝과 관련이 있다(①). 사람의 언어를 이해하고 처리하는 기술은 자연어 처리 기술에 대한 설명이다(③). 로봇 기술은 생성형 AI와 관련이 없다(④). 따라서 정답은 ②가 된다.

| 프롬프트엔지니어2급 샘플문제 B형 − 4번 |

문제 8 생성형 AI의 데이터 처리와 생성 방식은 무엇인가?

① 주어진 데이터를 암호화하여 저장한다.

② 주어진 데이터를 삭제한 후 새로운 데이터를 만든다.

③ 주어진 데이터를 그대로 저장한다.

④ 주어진 데이터를 학습하여 새로운 데이터를 생성한다.

정답 ④

해설

생성형 AI는 주어진 데이터를 학습하여 이를 바탕으로 새로운 데이터를 생성하는 방식으로 작동한다. 예를 들어, 생성형 AI 모델인 ChatGPT는 텍스트 데이터를 학습하여 새로운 문장을 생성하고, DALL−E는 이미지 데이터를 학습하여 새로운 이미지 생성한다. 따라서 정답은 ④가 된다.

3 /// 생성형 AI 종류

생성형 AI를 활용한 서비스는 다양하다. 무언가를 생성할 수 있는 능력 덕분에 텍스트, 이미지, 음성, 비디오, 음악, 코드 등 각 분야에서 콘텐츠 생성에 적극적으로 활용되고 있다.

1) 텍스트 생성형 AI

텍스트를 생성하는 AI 서비스로는 ChatGPT, Gemini, Claude, CLOVA X 등이 있다. 이들 서비스를 통해 에이전트와 다양한 주제에 대해 대화를 나누거나, 글쓰기, 요약, 이메일 작성, 마케팅 카피 작성 등 텍스트 기반의 작업을 자동화할 수 있다.

① ChatGPT: OpenAI가 개발한 인공지능 챗봇으로, 2022년 11월에 출시했다. 프롬프트를 입력하면 이미지, 텍스트 또는 비디오를 생성하는 생성형 AI를 이용한 서비스이다. GPT-3.5와 GPT-4 버전이 있으며, GPT-4는 멀티모달 기능을 통해 텍스트뿐만 아니라 이미지 생성 및 인식도 가능하다.

② Gemini: 구글과 딥마인드가 만든 인공지능 챗봇으로, 2023년 5월 10일에 처음 공개되었다. 텍스트, 오디오, 이미지, 비디오 등 다양한 입출력을 지원하는 멀티모달 AI이다. Google 검색을 보완하는 것 외에도 구글닥스, 구글스프레드시트, Gmail 등과 같은 서비스와 연동이 가능하다.

③ Claude: 앤트로픽(Anthropic)에서 2023년 3월 출시한 인공지능 챗봇으로, 자유, 비인도적 대우 반대, 프라이버시 보호 등 안전한 AI 원칙을 기반으로 설계되었다. 텍스트 및 코드 생성, 이미지 인식, 외부 도구와의 연동 등 다양한 기능을 지원하며, 복잡한 작업에서도 높은 성능을 보인다. 특히, 높은 보안성과 낮은 오류율을 통해 신뢰도를 높였다.

④ Clova X는 2023년 8월에 네이버가 출시한 생성형 AI 챗봇 및 대화형 인공지능 서비스로, 네이버의 초거대 AI 모델 'HyperCLOVA X'를 기반으로 하고 있다. 이 서비스는 생성형 AI 기술을 활용한 챗봇 역할을 수행하고, 네이버의 강점인 한국어 자연어 처리(NLP) 기술을 바탕으로 한국어에 특화한 AI로 설계되었다. 텍스트 기반 대화, 문서 요약, 콘텐츠 생성, 번역, 코드 작성 등 다양한 기능을 지원한다.

 Tip **Clova X와 Clova Studio의 차이**

Clova X와 Clova Studio 모두 하이퍼클로바X를 기반으로 개발된 만큼, 다른 모델에 비해 한국어와 한국 문화에 대한 이해도가 높아 한국어 구사 능력과 작문 실력이 뛰어나다.
Clova X와 Clova Studio는 사용 목적이 다른 서비스이다. Clova X의 경우 일반 사용자가 AI 챗봇 기능을 활용하여 텍스트 기반 대화, 정보 검색, 문서 생성 등을 수행할 수 있는 대화형 AI 서비스인 반면, Clova X Studio는 기업 및 개발자가 AI 모델을 커스터마이징하여 API 형태로 연동하고, 기업 데이터를 학습시켜 맞춤형 AI 솔루션을 구축할 수 있는 AI 모델 개발 플랫폼이다. 또한, 이미지와 음성 정보를 한국어로 추론할 수 있는 멀티모달 확장성을 갖추고 있다.

그림 4은 ChatGPT 서비스의 캡처 화면을 보여주고 있다. ChatGPT에 "엑셀에서 합계를 구하는 방법을 알려줘"라고 질문하면 에이전트가 합계를 구하는 방법을 알려준다. 이렇게 생성형 AI는 텍스트 생성을 통해 사용자의 질문에 대답할 수 있다.

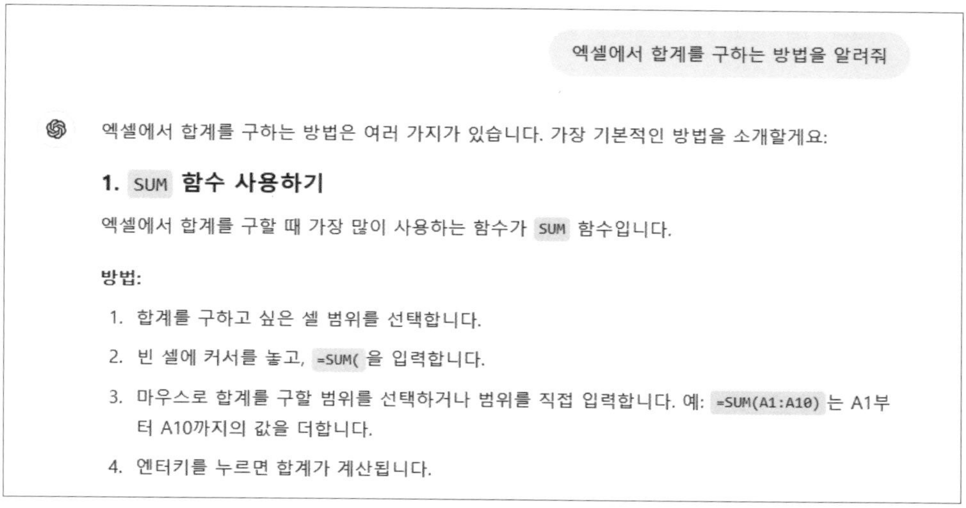

엑셀에서 합계를 구하는 방법을 알려줘

엑셀에서 합계를 구하는 방법은 여러 가지가 있습니다. 가장 기본적인 방법을 소개할게요:

1. `SUM` 함수 사용하기

엑셀에서 합계를 구할 때 가장 많이 사용하는 함수가 `SUM` 함수입니다.

방법:

1. 합계를 구하고 싶은 셀 범위를 선택합니다.
2. 빈 셀에 커서를 놓고, `=SUM(` 을 입력합니다.
3. 마우스로 합계를 구할 범위를 선택하거나 범위를 직접 입력합니다. 예: `=SUM(A1:A10)` 는 A1부터 A10까지의 값을 더합니다.
4. 엔터키를 누르면 합계가 계산됩니다.

▲ 그림 4 ChatGPT가 질문에 대답하는 화면

2) 이미지 생성형 AI

이미지를 생성하는 AI 서비스로는 DALL-E, Midjourney, Stable Diffusion 등이 있다. 원하는 내용을 텍스트 형태로 입력하면 이미지를 생성하는데, DALL-E는 텍스트 설명을 기반으로 이미지를 생성하는 반면, Midjourney는 텍스트 기반으로 예술적인 이미지를 생성한다.

그림 5는 Midjourney가 입력된 텍스트에 따라 생성한 이미지를 보여주고 있다.

▲ 그림 5 Midjourney가 생성한 이미지

3) 음성/비디오/음악 생성형 AI

Google Cloud Text-to-Speech, Amazon Polly, 클로바 더빙 등은 텍스트를 음성으로 생성하는 AI다. 예를 들어, "이번 역은 서울역입니다"와 같이 텍스트를 입력하면 AI가 사람이 말하는 것처럼 음성을 생성한다.

음성뿐만 아니라 비디오 영상 생성을 AI도 있다. Synthesia, Pictor, Runway 등은 텍스트나 스크립트를 입력하면 이를 비디오 영상으로 생성해 준다. MuseNet과 Aiva는 특정 스타일이나 장르의 음악을 자동으로 생성해 준다.

4) 코드 생성형 AI

GitHub Copilot은 프로그래머를 위한 코드 작성을 도와주는 AI로, 개발자가 작성 중인 코드의 맥락을 이해하여 자동으로 코드를 제안하거나 완성해 준다. 이는 OpenAI에서 개발한 Codex 모델을 기반으로 하며, Codex는 자연어로 작성된 설명을 읽고 해당 설명에 맞는 코드를 생성할 수 있는 AI 모델이다.

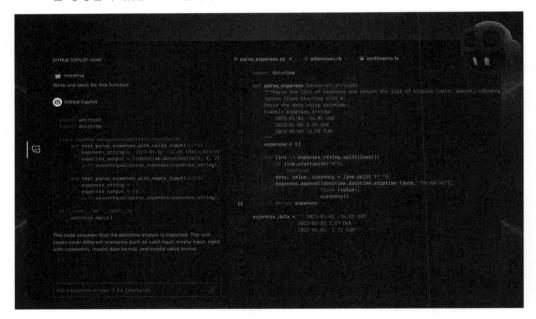

▲ 그림 6 Copilot이 코드를 생성하는 화면

샘플문제 풀이

문제 1 생성형 AI의 예시가 아닌 것은?

① ChatGPT

② DALL–E

③ Midjourney

④ Google Maps

정답 ④

해설

Google Maps는 생성형 AI가 아닌 지도 서비스다. Google Maps는 사용자가 필요로 하는 경로 안내, 교통 정보, 거리 조회 등의 정보를 제공하는 것을 목적으로 하며, 콘텐츠를 새로 생성하는 것이 아니라 기존의 지도 데이터를 바탕으로 사용자의 요구에 맞는 경로와 정보를 제공하는 정보 기반 시스템이다. 따라서 정답은 ④가 된다.

문제 2 빈칸에 들어갈 단어는 무엇인가?

> 생성형 AI 모델 중 하나인 (   )는 언어를 기반으로 대화를 생성하는 AI 모델이다.

① Claude   ② DALL–E

③ Midjourney   ④ Runway

정답 ①

해설

텍스트 생성용 AI는 언어를 기반으로 대화를 생성하는 AI 모델로, 이 모델을 활용한 서비스로는 ChatGPT, Gemeni, Claude, 하이퍼클로바 X 등이 있다. DALL–E와 Midjourney는 이미지 생성 모델이고, Runway는 비디오 생성 및 편집에 특화된 AI 모델이다. 따라서 정답은 ①이 된다.

문제 3 생성형 AI가 활용되는 분야로 가장 옳지 않은 것은?

① 텍스트 생성   ② 이미지 생성

③ 동영상 생성   ④ 데이터 분류

정답 ④

해설

생성형 AI는 텍스트, 이미지, 동영상, 음성 등 새로운 콘텐츠를 생성하는 데 사용된다. 데이터 분류는 생성형 AI가 아닌 머신러닝이나 딥러닝 기술을 활용한다. 따라서 정답은 ④가 된다.

| 프롬프트엔지니어2급 샘플문제 B형 – 6번 |

문제 4 다음 설명에 해당하는 생성형 AI는 무엇인가?

> 구글과 딥마인드가 개발한 멀티모달 생성형 인공지능 모델이다. 구글Docs, Sheets, Gmail 등과 같은 서비스와 연동하여 업무 생산성을 향상할 수 있다.

① ChatGPT   ② Gemini

③ Clova Studio   ④ RAG

정답 ②

해설

Gemini는 구글과 딥마인드가 개발한 멀티모달 생성형 AI 모델로, 텍스트, 오디오, 이미지, 비디오 등의 다양한 형태의 데이터를 처리할 수 있고, Google의 다양한 서비스(예 Google Docs, Sheets, Gmail)와 연동될 수 있는 특징이 있다.

ChatGPT는 OpenAI가 개발한 언어 모델로, 구글과 딥마인드와는 관련이 없다(①). Clova Studio는 네이버의 AI 플랫폼으로, 한국어에 최적화된 기능을 제공한다(③). RAG(Retrieval–Augmented Generation)는 외부 데이터베이스나 정보에서 정보를 검색하고 이를 바탕으로 새로운 답변을 만들어내는 기법이다(④). 따라서 정답은 ②가 된다.

| 프롬프트엔지니어2급 샘플문제 B형–10번 |

문제 5 다음 중 영상을 생성하는 AI 서비스는 무엇인가?

① GPT–3   ② DALL–E

③ MidJourney   ④ Runway

정답 ④

해설

영상을 생성하는 AI 서비스는 Synthesia, Pictor, Runway 등이 있다(④). GPT–3는 OpenAI에서 개발한 텍스트 모델로, 주로 텍스트 생성, 언어 번역, 질문 응답 등 자연어 처리(NLP) 작업에 사용된다(①). DALL–E는 이미지 생성 모델로, 텍스트 설명을 기반으로 이미지를 생성한다(②). MidJourney는 텍스트 기반으로 예술적인 이미지를 생성한다(③). 따라서 정답은 ④가 된다.

◆ 소방 분야

강좌명	수강료	학습일	강사
소방기술사 전과목 마스터반	620,000원	365일	유창범
[쌍기사 평생연장반] 소방설비기사 전기 x 기계 동시 대비	549,000원	합격할 때까지	공하성
소방설비기사 필기+실기+기출문제풀이	370,000원	170일	공하성
소방설비기사 필기	180,000원	100일	공하성
소방설비기사 실기 이론+기출문제풀이	280,000원	180일	공하성
소방설비산업기사 필기+실기	280,000원	130일	공하성
소방설비산업기사 필기	130,000원	100일	공하성
소방설비산업기사 실기+기출문제풀이	200,000원	100일	공하성
소방시설관리사 1차+2차 대비 평생연장반	850,000원	합격할 때까지	공하성
소방공무원 소방관계법규 문제풀이	89,000원	60일	공하성
화재감식평가기사·산업기사	240,000원	120일	김인범

◆ 위험물 · 화학 분야

강좌명	수강료	학습일	강사
위험물기능장 필기+실기	280,000원	180일	현성호,박병호
위험물산업기사 필기+실기	245,000원	150일	박수경
위험물산업기사 필기+실기[대학생 패스]	270,000원	최대4년	현성호
위험물산업기사 필기+실기+과년도	344,000원	150일	현성호
위험물기능사 필기+실기	240,000원	240일	현성호
화학분석기사 필기+실기 1트 완성반	310,000원	240일	박수경
화학분석기사 실기(필답형+작업형)	200,000원	60일	박수경
화학분석기능사 실기(필답형+작업형)	80,000원	60일	박수경

강좌명	수강료	학습일	강사
전자기사 필기+실기(작업형)	360,000원	240일	김태영

◆ 건축 · 토목 · 농림 분야

강좌명	수강료	학습일	강사
[정규반] 토목시공기술사 1차 대비반	1,000,000원	180일	권유동
[All PASS] 토목시공기술사 1차 대비반	700,000원	180일	장준득
건설안전기술사 1차 대비반	540,000원	365일	장두섭
건축전기설비기술사 1차 대비반	750,000원	365일	양재학
건축시공기술사 1차 대비반	567,000원	360일	심영보
도로 및 공항기술사 1차 대비반	1,400,000원	365일	박효성
건축기사 필기+실기 패키지[프리패스]	280,000원	180일	안병관 외
건축산업기사 필기	190,000원	120일	안병관 외
건축기사 필기	260,000원	90일	정하정
토목기사 필기	280,000원	210일	박경현, 박재성, 이진녕
산림기사 필기+실기 대비반	350,000원	180일	김정호
유기농업기사 필기	200,000원	90일	이영복
식물보호기사 필기+실기(필답형)	270,000원	240일	이영복
지적기사·산업기사 필기 대비반	250,000원	180일	송용희
농산물품질관리사 1차+2차 대비반	110,000원	180일	고송남, 김봉호
수산물품질관리사 1차+2차 대비반	110,000원	180일	고송남, 김봉호

◆ 정보통신 분야

강좌명	수강료	학습일	강사
[속성반] 빅데이터분석기사 필기+실기	270,000원	180일	김민지
[정규반] 빅데이터분석기사 필기+실기	370,000원	240일	김민지
정보처리기사 필기+실기	146,000원	90일	권우석

◆ 기계 · 역학 분야

강좌명	수강료	학습일	강사
건설기계기술사 1차 대비반	630,000원	350일	김순채
산업기계설비기술사 1차 대비반	495,000원	360일	김순채
기계안전기술사 1차 대비반	612,000원	360일	김순채
금형기술사 1차 대비반	630,000원	360일	이재석 외
공조냉동기계기사 필기+실기(필답형)	250,000원	180일	허원회
공조냉동기계산업기사 필기	180,000원	90일	허원회
[합격할 때까지] 공조냉동기계기사 필기+실기(필답형)	300,000원	합격할 때까지	허원회
에너지관리기사 필기+실기(필답형)	290,000원	240일	허원회
[합격할 때까지] 에너지관리기사 필기+실기(필답형)	340,000원	합격할 때까지	허원회
[스펙업 패키지] 일반기계기사 필기+실기(필답형+작업형)	280,000원	합격할 때까지	허원회
신재생에너지발전설비기사 자격 취득반	290,000원	180일	김영복
[무한연장] 전산응용기계제도기능사 필기+실기+CBT 모의고사	170,000원	60일	박미향, 탁덕기
핵심 공유압기능사 필기+과년도	210,000원	210일	김순채
공조냉동기계기능사 필기+과년도	280,000원	240일	김순채

◆ 기타 분야

강좌명	수강료	학습일	강사
지텔프 킬링 포인트 65점 목표 달성	130,000원	90일	오정석
지텔프 킬링 포인트 50점 목표 달성	99,000원	60일	오정석
지텔프 킬링 포인트 43점반	60,000원	30일	오정석
PMP 자격대비	350,000원	60일	강신봉, 김정수
이러닝운영관리사 합격 보장반	150,000원	150일	최정빈, 임호용, 이선희
업무 생산성을 확 높이는 AI 서비스	70,000원	150일	김종철

기술사 Premium 과정

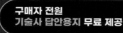

소방기술사 유창범 교수

소방 기초 이론부터 최신 출제 패턴 분석
쉬운 이해를 돕기 위해
다양한 사례로 쉽게 풀어낸 강의
답안 작성을 위한 체크리스트부터 노하우까지 제시

~~1,000,000원~~
620,000원

산업위생관리기술사 임대성 교수

최신 기출 기반 문제풀이
예리한 출제 예상문제 예측
파트별 중요도, 답안 구성법 제시

~~1,200,000원~~
1,000,000원

도로 및 공항기술사 박효성 교수

단답형/논술형 완벽 대응
파트별 모의시험 자료 제시
최근 정책 동향 특강 제공

~~2,000,000원~~
1,400,000원

건축전기설비기술사 양재학 교수

전기설비 설계/감리 지식 배양
효율적 답안기록법 제시
예상문항에 대한 치밀한 접근

~~900,000원~~
750,000원

전기안전기술사 양재학 교수

기출로 해석하는 이론 학습
효율적 답안기록법 제시
연상기법을 활용한 전기 지식 이해

~~900,000원~~
750,000원

◆ 그 외 더 다양한 성안당 기술사 과정은 상단 QR 스캔 시 확인하실 수 있습니다.

성안당 e러닝 주요강좌

소방설비기사·산업기사	전기(공사)기사·산업기사·전자기사	정보처리기사/빅데이터분석기사
건축(설비)기사/지적기사	에너지관리기사/일반기계기사	네트워크관리사/시스코네트워킹
산업위생관리기사·산업기사	품질경영기사	위험물산업기사·기능사
공조냉동기계기사·산업기사	가스기사·산업기사	산림기사/식물보호기사
신재생에너지발전설비기사	토목기사	영상정보관리사
G-TELP LEVEL 2	직업상담사 1급/이러닝운영관리사	화학분석기사/온실가스관리기사

◆ 환경 분야

강좌명	수강료	학습일	강사
온실가스관리기사 필기+실기	280,000원	120일	박기학, 김서현
대기환경기사 필기	160,000원	120일	서성석

◆ 품질경영 분야

강좌명	수강료	학습일	강사
품질경영기사 필기+실기 Class[합격보장]	299,000원	180일	염경철 외
품질경영기사 필기 class	200,000원	180일	염경철 외
품질경영기사 실기 class	170,000원	120일	염경철
[품질경영 입문] 기초 통계의 이해와 적용	150,000원	90일	염경철

◆ 네트워크 · 보안 분야

강좌명	수강료	학습일	강사
영상정보관리사	250,000원	60일	서재오, 최상균, 최윤미
후니가 알려주는 기초 시스코 네트워킹	280,000원	90일	진강훈
네트워크관리사 1,2급 필기+실기	168,000원	90일	허 준
컴퓨터활용능력 2급 필기+실기	40,000원	180일	진광남
비범한 네트워크 구축하기	340,000원	60일	이중호
쉽게 배우는 시스코 랜 스위칭	102,000원	90일	이중호
CCNA	250,000원	60일	이중호
CAD 실무능력평가(CAT) 1급, 2급 실기	72,000원	90일	강민정, 홍성기
인벤터 기초부터 3D CAD 모델링 실무까지	90,000원	90일	강민정, 홍성기
디지털트랜스포메이션	80,000원	30일	주호재

◆ 안전 · 산업위생 분야

강좌명	수강료	학습일	강사
산업위생관리기술사 1차 대비반	1,000,000원	365일	임대성
산업위생관리기사 필기+실기	330,000원	240일	서영민
산업위생관리산업기사 필기+실기	330,000원	240일	서영민
산업위생관리기사·산업기사 필기+실기[청춘패스]	278,000원	365일	서영민
[1차+2차] 산업보건지도사_산업위생분야	700,000원	240일	서영민
가스기사 필기+실기	290,000원	365일	양용석
가스산업기사 필기+실기	280,000원	365일	양용석
산업안전지도사 1차 마스터 패키지	545,000원	180일	김지나, 어원석 이상국, 이준원
연구실안전관리사 1차+2차 합격 패키지	280,000원	2차 시험일까지	강지영, 강병규 이홍주
중대재해처벌법 실무	320,000원	90일	이상국

◆ 전기 · 전자 분야

강좌명	수강료	학습일	강사
전기안전기술사 1차 대비반	750,000원	365일	양재학
전기기능장 필기+실기	420,000원	240일	김영복
전기기사 핀셋특강 합격보장 패키지	380,000원	180일	전수기, 정종연, 임한규
전기산업기사 핀셋특강 합격보장 패키지	360,000원	180일	전수기, 정종연, 임한규
전기기사·실전형 0원 환급 TRACK	350,000원	3차 시험일까지	오우진, 문영철
전기산업기사 실전형 0원 환급 TRACK	320,000원	3차 시험일까지	오우진, 문영철
[전기기사·공사기사] 쌍기사 평생연장반	490,000원	합격할 때까지	전수기, 정종연, 임한규
[전기산업기사·공사산업기사] 쌍산업기사 평생연장반	450,000원	합격할 때까지	전수기, 정종연, 임한규
참! 쉬움 전기기능사 필기+실기[프리패스]	230,000원	365일	류선희, 홍성욱 외

성안당 e러닝 BEST 강의

전기/전자
전수기, 정종연, 임한규, 류선희, 김영복, 김태영 교수

전기기능장, 전기(공사)기사·산업기사
전기기능사, 전자기사

소방
공하성, 유창범 교수

소방기술사
소방설비기사·산업기사
소방시설관리사, 소방공무원

G-TELP
오정석 교수

G-TELP LEVEL 2
문법·독해&어휘, 모의고사

산업위생/환경
서영민, 임대성, 박기학, 김서현 교수

산업위생관리기술사
산업위생관리기사·산업기사
산업보건지도사, 온실가스관리기사

사회복지/교육
이시현, 김재진, 최정빈 교수

직업상담사 1급
이러닝운영관리사

품질/화학/위험물
염경철, 박수경, 현성호 교수

품질경영기사, 화학분석기사
화공기사, 위험물기능장
위험물산업기사, 위험물기능사

기계/정보통신
허원회, 김민지 교수

공조냉동기계기사·산업기사
에너지관리기사, 일반기계기사
빅데이터분석기사

건축/토목
안병관, 심진규, 최승윤, 신민석, 정하정 교수

건축기사, 건축설비기사
전산응용건축제도기능사

성안당 e러닝 인기 동영상 강의 교재

" 국가기술자격 수험서는 52년 전통의 '성안당' 책이 좋습니다 "

소방설비기사 필기	산업위생관리기사 필기	공조냉동기계기사 필기	전기기사 필기
공하성 지음	서영민 지음	허원회 지음	문영철, 오우진 지음

전기자기학	화학분석기사 필기	품질경영기사 필기	건축기사 필기
전수기 지음	박수경 지음	염경철 지음	정하정 지음

일반기계기사 필기	온실가스관리기사 필기	빅데이터분석기사 필기	영상정보관리사
허원회 지음	박기학, 김서현 지음	김민지 지음	서재오, 최상균, 최윤미 지음

문제 6 생성형 AI의 설명에 대한 옳은 것은 무엇인가?

① ChatGPT는 주로 이미지 생성을 목적으로 개발되었다.

② DALL-E는 텍스트 생성에 특화되어 있다.

③ GPT-4.5는 광범위한 텍스트 생성 능력을 가지고 있다.

④ MidJourney는 주로 텍스트 번역에 사용된다.

정답 ③

해설

GPT-4.5는 텍스트 생성, 번역, 요약, 코드 작성 등 광범위한 텍스트 기반 작업을 처리할 수 있다(③). ChatGPT는 텍스트 생성을 목적으로 개발되었고(①), DALL-E는 이미지 생성에 특화되어 있다(②). MidJourney는 텍스트 기반으로 예술적인 이미지를 생성한다(④). 따라서 정답은 ③이 된다.

문제 7 생성형 AI 모델 중 (   )는 주로 이미지 생성을 목적으로 개발되었다. 빈칸에 들어갈 알맞은 모델은 무엇인가?

① DALL-E   ② ChatGPT

③ GPT-3   ④ Codex

정답 ①

해설

DALL-E는 OpenAI에서 개발한 이미지 생성 모델로, 사용자가 입력한 텍스트 설명에 따라 이미지를 생성할 수 있다(①). ChatGPT는 GPT-3을 기반으로 만들어진 인공지능 챗봇 서비스(②)이고, 여기서 GPT-3은 자연어 생성, 번역, 요약, 창작 등 텍스트 생성을 위한 거대 언어 모델을 말한다(③). Codex는 코드 생성 및 이해에 특화된 언어 모델이다(④). 따라서 정답은 ①이 된다.

문제 8 새로운 AI 프로젝트를 시작할 때에, 대규모 텍스트 데이터를 효율적으로 처리하고 이해할 수 있는 모델을 선택하려면 어떤 모델이 가장 적절한가?

① DALL-E   ② GPT-4.5

③ MidJourney   ④ Runway

해설

대규모 텍스트 데이터를 처리하고 이해할 수 있는 모델을 선택하려면 GPT-4.5와 같은 거대 언어 모델(LLM)이 가장 적절하다(②). DALL-E와 MidJourney는 이미지 생성에 활용되고(①, ③), Runway는 주로 비디오 생성 및 편집에 활용될 수 있다(④). 따라서 정답은 ②가 된다.

| 프롬프트엔지니어2급 샘플문제 B형 – 16번 |

문제 9 생성형 AI 모델들의 특징 중 옳지 않은 것은?

① ChatGPT는 OpenAI에서 개발한 대화형 AI 모델이다.
② Google의 Gemini는 다중 모달 기능을 가진 AI 모델이다.
③ 네이버의 클로바는 한국어에 특화된 기능을 제공한다.
④ 생성형 AI 모델은 기능과 성능의 차이가 크지 않다.

정답 ④

해설

생성형 AI 모델은 개발 목적, 학습 데이터, 설계 철학에 따라 기능과 성능에 큰 차이를 보인다. 예를 들어, ChatGPT는 주로 대화형 응답과 텍스트 생성에 초점을 맞추고 있고, Google Gemini는 다중 모달 기능(텍스트, 이미지, 코드 등을 처리)을 강조하고 있다. 네이버의 Clova는 한국어와 한국 문화에 특화된 성능을 제공한다. 이처럼 각 모델은 특정 기능과 성능에서 강점을 가지고 있어 기능과 성능의 차이가 크지 않다는 설명은 옳지 않다. 따라서 정답은 ④가 된다.

| 프롬프트엔지니어2급 샘플문제 B형 – 27번 |

문제 10 다음 중 NAVER Clova Studio의 특징으로 옳은 것은 무엇인가?

① 주로 음성 인식 및 음성 합성에만 특화되었다.
② 데이터 라벨링을 자동으로 수행하는 기능을 제공한다.
③ 다양한 AI 모델을 쉽게 사용 가능하며 한국어 지원에 강점이 있다.
④ 전적으로 오픈소스 기반으로 운영된다.

정답 ③

해설

NAVER Clova Studio는 다양한 AI 모델을 간편하게 활용할 수 있도록 편의성을 제공한다. 특히 한국어 처리에 강점을 가진 플랫폼이다. Clova Studio는 음성 인식 및 합성뿐만 아니라 텍스트 기반 자연어 처리, 이미지, 멀티 모달 작업까지 폭넓은 AI 기능을 제공한다(①). 데이터 라벨링은 Clova Studio의 주요 기능이 아니며(②), Clova Studio는 네이버의 독자적인 기술과 데이터로 개발된 상용 플랫폼이므로 전적으로 오픈소스 기반으로 운영되었다는 설명은 잘못된 설명이다(④). 따라서 정답은 ③이 된다.

| 프롬프트엔지니어2급 샘플문제 B형 - 25번 |

문제 11 다음 중 Naver Clova Studio의 주요 기능은 무엇인가?

① 텍스트 생성 및 분석　　　② 금융 데이터 처리

③ 물리적 제품 설계　　　　④ 자동화된 물류 관리

정답 ①

해설

NAVER Clova Studio는 하이퍼클로바X를 기반으로 다양한 언어 기반 AI 개발 플랫폼으로, 자연어 처리(NLP) 작업에 필요한 텍스트 생성 및 분석 기능을 제공한다. 따라서 정답은 ①이 된다.

| 프롬프트엔지니어2급 샘플문제 B형 - 55번 |

문제 12 네이버 Clova Studio를 사용하여 개발할 수 있는 응용 프로그램의 예로 적절하지 않은 것은 무엇인가?

① 음성 인식 기반 AI 비서　　　② 자연어 처리 기반 챗봇

③ 실시간 통역 서비스　　　　④ 이미지 편집 소프트웨어

정답 ④

해설

Clova Studio는 음성 인식 및 합성 기술을 지원하여 음성 기반 AI 비서를 개발할 수 있다. 또한, 거대 언어 모델을 기반으로 한 플랫폼으로, 뛰어난 자연어 처리 능력을 제공하므로 챗봇과 통역서비스를 개발할 수 있다. 그러나 이미지 처리 작업이 요구되는 이미지 편집 소프트웨어는 Clova Studio로 개발할 수 없다. 따라서 정답은 ④가 된다.

4 /// AI기술의 발전 과정

AI는 초기의 규칙 기반 시스템에서 출발해 기계 학습, 딥러닝, 트랜스포머와 같은 기술 과정을 거치며 지속적으로 발전해 왔으며, 다양한 산업과 학문에 깊은 영향을 주고 있다. 특히 2020년대에 접어들면서 거대 언어 모델의 등장과 이를 활용한 생성형 AI의 발전으로 AI는 이제 전문가뿐 아니라 일반 사용자도 쉽게 활용할 수 있는 대중적인 도구로 자리 잡았다.

1) 1950년-1980년대: 규칙 기반 시스템 연구

1950년대부터 1980년대까지 AI는 여러 혁신적인 개념과 기술을 바탕으로 빠르게 발전했다. 1956년 다트머스 회의(Dartmouth Conference)에서 존 맥카시(John McCarthy)가 처음으로 '인공지능(Artificial Intelligence)'이라는 용어를 제안하며 AI 연구가 본격적으로 시작되었다. 그러나 1960년대 후반, AI에 대한 과도한 기대와 전문가들의 비현실적인 전망이 맞물리면서 연구는 한계를 드러냈고, 이로 인해 'AI 겨울'이라고 표현되는 AI 연구의 암흑기를 보냈다.

1980년대 초반에 들어서면서 AI 연구는 전문가 시스템(expert systems)이라는 새로운 접근법을 통해 다시 부흥했다. 이 시스템들은 특정 분야의 전문 지식을 활용해 강력한 추론과 문제 해결 능력을 제공했다. 그러나 전문가 시스템의 특수한 요구 사항을 충족할 수 있는 하드웨어가 부족했고, 이로 인해 1980년대에 급성장하던 전문가 시스템 산업은 결국 한계를 맞았다. 1990년대 말에 이르러 전문가 시스템 산업은 급격히 쇠퇴하였고, AI 산업은 또 한 번의 AI 겨울을 겪게 되었다.

2) 1990년대: 기계 학습의 부상

1990년대는 SVM(Support Vector Machine), HMM(Hidden Markov Model) 등 통계적 학습 방법이 활발히 연구되며 기계 학습(Machine Learning)의 발전이 가속화된 시기였다. 데이터 기반 접근법이 AI 연구의 중심으로 부상했으며, 이는 음성 인식, 컴퓨터 비전 등 다양한 응용 분야에서 성과를 거두었다.

3) 2000년대: 딥러닝 연구의 본격화

인터넷의 확산과 대규모 데이터 축적을 기반으로 데이터 중심의 모델이 주목받기 시작했다. 2006년, 제프리 힌튼(Geoffrey Hinton)과 그의 연구팀은 심층 신경망(Deep Neural Networks)을 활용한 학습 방법을 제안하며 딥러닝의 부활을 이끌었다. 이로 인해 딥러닝이 AI 연구의 주요 분야로 자리 잡았다.

4) 2010년대: 트랜스포머와 AI의 대중화

2010년대는 딥러닝 기반 AI 기술이 대중화된 시기로, 알파고(AlphaGo)와 같은 성과를 통해 강화학습이 주목받았다. 2017년, 구글의 논문 "Attention Is All You Need"에서 발표된 트랜스포머(Transformer) 모델은 NLP(자연어 처리) 연구에 혁신을 가져왔으며, AI 발전의 전환점이 되었다. 2018년 OpenAI는 GPT(Generative Pre-trained Transformer) 시리즈를 시작했고, 구글의 BERT는 사전 훈련(pre-training)과 미세 조정(fine tuning)을 결합한 새로운 NLP 모델을 선보이며 AI 응용의 폭을 넓혔다.

5) 2020년대: 초거대 AI 모델과 생성형 AI의 발전

2020년대는 거대 언어 모델의 시대가 열리며 AI 기술이 대중화되었다. OpenAI는 2020년 GPT-3를 발표하며 1,750억 개의 매개변수를 갖춘 거대 언어 모델을 선보였다. 생성형 AI(Generative AI)는 문서 작성, 이미지 생성, 코딩 등 다양한 영역에서 활용되며 산업 전반에 혁신을 가져왔다. 또한, 멀티모달 AI 모델(DALL-E, CLIP 등)이 등장하면서 텍스트와 이미지를 결합한 응용이 가능해졌다.

인공신경망의 이해

인공지능의 학습을 위해 인간의 뇌에서 영감을 받아 탄생한 인공신경망을 사용한다. 우리 뇌의 뉴런이 서로 연결되어 신경망을 이루어 정보를 처리하는 것처럼, 인공신경망도 다음과 같이 노드들이 연결되어 입력을 처리한다.

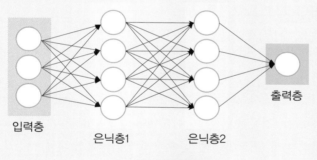

▲ 그림 7 인공신경망

기본적인 인공 신경망은 입력층, 은닉층, 출력층으로 구성된다. 여기서 은닉층은 입력 데이터를 처리하고, 그 결과를 다음 층으로 전달하는 역할을 한다. 심층 신경망은 이러한 은닉층을 여러 층으로 쌓은 구조를 가리킨다. 즉, 입력과 출력 사이에 다수의 은닉층을 두어 더 복잡한 연산을 수행할 수 있게 된다.

앞에서 살펴본 그림2의 '심층 신경망(Deep Neural Network, DNN)'은 인공 신경망의 한 종류로, 여러 개의 은닉층을 가진 신경망 구조를 말한다. 심층 신경망은 '딥러닝(Deep Learning)'의 핵심 기술 중 하나로, 복잡한 패턴을 인식하고 학습하는 데 매우 유용하다.

| 프롬프트엔지니어2급 샘플문제 A형 – 4번 |

문제 1 생성형 AI가 기존 AI 기술(머신러닝, 딥러닝 등)에 비해 가지는 강점으로 옳은 것은?

① 데이터를 수집하는 방식

② 데이터를 분석하는 방식

③ 새로운 데이터를 생성하는 방식

④ 인터넷 속도를 최적화하는 방식

정답 ③

해설

생성형 AI는 기존 AI 기술과의 가장 큰 차이점이 새로운 데이터를 생성할 수 있다는 점이다. 기존의 머신러닝과 딥러닝은 주로 패턴을 인식하거나 분류, 예측하는 데 중점을 두었지만, 생성형 AI는 학습한 데이터를 바탕으로 텍스트, 이미지, 음성, 비디오 등의 새로운 콘텐츠를 생성할 수 있다. 예를 들어, ChatGPT는 새로운 텍스트를 생성하고, DALL−E는 새로운 이미지를 만들어낸다. 이러한 생성 능력은 생성형 AI만이 가지는 독특한 강점이다. 따라서 정답은 ③이 된다.

| 프롬프트엔지니어2급 샘플문제 B형 – 5번 |

문제 2 생성형 AI의 주요 특징으로 올바르게 조합된 것은?

① 데이터 기반 학습, 새로운 콘텐츠 생성, 신경망 활용

② 데이터 저장, 시스템 속도 향상, 하드웨어 성능 향상

③ 비용 절감, 전력 소비 감소, 하드웨어 업그레이드

④ 데이터 분석, 네트워크 관리, 사용자 인터페이스 개선

정답 ①

해설

생성형 AI의 주요 특징은 데이터 기반 학습, 새로운 콘텐츠 생성, 그리고 신경망 활용이다. 따라서 정답은 ①이 된다. 각 특징에 대한 설명은 다음과 같다.

- 데이터 기반 학습: 생성형 AI는 대량의 데이터를 이용한 학습을 통해 패턴을 이해한다. 생성형 AI는 학습 결과를 기반으로 새로운 결과물을 생성한다.
- 새로운 콘텐츠 생성: 텍스트, 이미지, 음성, 코드 등 새로운 콘텐츠를 다양한 형태로 생성할 수 있다. 기존 데이터를 단순히 복사하는 것이 아니라, 학습한 내용을 바탕으로 새로운 결과물을 만들어낸다는 점에서 생성형 AI의 핵심 특징이다.

• 인공 신경망 활용: 생성형 AI의 기반이 되는 파운데이션 모델은 인공신경망 기술을 바탕으로 개발된 대규모 사전 학습 모델이다. 인공신경망은 인간 뇌의 뉴런을 모방해 설계된 알고리즘으로, 데이터를 학습하여 새로운 데이터를 생성할 수 있도록 한다.

| 프롬프트엔지니어2급 샘플문제 A형 – 5번 |

문제 3 AI 발전 단계에 따른 기술적 변화에 대한 설명으로 가장 옳은 것은?

	머신러닝	딥러닝	생성형 AI
①	패턴 학습	신경망을 통한 학습	능동적 콘텐츠 생성
②	인터넷 속도 증가	하드웨어 업그레이드	소셜 미디어 분석
③	인터넷 연결 최적화	컴퓨터 바이러스 탐지	데이터 저장
④	하드웨어 업그레이드	컴퓨터 바이러스 탐지	인터넷 보안 강화

정답 ①

해설

머신러닝은 데이터를 입력받아 이를 분석하고, 그 데이터를 바탕으로 패턴을 학습해 예측이나 분류 등의 작업을 수행한다. 딥러닝은 인경 신경망을 이용해 데이터를 학습하여 분류나 예측과 관련된 문제를 해결하는 데 사용된다. 생성형 AI는 텍스트, 이미지, 음성 등 새로운 콘텐츠를 생성한다. 따라서 정답은 ①이 된다.

거대 언어 모델(Large Language Model, LLM)의 개념을 이해하고, 이러한 모델이 어떻게 학습되고 활용되는지를 이해한다. 또한, 거대 언어 모델의 발전 과정을 살펴보며, 기존 자연어 처리 모델과의 차이점을 분석하고, 핵심 발전 요소를 파악한다. 나아가, 거대 언어 모델이 직면한 주요 과제(예) 데이터 편향, 윤리적 문제, 계산 비용)를 알아보고, LLM의 학습 방식을 학습하여, 거대 언어 모델의 작동 원리를 명확하게 이해한다.

1 /// 거대 언어 모델 개념

거대 언어 모델(Large Language Model, LLM)은 방대한 데이터 세트를 학습하여 인간 언어와 복잡한 데이터를 이해하고 생성할 수 있는 인공지능 모델이다. 이 모델은 트랜스포머 기반 신경망 구조와 딥러닝 기술을 활용해 언어의 패턴과 구조를 학습한다.

 Tip 거대 언어 모델은 초거대 언어 모델, 대규모 언어 모델 등 다양한 용어로 불리기도 한다.

거대 언어 모델은 언어 생성(Language Generation)과 언어 이해(Language Understanding) 기능을 모두 수행할 수 있다. 언어 생성 기능은 주어진 입력을 바탕으로 새로운 텍스트를 생성하는 역할을 하며, 문법적·문맥적으로 자연스러운 문장을 만들어내는 데 중점을 둔다. 이 기능은 문장 자동 완성, 텍스트 요약, 대화 생성, 스토리 생성 등 다양한 작업에 활용된다. 대표적인 언어 생성 모델로는 OpenAI의 GPT-3와 GPT-4가 있다.

언어 이해 기능은 주어진 텍스트를 이해하고 해석하여 의미를 파악하고, 특정 작업을 수행하는 데 중점을 둔다. 이 기능은 문장 의미 파악, 질문 응답, 문장 분류, 감정 분석 등의 작업에 활용되며, 대표적인 언어 이해 모델로는 BERT(Bidirectional Encoder Representations from Transformers)가 있다.

LLM은 두 단계의 학습 과정으로 구성된다. 첫 번째 단계는 사전학습(Pre-training)으로, 방대한 양의 텍스트 데이터로 모델을 학습시킨다. 이 단계에서 모델은 언어의 구조와 패턴을 학습하여 텍스트의 일반적인 의미와 문맥을 이해할 수 있는 기초적인 언어 능력을 갖추게 된다. 사전학습된 모델은 이를 기반으로 문서 요약, 질의응답, 언어 번역, 감성 분석 등 다양한 언어 태스크를 수행할 수 있는 잠재력을 가지며, 이러한 능력을 바탕으로 여러 응용 분야에서 활용된다.

사전학습된 모델이 특정 작업에 맞게 미세 조정하기 위해 파인튜닝(fine tuning) 단계를 거친다. 이 과정에서 특정 작업과 관련된 데이터 세트를 활용해 모델을 보다 정교하게 조정한다. 예를 들어, 의료 분야에서 LLM을 활용하려면 의료 기록이나 진단 보고서 데이터로 모델을 파인튜닝하여 의료 전문 용어를 정확히 이해하고 환자의 증상에 맞는 진단을 지원할 수 있도록 조정할 수 있다. 또 다른 예로, 고객 서비스 챗봇을 개발하기 위해 고객 문의 데이터로 모델을 파인튜닝하면 고객 질문에 정확하고 자연스러운 답변을 생성할 수 있다.

샘플문제 풀이

| 프롬프트엔지니어2급 샘플문제 B형 – 12번 |

문제 1 거대 언어 모델의 주요 기능은 무엇인가?

① 텍스트 데이터를 생성하고 이해하는 것
② 이미지 데이터를 편집하는 것
③ 동영상을 분석하는 것
④ 오디오 데이터를 변환하는 것

정답 ①

해설

거대 언어 모델(LLM, Large Language Model)의 핵심 기능은 텍스트 데이터를 생성하고 이해하는 것이다. 따라서 정답은 ①이 된다.

| 프롬프트엔지니어2급 샘플문제 A형 – 12번 |

문제 2 거대 언어 모델(LLM)에 대한 설명으로 옳지 않은 것은?

① ChatGPT와 같은 챗봇 서비스에 사용된다.
② 이미지 생성에 활용되는 모델이다.
③ 대량의 텍스트 데이터를 학습한 모델이다.
④ 텍스트 이해, 생성, 번역 등의 작업을 수행할 수 있다.

정답 ②

해설

거대 언어 모델은 대량의 텍스트 데이터를 학습하여 다양한 언어 태스크를 수행할 수 있는 AI 모델이므로 이미지 생성에 활용할 수 없다. 거대 언어 모델에서 '언어'라는 단어를 통해 텍스트 생성 등 자연어 처리 작업과 관련이 있음을 알 수 있다. 따라서 정답은 ②가 된다.

| **프롬프트엔지니어2급 샘플문제 A형 - 13번** |

문제 3 거대 언어 모델(LLM)에 대한 설명으로 옳지 않은 것은?

① 기계번역, 챗봇, 요약 등에 활용된다.

② 자연어 처리 작업에서 높은 성능을 보인다.

③ 대표적인 LLM으로는 GPT, Bert 등이 있다.

④ 영상 처리 작업에서 높은 성능을 보인다.

정답 ④

해설

거대 언어 모델(LLM)은 텍스트 데이터를 학습하고 처리하는 데 특화된 모델이다. 영상 처리와 같은 작업을 위해 DALL-E, Stable Diffusion과 같은 멀티모달 모델이 사용된다. 따라서 정답은 ④가 된다.

| **프롬프트엔지니어2급 샘플문제 B형 - 14번** |

문제 4 거대 언어 모델(LLM)의 기본 개념에 대한 설명으로 가장 적절한 것은?

① 소량의 텍스트 데이터만을 사용하여 학습한 모델이다.

② 대량의 텍스트 데이터를 학습하여 다양한 언어 태스크를 수행할 수 있는 AI 모델이다.

③ 오직 이미지 처리에만 특화된 모델이다.

④ 한 가지 특정 언어만 처리할 수 있는 모델이다.

정답 ②

해설

거대 언어 모델은 대량의 텍스트 데이터를 학습하여 다양한 언어 태스크를 수행할 수 있는 AI 모델이다(②). 거대 언어 모델(LLM)은 '거대'라는 이름에서 알 수 있듯이 방대한 양의 텍스트 데이터를 학습하여 언어의 패턴과 구조를 이해한다(①). 거대 언어 모델에서 '언어'라는 말에서 의미하듯이 텍스트 데이터 처리를 목적으로 개발된 모델이다(③). LLM은 여러 언어로 학습된 데이터를 포함하기 때문에 다양한 언어를 처리할 수 있다(④). 따라서 정답은 ②가 된다.

문제 5 언어 생성 모델의 특징으로 옳지 않은 것은?

① 자연어 문장을 사전 학습하여 다음에 올 단어를 예측하여 생성한다.

② 생성된 문장이 자연스럽고 일관성 있게 만들어지는 것을 목표로 한다.

③ GPT 시리즈, XLNet, BART 등이 이에 해당한다.

④ 입력된 문장의 문법과 의미를 이해하는 데 초점을 맞춘다.

정답 ④

해설

언어 생성 모델은 사전 학습(Pre-training)을 통해 방대한 텍스트 데이터를 학습하고, 주어진 문맥에서 다음에 올 단어를 예측하는 방식으로 텍스트를 생성한다. GPT 시리즈(GPT-3, GPT-4), XLNet, BART는 모두 언어 생성 모델로, 자연스러운 문장 생성과 문맥적 일관성을 목표로 설계되었다. '언어 생성 모델'에서 '생성'이라는 단어를 통해 텍스트를 이해하는 모델이 아니라 생성하는 모델임을 알 수 있다. 즉, 입력된 문장의 문법과 의미를 이해하는 데 초점을 맞춘다는 설명은 잘못되었다(④). 따라서 정답은 ④가 된다.

2 /// 거대 언어 모델 발전과정

자연어 처리 분야에서 언어 모델은 기본적인 통계적 방법에서 복잡한 신경망 기반 모델로 빠르게 진화하며, 인간 언어를 이해하고 생성하는 방향으로 발전해 왔다. 이러한 발전 과정에는 Word2Vec과 N-grams부터 RNN/LSTM, Attention Mechanism, Transformers, BERT, 그리고 GPT에 이르기까지 여러 중요한 기술적 혁신이 포함된다. 특히 큰 관심을 받았던 ChatGPT의 기반 언어 모델인 GPT-3는 1,750억 개의 매개변수를 가진 대규모 모델로, 크기와 성능 면에서 이전 모델들과 비교할 수 없을 만큼 뛰어난 성과를 보였다. 예를 들어, GPT-1의 매개변수가 1억 1,700만 개였던 것에 비해, GPT-3는 매개변수 수가 크게 증가했음을 알 수 있다. 이 시점부터 "거대 언어 모델(Large Language Model)"이라는 용어가 널리 사용되었으며, 대규모 데이터와 방대한 매개변수를 가진 언어 모델을 지칭하는 표준적인 표현으로 자리 잡았다.

1) Word2Vec(2013년)

Word2Vec은 컴퓨터가 단어의 의미를 숫자로 표현할 수 있게 해주는 모델이다. 이 모델은 단어를 벡터 공간이라는 가상의 지도에 점으로 나타낸다. 비슷한 뜻을 가진 단어들은 이지도에서 서로 가까운 위치에 놓이게 된다. 예를 들어, "사과"와 "배"는 서로 의미가 비슷하기 때문에 벡터 공간에서 가까운 위치에 자리 잡지만, "자동차"처럼 완전히 다른 뜻의 단어는 멀리 떨어진 곳에 위치한다.

Word2Vec은 2013년 Google의 Tomas Mikolov 연구팀에 의해 개발되었다. 이 팀은 Google Brain에서 딥러닝 연구를 이끌며, Word2Vec을 통해 자연어 처리에서 단어 간의 의미적 관계를 수치화하는 혁신적인 방법을 제안했다. 이 모델은 단순한 구조(두 층으로 구성된 얕은 신경망)를 사용해 단어의 문맥과 관계를 학습한다. 이 덕분에 컴퓨터가 단어의 의미를 더 잘 이해하고 처리할 수 있게 되었으며, 자연어 처리의 기초를 다지는 데 큰 기여를 했다.

2) RNN과 LSTM(1990년, 1997년)

순환신경망(RNN, Recurrent Neural Network)은 순차적 데이터를 처리하기 위해 제안된 신경망 모델이다. "Recurrent"라는 이름은 신경망이 이전 입력값의 정보를 지속적으로 기억하고 반복적으로 참조하는 구조에서 유래했다.

RNN은 단어의 순서가 중요한 데이터를 처리하는 데 효과적이다. 예를 들어, 문장의 앞부분에서 얻은 정보를 바탕으로 뒤에 나올 단어를 예측할 수 있다. 그러나 RNN에는 한계가 있다. 문장이 길어질수록 이전 정보를 잊어버리는 기울기 소실(Vanishing Gradient) 문제가 발생하여 긴 문장의 학습이 어렵다는 제약이 있다.

이러한 문제를 해결하기 위해 LSTM(Long Short-Term Memory)이 1997년에 제안되었다. LSTM은 RNN에 메모리 셀과 게이트 메커니즘을 추가하여 중요한 정보를 장기간 유지하고, 불필요한 정보를 선택적으로 제거함으로써 긴 문장에서도 효과적으로 학습할 수 있도록 설계되었다.

3) Attention Mechanism(2017년)

기술적인 보완장치에도 불구하고, LSTM은 여전히 긴 시퀀스를 처리하는 데 한계를 보였다. 이러한 한계를 극복하기 위해 2014년에 "Attention is all you need"라는 개념 아래 등장한 것이 바로 Attention Mechanism이다.

Attention Mechanism은 입력 데이터의 각 부분에 중요도(Attention Weight)를 다르게 부여하는 방식이다. 이 메커니즘 덕분에 모델은 긴 문맥에서도 특정 부분에 더 집중할 수 있다. 예를 들어, 번역 작업에서 특정 단어가 문장에서 더 중요한 역할을 한다면, 이 단어에 더 많은 가중치를 부여해 번역의 정확도를 높인다.

이 기술은 이후 트랜스포머 모델의 핵심 요소로 자리 잡으며, 자연어 처리(NLP)의 혁신적인 발전을 이끌었다. Attention Mechanism은 단순히 긴 문맥을 처리하는 것을 넘어, 모델이 정보의 우선순위를 명확히 이해하고 효율적으로 학습할 수 있도록 돕는 중요한 역할을 하게 되었다.

4) 트랜스포머(2017년)

트랜스포머(Transformer)는 2017년에 Google에서 개발한 모델로, RNN과 LSTM의 한계를 극복하며 자연어 처리 기술에 큰 혁신을 가져왔다. 이 모델은 Attention Mechanism을 기반으로 하며, 문장의 모든 단어를 한꺼번에 병렬적으로 처리할 수 있다. 트랜스포머는 크게 '인코더(Encoder)' 와 '디코더(Decoder)'라는 두 가지 요소로 이루어져 있다.

① 인코더(Encoder)

인코더는 입력된 문장의 각 단어를 고차원 벡터로 변환한 후, 셀프 어텐션(Self-Attention) 메커니즘과 피드포워드 네트워크(Feedforward Network)를 반복적으로 적용하여 문장의 문맥적 의미를 학습한다. 인코더는 이러한 과정을 여러 번 반복하면서 입력 문장의 모든 단어를 문맥적으로 의미에 맞는 벡터로 변환한다. 이 벡터들은 디코더로 전달되어 새로운 문장을 생성하는 데 사용된다. 또한, 인코더는 멀티헤드 어텐션(Multi-Head Attention)을 사용하여 다양한 관점에서 단어 간 관계를 학습함으로써 더 정교한 문맥 표현을 가능하게 한다.

또한, 트랜스포머는 포지셔널 인코딩(Positional Encoding)을 사용해 단어의 순서를 학습한다. 트랜스포머는 병렬적으로 데이터를 처리하기 때문에 단어의 순서를 자동으로 알 수 없는데, 포지셔널 인코딩이 각 단어의 위치 정보를 추가로 제공하여 이 문제를 해결한다.

② 디코더(Decoder)

디코더는 인코더에서 학습된 정보를 바탕으로 새로운 문장을 생성한다. 디코더는 출력 단어를 하나씩 생성하며, 이전에 생성된 단어와 인코더의 출력을 함께 고려해 다음 단어를 예측한다. 예를 들어, 번역 작업에서 "He played soccer at the park"이라는 문장을 생성하는 경우, 디코더는 "He"를 생성한 후, 이를 바탕으로 "played"를 예측하고, 이어서 다음 단어를 단계적으로 생성한다.

트랜스포머의 중요한 특징 중 하나는 셀프 어텐션(Self-Attention) 메커니즘이다. 이 메커니즘은 각 단어가 문장에서 다른 단어들과의 관계를 학습하도록 돕는다. 예를 들어, 문장에서 "그는 공원에서 축구를 했다"라는 문장이 주어졌을 때, "그는"과 "축구"가 연결된 의미를 파악하는 방식이다. 이를 통해 모델은 문맥을 더 잘 이해할 수 있다.

디코더 역시 포지셔널 인코딩(Positional Encoding)을 사용하여 입력 단어의 순서를 학습한다. 디코더는 병렬로 데이터를 처리하기 때문에 순서를 알 수 없으며, 포지셔널 인코딩을 통해 각 단어의 위치 정보를 제공하여 문맥을 더 잘 반영할 수 있다.

5) BERT(2018년)

BERT는 Google에서 개발한 모델로 트랜스포머의 인코더(Encoder) 부분만을 활용해 문장을 양방향으로 학습하는 모델이다. 인코더는 입력된 문장에서 각 단어의 문맥적 의미를 이해하고, 이를 고차원적인 벡터 표현으로 변환하는 역할을 한다. 이를 통해 문장의 전체적인 맥락을 파악할 수 있다.

기존의 언어 모델들은 주로 단방향으로 문장을 처리했기 때문에 문장의 앞쪽(왼쪽)에서부터 순차적으로 단어를 예측하는 방식이었다. 그러나 이러한 방식은 특정 단어의 의미를 문맥 전체에 걸쳐 정확하게 이해하는 데 한계가 있었다. BERT는 단어를 중심으로 앞뒤 문맥을 모두 고려해 더 깊은 의미를 학습할 수 있다. 기존 언어 모델이 단방향(왼쪽에서 오른쪽 또는 오른쪽에서 왼쪽)으로만 문맥을 학습하던 것과 달리, BERT는 양방향 학습을 통해 문장의 모든 단어가 서로 어떻게 연관되어 있는지를 효과적으로 이해한다.

이 모델은 마스킹된 언어 모델링과 다음 문장 예측이라는 두 가지 학습 방법을 통해 문맥을 이해한다. 예를 들어, "나는 [   ]를 먹었다"에서 [   ]를 "사과"로 예측하도록 학습한다. BERT는 문맥 이해에 최적화되어 있어 텍스트 분류, 감성 분석, 질문 응답, 문서 요약과 같은 작업에서 높은 성능을 보인다. 여기서 텍스트 분류는 텍스트의 내용에 따라 카테고리를 분류하는 작업을 의미하고, 감성 분석은 텍스트의 감정을 긍정, 부정, 중립 등으로 분류하는 것을 말한다.

6) GPT(2018년~현재)

GPT(Generative Pretrained Transformer)는 OpenAI에서 개발한 모델로, 트랜스포머의 디코더(Decoder) 부분을 기반으로 한 텍스트 생성 모델이다. 디코더는 주어진 입력(문맥)을 바탕으로 새로운 출력을 생성하는 데 특화된 구조로, 단어를 한 번에 하나씩 생성하며 문장을 만들어 나간다. 디코더는 이전에 생성된 단어와 입력된 문맥을 함께 고려해 다음 단어를 예측한다.

GPT는 입력된 문맥을 바탕으로 다음 단어를 예측하며 자연스럽고 일관된 문장을 생성한다. 이 과정에서 디코더는 오토리그레시브(Autoregressive) 방식으로 작동하는데, 이전에 생성된 단어를 기반으로 다음 단어를 단계적으로 생성하는 방식이다. 이러한 구조 덕분에 GPT는 긴 문장을 생성할 때도 문맥과 스타일을 유지하며, 일관된 텍스트를 만들어낼 수 있다.

GPT는 다양한 언어 작업(예 번역, 요약, 질문 응답)에서 뛰어난 성능을 보이며, GPT-1, GPT-2, GPT-3로 발전을 거듭해왔다. GPT-3는 1,750억 개의 매개변수를 갖춘 대규모 모델로, 창의적인 글쓰기와 대화형 AI 응용에서 높은 능력을 보여주었다. GPT-4는 이를 기반으로 언어 이해와 생성 능력을 더욱 확장하며, 다국어 지원 및 고급 작업 수행에서 강력한 성능을 제공한다. 한국어 처리에서도 GPT-4는 이전보다 더 자연스럽고 정확한 응답을 생성하며, 다양한 언어 환경에 적용할 수 있는 유연성을 보여준다.

샘플문제 풀이

| 프롬프트엔지니어2급 샘플문제 B형 - 8번 |

문제 1 다음 중 거대 언어 모델의 발전 과정을 올바르게 나열한 것은?

① GPT-3.X → BERT → Word2Vec → GPT-1

② Word2Vec → BERT → GPT-1 → GPT-3.X

③ BERT → Word2Vec → GPT-3.X → GPT-1

④ GPT-1 → Word2Vec → BERT → GPT-3.X

정답 ②

해설

거대 언어 모델의 발전 순서는 Word2Vec → BERT → GPT-1 → GPT-3.X로, 이는 자연어 처리 기술이 단어 임베딩에서 문맥 이해, 텍스트 생성으로 점차 발전했음을 보여준다. 따라서 정답은 ②가 된다. 참고로 GPT-3.X는 GPT-3 모델을 기반으로 한 다양한 발전된 버전을 가리킨다. GPT-3.X에는 GPT-3과 GPT-3.5가 있다.

| 프롬프트엔지니어2급 샘플문제 B형 - 9번 |

문제 2 다음 중 BERT 모델의 응용 분야로 가장 적절하지 않은 것은?

① 문서 분류(Document Classification)

② 질의 응답 시스템(Question Answering System)

③ 감성 분석(Sentiment Analysis)

④ 이미지 생성(Image Generation)

정답 ④

해설

BERT는 자연어 처리(NLP)를 위해 설계된 모델로, 텍스트 데이터를 처리하고 이해하는 데 활용될 수 있다. 이미지 생성과 같은 비언어적 작업은 BERT의 설계 및 응용 범위를 벗어난다. 따라서 정답은 ④가 된다.

문제 3 생성형 AI 기초 모델 중 하나인 GPT-3의 주요 특징으로 옳은 것은?

① 강화 학습을 통해 훈련되었다.

② 1,750억 개의 파라미터로 구성된 거대한 신경망을 사용하였다.

③ 이미지 분류에 특화된 모델이다.

④ 비디오 생성에 특화된 모델이다.

정답 ②

해설

GPT-3는 1,750억 개의 파라미터로 구성된 거대한 신경망을 사용하여 방대한 텍스트 데이터를 학습한 거대 언어 모델이다. 이 모델은 사전 학습을 위해 자기지도 학습(Self-Supervised Learning) 방식을 사용하여 언어 구조와 문맥을 학습하였다. 따라서 정답은 ②가 된다.

문제 4 거대 언어 모델(LLM)의 초기 버전으로 가장 옳은 것은?

① Bedrock   ② BERT

③ DALL-E   ④ AlphaGo

정답 ②

해설

BERT는 대표적인 거대 언어 모델(LLM)의 초기 사례로, NLP 작업에서 중요한 혁신을 이끌어낸 모델이다. Bedrock은 Amazon Web Services(AWS)의 생성형 AI 서비스를 지원하는 플랫폼으로, LLM 자체가 아니라 클라우드 기반의 AI 서비스를 의미한다. DALL-E는 거대 언어 모델이 아니라 이미지 생성에 특화된 AI 모델이다. AlphaGo는 DeepMind에서 개발한 바둑 인공지능으로 언어 모델과는 관련이 없다. 따라서 정답은 ②가 된다.

문제 5 거대 언어 모델(LLM)의 설명으로 옳지 않은 것은?

① 대규모 데이터셋을 사용하여 사전 훈련된다.

② 텍스트 생성, 번역, 요약 등의 다양한 작업을 수행할 수 있다.

③ 입력을 순차적으로 처리한다.

④ 자기 지도 학습(self-supervised learning)을 통해 학습한다.

정답 ③

거대 언어 모델은 입력을 순차적으로 처리하지 않고, 트랜스포머 구조를 기반으로 병렬 처리한다. 순차적 처리는 RNN 계열 모델의 특징이다. 따라서 정답은 ③이 된다.

| 프롬프트엔지니어2급 샘플문제 B형 − 30번 |

문제 6 "GPT−4의 한국어 처리 능력은 초기에 비해 크게 향상되었다." GPT−4의 핵심 개선 사항은 무엇인가?

① 처리 속도 향상
② 번역 정확도 향상
③ 문맥 이해 능력 향상
④ 데이터 보안 강화

정답 ③

GPT−4의 한국어 처리 능력이 크게 향상된 이유는 문맥 이해 능력의 발전 덕분이다. GPT−4는 복잡한 문맥을 분석하고, 자연스러운 한국어 텍스트를 생성하는 데 탁월한 성능을 보여준다. 따라서 정답은 ③번이다.

3 // 거대 언어 모델 주요 과제

거대 언어 모델(LLM)은 다양한 문제를 해결하며 꾸준히 발전해왔는데, 발전 과정에서 해결해야 했던 주요 과제는 다음과 같다.

1) 데이터 품질과 다양성 부족

초기 모델은 학습 데이터의 품질과 다양성이 부족하여, 특정 언어와 문화에 치우친 편향된 결과를 생성하거나 잘못된 정보를 제공하는 문제가 있었다.

2) 모델의 복잡성과 계산 비용

파라미터 수가 증가하면서 모델 학습과 추론에 필요한 계산 자원이 기하급수적으로 늘어났다. 파라미터 수가 많다는 것은 모델의 복잡성을 의미하며, 이를 감당하기 위한 고성능 컴퓨팅 인프라의 확보가 중요한 과제가 되었다.

3) 할루시네이션(Hallucination)

모델이 맥락과 무관한 허구 정보를 생성하거나 잘못된 사실을 "그럴듯하게" 표현하는 문제가
발생했다. 이 문제를 해결하기 위해 학습 데이터와 알고리즘 개선이 필요했다.

4) 데이터 편향 문제

특정 성별, 인종, 문화적 관점에 치우친 데이터로 학습된 모델은 공정성과 신뢰성을
저하시키는 편향된 결과를 생성할 가능성이 있었다. 이를 완화하기 위해 데이터의 공정성과
다양성을 확보하는 작업이 이루어졌다.

5) 실시간 응답성과 에너지 효율성

대규모 모델의 크기와 복잡성으로 인해 응답 속도가 느려지거나 에너지 소비가 과도하게
증가하는 문제가 발생했다. 실시간 응답 속도를 보장하고 에너지 소비를 줄이기 위해 모델
최적화와 효율적인 알고리즘 개발이 요구되었다.

샘플문제 풀이

| 프롬프트엔지니어2급 샘플문제 B형 – 13번 |

문제 1 거대 언어 모델(LLM)이 발전하면서 해결해야 했던 주요 과제가 아닌 것은
무엇인가?

① 데이터 처리 속도
② 모델의 복잡성
③ 에너지 소비
④ 인터페이스 디자인

정답 ④

해설

거대 언어 모델(LLM)의 발전 과정에서 해결해야 했던 주요 과제는 데이터 품질, 모델의 복잡성, 에너지 소비와 같은
기술적 과제였다. 반면, 인터페이스 디자인은 LLM의 발전과 직접적인 기술적 문제와는 관련이 없다. 그러므로 정답
은 ④가 된다.

자연어 처리(NLP, Natural Language Processing)는 인간의 언어를 컴퓨터가 이해하고 처리할 수 있도록 돕는 인공지능(AI)의 한 분야이다. 텍스트나 음성과 같은 자연어 데이터를 다루며, 컴퓨터가 언어의 의미를 파악하고 분석하거나 생성할 수 있도록 하는 기술이다.

자연어 처리 분야에서 언어 모델의 초기 형태는 통계적 언어 모델을 사용했다. 이 모델은 문장에서 어떤 단어가 나올 가능성이 높은지를 계산해 다음 단어를 예측하거나 문장을 생성하는 것으로 예를 들어, "나는 밥을"이라는 문장에서 통계적으로 "먹는다"가 뒤에 올 확률이 가장 높다면, "먹는다"를 다음 단어로 예측하는 방식이다.

언어 모델은 통계적 방법에서 출발해 복잡한 신경망 기반 모델로 빠르게 발전하며, 인간 언어를 이해하고 생성하는 데 있어 비약적인 진화를 이루었다. 이 과정은 Word2Vec과 N-grams 같은 초기 기법부터 RNN/LSTM, Attention Mechanism, Transformers, BERT, 그리고 GPT에 이르기까지 여러 중요한 기술적 변화를 통해 확인할 수 있다.

1) 매개변수(파라미터)의 증가

GPT-3는 1,750억 개의 매개변수를 가진 초대형 모델로, 크기와 성능 면에서 이전 모델들과 비교할 수 없을 만큼 뛰어난 성과를 보여주었다. 파라미터는 모델이 학습을 통해 최적화한 값으로, 입력 데이터를 처리하고 예측하거나 응답을 생성할 때 사용하는 규칙과 패턴을 나타낸다.

파라미터의 수가 많아질수록 모델은 더 복잡한 언어 패턴과 문맥을 학습할 수 있다. 예를 들어, GPT-3의 방대한 파라미터는 긴 문장에서 단어 간의 관계, 문맥 흐름, 세부적인 뉘앙스 등을 더 정교하게 이해하고 처리할 수 있도록 한다. 그러나 파라미터 수가 증가하면 더 많은 데이터와 연산 능력이 필요하며, 학습과 추론 과정에서 계산 비용이 크게 증가한다.

GPT-3의 등장은 "거대 언어 모델(Large Language Model)"이라는 용어가 널리 사용되기 시작한 계기가 되었으며, 이후 대규모 데이터와 방대한 매개변수를 가진 모델을 지칭하는 표준 표현으로 자리 잡았다.

2) 학습 효율의 극대화

발전 과정에서 데이터 효율성은 자기지도 학습(Self-Supervised Learning) 방식을 통해 크게 향상되었다. 대규모 데이터에 레이블을 추가하는 작업에 한계가 있기 때문에 레이블이 없는 대규모 데이터(unlabeled data)를 이용한 자기지도 학습은 학습 효율을 극대화했다.

자기지도 학습은 레이블이 없는 데이터에서 스스로 학습할 수 있도록 설계된 방법으로, 대규모 데이터셋에 대한 효과적인 활용을 가능하게 한다. 이 방식에서는 데이터의 일부를 가려놓고 가려진 부분을 예측하는 문제를 통해 모델이 스스로 데이터를 이해하고 패턴을 학습하도록 한다. 예를 들어, 텍스트 데이터에서는 문장의 일부 단어를 숨기고 이를 예측하게 하거나, 이미지 데이터에서는 일부 영역을 가리고 해당 영역을 채우도록 학습시킬 수 있다. 이러한 과정에서 모델은 레이블이 없어도 데이터의 구조를 파악하고 중요한 특징을 학습할 수 있다.

3) 모델 정확도의 향상

언어 모델의 정확도는 어텐션 메커니즘(Attention Mechanism)과 트랜스포머(Transformer) 구조의 도입으로 크게 개선되었다. 어텐션 메커니즘은 입력 데이터 내에서 중요한 부분에 더 많은 가중치를 부여하여, 모델이 문맥에서 중요한 정보를 효과적으로 추출할 수 있도록 돕는 핵심 기술이다. 특히, 기존 순환 신경망(RNN) 기반 모델이 긴 문장을 처리할 때 발생하던 장기 종속성 문제(Long-Term Dependency Problem)를 해결하는 데 중요한 역할을 했다.

어텐션 메커니즘의 대표적인 형태인 셀프 어텐션은 문장의 각 단어가 다른 모든 단어와의 관계를 고려하여 자신에게 얼마나 중요한지를 학습할 수 있게 한다. 이를 통해 모델은 문맥을 양방향으로 이해하고, 문장 내 단어 간의 복잡한 상호작용을 정확하게 파악할 수 있게 되었다. 트랜스포머 구조에서는 이러한 어텐션 메커니즘이 여러 층에 걸쳐 반복적으로 적용되어, 더욱 정교하고 깊이 있는 문장 표현을 학습할 수 있다.

이러한 기술적 혁신 덕분에 거대 언어 모델은 긴 문장의 의미를 정확히 추론하고, 번역, 요약, 질문 응답 등 다양한 언어 태스크에서 인간 수준에 가까운 성능을 발휘할 수 있는 능력을 갖추게 되었다. 어텐션 메커니즘과 트랜스포머 구조의 조합은 현대 자연어 처리(NLP) 모델의 발전에 있어 획기적인 전환점이 되었으며, GPT 및 BERT와 같은 대규모 사전 학습된 언어 모델의 성공을 가능하게 했다.

샘플문제 풀이

| 프롬프트엔지니어2급 샘플문제 B형 – 17번 |

문제 1 거대 언어 모델의 발전 과정에서 나타난 주요 개선점이 아닌 것은?

① 데이터 효율성 향상　　　　② 모델 크기 증가

③ 예측 정확도 향상　　　　　④ 데이터 보안성 향상

해설

거대 언어 모델 발전과정에서의 주요 개선점은 데이터 효율성 향상, 모델 크기 증가, 예측 정확도 향상에 있다. 거대 언어 모델에 자기지도 학습(Self-Supervised Learning) 방식이 도입되면서 대규모 레이블이 없는 데이터를 활용하여 학습 효율을 극대화할 수 있게 되었다. 거대 언어 모델의 발전 과정에서 모델 크기는 꾸준히 증가해왔고, 이로 인해 더 복잡한 문맥을 이해하고 생성할 수 있게 되었다. 어텐션 메커니즘과 트랜스포머 구조의 도입으로 모델은 문맥을 더 잘 이해하고 긴 문장이나 복잡한 의미를 정확히 추론할 수 있는 능력을 갖추게 되었다. 데이터 보안성은 거대 언어 모델(LLM)의 발전 과정에서 주요 개선점과 관련성이 떨어진다(④). 따라서 정답은 ④가 된다.

5 // 거대 언어 모델 학습 방식

1) 기계학습의 개념

우리는 파이썬, 자바 등의 코딩 언어를 사용하여 프로그램이 동작해야 할 규칙을 작성한다. 그렇기 때문에 우리가 코딩을 한다는 것은 입력을 처리할 수 있는 규칙을 작성하는 것이라고 말할 수 있다.

> 입력 데이터 + 규칙(알고리즘) → 출력

기계학습은 컴퓨터가 데이터를 기반으로 스스로 규칙을 학습하도록 만드는 것이다. 입력 데이터와 출력 데이터를 학습 데이터로 제공하면 컴퓨터가 그 관계를 학습하고, 규칙을 학습한다. 이렇게 학습된 결과물을 우리는 '인공지능 모델'이라고 부른다.

> 입력 데이터 + 출력 데이터 → 규칙(인공지능 모델)

규칙 기반으로 작성된 프로그램은 사전에 정의된 입력만 처리할 수 있다. 만약 정의되지 않은 입력이 들어오면, 프로그램은 이를 처리하지 못하고 오류를 발생시킬 가능성이 높다. 예를 들어, 사진 속 동물을 고양이로 판단하는 프로그램을 만든다고 가정해보자. 고양이의 귀는 삼각형 모양이고, 꼬리가 길며, 줄무늬가 있다는 규칙을 코드로 작성한다고 해도, 모든 고양이의 특징을 완벽히 반영하기는 어렵다. 예컨대, 꼬리가 없는 고양이 사진이 입력되면 프로그램은 이를 고양이로 인식하지 못하고 오류를 낼 수 있다. 즉, 규칙 기반의 프로그램은 정의된 규칙에서 벗어난 입력을 처리하는 데 한계가 있다.

기계 학습은 입력 데이터와 출력 데이터를 기반으로 두 데이터 간의 관계를 스스로 학습한다. 다양한 동물 사진과 해당 동물 이름을 학습 데이터로 제공하면, 컴퓨터는 이 데이터에서 관계를 파악하여 규칙을 생성한다. 이렇게 만들어진 인공지능 모델은 사전에 학습하지 않은 새로운 데이터도 처리할 수 있는 유연성을 갖게 된다.

2) 기계학습의 유형

기계학습을 위한 유형은 크게 지도학습, 비지도학습, 강화학습으로 분류할 수 있다.

① 지도학습

'지도 학습(Supervised Learning)'이란 컴퓨터가 입력 데이터와 출력 데이터(레이블)가 주어진 상태에서 학습하는 것을 말한다. 예를 들어, 동물 사진(입력 데이터)과 함께 동물의 이름(레이블)을 인공신경망에게 입력으로 넣어주면, 인공신경망은 동물 사진과 레이블의 관계를 학습한다. 예를 들어, 호랑이 사진과 함께 동물의 이름인 '호랑이'를 학습 알고리즘에 넣어주면, 학습 알고리즘은 사진의 패턴을 분석해 해당 패턴의 동물을 호랑이라고 학습한다.

② 비지도 학습

'비지도 학습(Unsupervised Learning)'이란 컴퓨터가 출력 데이터(레이블)가 없는 상태에서 입력 데이터만을 가지고 스스로 데이터를 분석하고 패턴을 학습하도록 하는 방법이다. 예를 들어, 고객 구매 데이터를 입력으로 제공하면, 알고리즘은 구매 패턴과 특징을 분석해 고객들을 그룹으로 나눌 수 있다. 이를 통해 "자주 구매하는 고객", "특정 제품에 관심을 가진 고객", "구매 빈도가 낮은 고객" 등의 그룹을 스스로 찾아낼 수 있다.

③ 강화 학습

'강화 학습(Reinforcement Learning)'이란 컴퓨터가 행동(Action)과 보상(Reward)을 통해 최적의 정책(Policy)을 학습하는 것을 말한다. 즉, 컴퓨터가 특정 환경과 상호작용하며, 행동의 결과로 주어지는 보상(Reward)을 통해 스스로 최적의 행동 방침(Policy)을 학습하는 방법이다. 이 학습 방식에서는 입력 데이터나 정답 레이블을 제공하지 않고, 에이전트(Agent)가 목표를 달성하기 위해 시행착오를 거치며 학습한다.

예를 들어, 알파고(AlphaGo)가 바둑을 학습하는 과정을 생각해보자. 알파고는 바둑판이라는 환경에서 수많은 시뮬레이션 게임을 통해 다양한 수(행동)를 시도하며, 승리하거나 패배하는 경험을 통해 보상을 얻는다. 초기에는 랜덤으로 두지만, 반복적인 학습을 통해 특정 상황에서 승리를 높이는 최적의 수를 스스로 학습한다. 이러한 학습 과정을 통해 알파고는 인간 바둑 챔피언을 능가할 수준의 전략과 판단 능력을 갖추게 된다.

3) 거대 언어 모델 학습 방식

파운데이션 모델(Foundation Models)은 특정 작업에 특화된 기존 AI 모델과 달리, 다양한 작업을 수행할 수 있는 범용 모델을 의미한다. "파운데이션"이라는 용어는 이러한 모델이 여러 작업의 기초가 된다는 점에서 유래되었다. 파운데이션 모델을 우리말로 번역하여 '기초 모델'이라고 부른다.

파운데이션 모델의 대표적인 예가 바로 '거대 언어 모델(LLM, Large Language Model)'이다. 거대 언어 모델은 방대한 양의 데이터를 학습하여 언어의 구조와 맥락을 이해하고 텍스트를 생성하는 데 특화되어 있다. 이 모델들은 특정 작업에 국한되지 않고, 번역, 문서 요약, 질의응답, 감성 분석 등 다양한 언어 처리 태스크를 수행할 수 있는 범용성을 가지고 있다. 또한, 거대 언어 모델뿐만 아니라 이미지 생성 모델(DALL-E, Midjourney), 멀티모달 모델(CLIP, Flamingo), 비디오 생성 모델(Runway Gen-2, Make-a-Video) 등도 파운데이션 모델의 범주에 포함된다.

거대 언어 모델은 대규모의 레이블이 없는 데이터(unlabeled data)를 기반으로 학습하며, 최소한의 미세 조정(fine tuning)만으로도 다양한 응용 분야에 활용될 수 있다.

거대 언어 모델은 주로 자기 지도 학습(Self-Supervised Learning)과 비지도 학습(Unsupervised Learning) 방식을 통해 사전 학습된다. 이후, 이미 훈련된 모델의 성능을 더욱 향상시키기 위해 사용자 피드백을 통한 강화 학습(RLHF, Reinforcement Learning with Human Feedback) 방식을 추가적으로 활용한다.

① 자기 지도 학습(Self-Supervised Learning)

자기 지도 학습은 컴퓨터가 스스로 학습 데이터를 생성하고 이를 기반으로 학습하는 방법이다. 이 방식은 데이터의 일부를 숨기거나 변형한 뒤, 이를 예측하도록 모델을 훈련시키는 것이 특징이다. 즉, 데이터를 스스로 가공하여 마치 "레이블이 있는 것처럼" 학습 데이터를 만들어 활용하는 방식이다.

예를 들어, 언어 모델에서는 문장의 일부분을 가리고 이를 예측하도록 학습한다. "강아지가 공원에서 ○○를 했다"라는 문장에서 빈칸(○○)을 채우는 것이 학습 목표가 된다. 모델은 문맥을 기반으로 빈칸에 들어갈 단어를 예측하며 점진적으로 학습한다.

이러한 자기 지도 학습 방식은 생성형 AI의 기초 모델(파운데이션 모델)을 학습시키기 위해 레이블이 없는 대규모 데이터를 효과적으로 활용할 수 있도록 설계된 방법이다.

② 사용자 피드백을 통한 강화 학습(Reinforcement Learning with Human Feedback, RLHF)

생성형 AI는 학습된 모델의 성능을 높이기 위해 강화 학습을 활용한다. 강화 학습은 모델이 생성한 결과에 대해 보상 신호를 제공하여 모델이 점점 더 나은 결과를 생성하도록 돕는 학습 방법이다. 특히, 생성형 AI에서 강화 학습은 사용자 피드백이나 품질 평가를 바탕으로 모델의 생성 능력을 개선하는 데 사용된다.

예를 들어, ChatGPT에 '사용자 피드백을 통한 강화 학습'이 적용되었다. 먼저 대규모 텍스트 데이터를 기반으로 모델을 학습시킨 뒤, 모델이 생성한 응답에 대해 사람이 평가한 결과를 바탕으로 보상을 설정한다. 모델은 이 보상을 통해 더 자연스러운 대화와 사용자의 질문에 적합한 답변을 생성하도록 학습한다.

또한, 이미지 생성 AI에서 강화 학습은 생성된 이미지의 품질(예 선명도, 일관성, 스타일 적합성)을 평가하고, 모델이 더 높은 품질의 이미지를 생성하도록 학습시키는 데 사용될 수 있다.

샘플문제 풀이

| 프롬프트엔지니어2급 샘플문제 A형 – 7번 |

문제 1 생성형 AI 기초 모델이 일반적으로 사용하는 학습 방식으로 옳은 것은?

① 지도 학습
② 비지도 학습
③ 자기 지도 학습
④ 강화 학습

정답 ③

해설

생성형 AI의 기초 모델(파운데이션 모델)은 대규모 데이터를 활용하기 위해 자기 지도 학습 방식을 주로 사용하며, 이를 통해 다양한 응용 작업에 활용될 수 있는 범용성을 갖추게 된다. 따라서 정답은 ③이 된다.

| 프롬프트엔지니어2급 샘플문제 A형 – 10번 |

문제 2 다음 중 생성형 AI 기초 모델에 대한 설명으로 옳지 않은 것은?

① 대규모 데이터셋을 통해 사전 학습된 인공지능 모델이다.
② 다양한 응용 분야에서 사용할 수 있도록 설계되었다.
③ 원하는 응용 분야에 적용하기 위해서는 미세 조정이 필요하다.
④ 특정 도메인과 작업에 제한적으로 적용될 수 있도록 설계되었다.

해설

생성형 AI의 기초 모델(파운데이션 모델)은 방대한 데이터셋을 기반으로 사전 학습(pre-training)되어 다양한 작업과 도메인에서 범용적으로 활용될 수 있도록 설계되었다. 특정 작업이나 도메인에 적합하게 적용하기 위해서는 미세 조정(fine tuning) 과정이 필요할 수 있다. 따라서 정답은 ④가 된다.

| 프롬프트엔지니어2급 샘플문제 A형 – 57번 |

문제 3 생성형 AI 모델의 학습 주기를 늘리면 생길 수 있는 효과로 가장 옳은 것은?

① 학습 데이터의 저장 용량이 증가한다.

② 운영 비용이 줄어든다.

③ 네트워크 대역폭이 증가한다.

④ 서비스 응답 속도가 향상된다.

정답 ②

해설

생성형 AI 모델의 학습 주기를 늘린다는 것은 모델을 다시 학습시키거나 업데이트하는 빈도를 줄인다는 의미이다. 이는 학습 과정에 필요한 컴퓨팅 자원(서버, GPU 등)과 전력 소모를 줄일 수 있어 운영 비용 절감으로 이어진다. 그러므로 정답은 ②가 된다.

| 프롬프트엔지니어2급 샘플문제 B형 – 4번 |

문제 4 생성형 AI의 데이터 처리와 생성 방식은 무엇인가?

① 주어진 데이터를 암호화하여 저장한다.

② 주어진 데이터를 삭제한 후 새로운 데이터를 만든다.

③ 주어진 데이터를 그대로 저장한다.

④ 주어진 데이터를 학습하여 새로운 데이터를 생성한다.

정답 ④

해설

생성형 AI는 데이터를 학습하여 새로운 콘텐츠를 만들어내는 기술로, 텍스트 작성, 이미지 생성, 음악 작곡 등 다양한 분야에 활용된다. 이 과정에서 기존 데이터를 삭제하거나 그대로 저장하지 않으며, 데이터를 분석하고 활용하여 창의적 결과를 도출하는 것이 특징이다. 그러므로 정답은 ④가 된다.

3 프롬프트 엔지니어링

프롬프트 엔지니어링의 개념과 중요성을 이해하고, 효과적인 프롬프트 설계를 위한 주요 원칙과 기법을 학습한다. AI 모델의 성능을 최적화하기 위해 프롬프트 엔지니어링의 단계와 구성 요소를 분석하고, 더 정교한 응답을 유도할 수 있는 작성 원칙을 이해한다.

또한, 인컨텍스트 러닝(In-Context Learning)을 활용하여 AI 모델이 제공된 정보에서 학습하는 방식을 이해하고, 다양한 프롬프트 전략 패턴을 학습하여 실무에서 최적의 성능을 도출할 수 있는 방법을 배운다. 이를 통해, 생성형 AI의 활용도를 극대화하고, 효과적인 프롬프트 설계 방법을 학습한다.

1 /// 프롬프트 엔지니어링 개념 및 중요성

1) 프롬프트 엔지니어링 개념

생성형 AI는 인간의 언어를 모방하여 텍스트와 콘텐츠를 생성하지만, 고품질의 결과를 얻기 위해서는 정확하고 체계적인 지시문을 제공해야 한다. 프롬프트 엔지니어링은 생성형 AI를 효율적으로 활용하기 위해 프롬프트를 설계하고 최적화하는 과정이다. 즉, 생성형 AI가 내가 원하는 결과를 응답할 수 있도록, 지시사항, 문맥정보, 입력데이터 등을 체계적으로 제공하는 과정을 말한다.

프롬프트는 생성형 AI에게 특정 작업을 수행하도록 요청하는 문장이다. 예를 들어, "이 문서를 요약해줘.", "고양이를 주제로 한 짧은 이야기를 만들어줘."와 같은 문장이 될 수 있다. 프롬프트를 어떻게 작성하느냐에 따라 AI 모델이 내가 원하는 적절한 응답을 생성할 수 있다. 기본적으로 프롬프트는 지시사항이나 질문하는 문장으로 작성할 수 있다. 여기에 추가로 입력 데이터나 예시를 제공하면 생성형 AI가 지시사항의 맥락을 더 잘 이해하여 응답할 수 있다. 프롬프트를 통해 제공하는 정보의 구체성과 맥락에 따라 생성형 AI의 응답 결과의 질이 크게 달라지기 때문에 프롬프트 엔지니어링이 필요하다.

프롬프트 엔지니어링은 단순히 AI를 사용하는 것이 아니라, AI와의 상호작용을 최적화하여 더욱 효과적이고 정확한 결과를 도출하는 접근 방식이다. 즉, 생성형 AI로부터 원하는 응답을 얻기 위해 AI와 체계적으로 대화하는 과정이라고 말할 수 있다.

만약 '나는 학교에 간다'라고 프롬프트를 작성했다고 생각해보자.

> **프롬프트:** 나는 학교에 간다

그러면, ChatGPT는 다음과 같은 문장을 출력한다.

> **ChatGPT:** 매일 아침 8시에 나는 학교에 간다. 학교에서는 친구들과 공부하고, 선생님들에게 배우는 즐거운 시간을 보낸다.

프롬프트와 출력 문장을 보면, '우문우답'이라는 표현이 딱 맞아떨어진다. 프롬프트에 우리의 의도가 명확히 표현되지 않기 때문에 생성형 AI의 결과가 제대로 나오지 않은 것이다. 그렇기 때문에 생성형 AI를 잘 활용하기 위해서는 프롬프트를 잘 작성하는 것이 매우 중요하다.

생성형 AI는 훈련된 데이터와 모델 내부의 지식을 바탕으로 응답을 생성하기 때문에 실시간으로 인터넷을 검색하거나 인터넷 자료를 검색해 응답을 생성하는 것은 아니다. 프롬프트 엔지니어링은 생성형 AI 모델의 성능을 높이는 데 중점을 둔 기법으로, AI 모델 자체의 구조나 내부 알고리즘을 변경할 수 없으며, 시스템의 성능을 개선하거나 응답 속도를 빠르게 할 수 있는 직접적인 수단은 아니다. 여기서 AI 모델 성능은 모델 응답의 정확성을 의미하고, 시스템 성능은 AI 모델이 구축된 시스템(하드웨어와 소프트웨어)이 프롬프트에 얼마나 빠르게 답변을 제공하는지에 대한 응답 속도를 의미한다.

2) 프롬프트 엔지니어링의 유용성

프롬프트 엔지니어링은 생성형 AI 모델을 효과적으로 활용하기 위해 프롬프트를 설계하고 최적화하는 과정이다. 프롬프트를 잘 작성함으로써 AI 모델의 성능을 극대화하고, 더욱 정교하고 유용한 결과를 얻을 수 있다. 다음은 프롬프트 엔지니어링을 통해 우리가 얻을 수 있는 유용성을 설명하고 있다.

① 결과의 정확성과 품질 향상

프롬프트 엔지니어링을 통해 프롬프트를 구체적이고 명확하게 설계하는 방법을 적용할 수 있다. 이렇게 설계된 프롬프트를 사용하면, AI 모델이 프롬프트의 의도를 더 잘 이해할 수 있기 때문에 AI 모델이 더 정확한 결과를 생성할 수 있다. 예를 들어, "아래 문장을 요약해줘."라고 프롬프트를 작성하는 것 대신에 "아래 문장을 중학생이 이해할 수 있는 수준으로 50자 이내로 간결하게 요약해줘."라고 작성하면 우리가 원하는 출력을 얻을 수 있도록 AI 모델을 가이드할 수 있다.

② 작업 효율성 증대

AI 모델이 우리가 원하는 작업을 더 빠르고 효율적으로 수행할 수 있도록 지시하는 것이 중요하다. 예를 들어, 복잡한 요청을 단계적으로 나누거나 예를 들어 구체적으로 지시하면, 모델이 명확하게 이해하고 정확히 실행할 가능성이 높아진다. 이렇게 프롬프트 엔지니어링을 적용하게 되면, AI 모델과의 상호작용 과정에서 시행착오를 줄일 수 있으므로 시간과 비용을 절감할 수 있다.

③ 모델 활용성 극대화

프롬프트 엔지니어링은 모델의 잠재력을 최대한 이끌어낼 수 있는 방법이다. AI 모델은 번역, 요약, 창작, 프로그래밍 코드 생성 등 다양한 작업을 수행할 수 있는데, 프롬프트 엔지니어링을 통해 이러한 기능을 더 효과적으로 활용할 수 있다.

④ 오류 감소 및 할루시네이션 방지

잘 설계된 프롬프트는 AI 모델이 부정확한 정보를 생성하는 문제(할루시네이션)를 줄이는 데 도움을 줄 수 있다. 충분한 문맥과 세부 지시를 제공하면, 모델이 잘못된 결론을 도출하거나 관련성이 없는 결과를 생성하는 확률이 낮아진다.

샘플문제 풀이

| 프롬프트엔지니어2급 샘플문제 A형 – 17번 |

문제 1 프롬프트 엔지니어링에 대한 설명으로 옳은 것은?

① 생성형 AI 모델의 학습 데이터를 수집하는 과정

② 생성형 AI 모델의 구조를 설계하는 과정

③ 생성형 AI 모델에서 원하는 결과를 얻기 위해 프롬프트를 만들고 최적화하는 과정

④ 생성형 AI 모델의 출력 데이터를 분석하는 과정

정답 ③

해설

프롬프트 엔지니어링은 생성형 AI 모델이 원하는 결과를 얻을 수 있도록 프롬프트를 설계하고 최적화하는 과정을 뜻한다. 따라서 정답은 ③이 된다.

문제 2 프롬프트에 대한 설명으로 옳은 것은?

① 생성형 AI 모델의 학습 데이터를 말한다.

② 생성형 AI 모델에서 출력을 생성하기 위해 입력하는 텍스트를 말한다.

③ 생성형 AI 모델의 학습 알고리즘을 말한다.

④ 생성형 AI 모델의 결과를 평가하는 기준을 말한다.

정답 ②

해설

프롬프트는 생성형 AI에게 특정 작업을 수행하도록 요청하는 문장(텍스트)이다. 따라서 정답은 ②가 된다.

문제 3 프롬프트 엔지니어링의 주된 목적으로 옳은 것은?

① 사용자 인터페이스 개선 　　② 대화형 AI의 응답 품질 향상

③ 데이터 저장 공간 최적화 　　④ 대화형 AI의 반응 속도 개선

정답 ②

해설

프롬프트 엔지니어링의 주된 목적은 AI 모델이 사용자 의도를 명확히 이해하고, 더 높은 품질의 응답을 생성하도록 돕는 것이다. 따라서 정답은 ②가 된다.

문제 4 프롬프트 엔지니어링을 통해 얻을 수 있는 이점이 아닌 것은?

① 대규모 언어 모델(LLM)의 기능과 한계를 더 잘 이해하는 데 도움을 얻을 수 있다.

② 질의응답 및 산술 추론과 같은 일반적 작업부터 복잡한 작업까지 LLM 활용 역량을 향상시킬 수 있다.

③ 다양한 주제에 언어 모델(LM)을 효율적으로 사용할 수 있다.

④ 생성형 AI가 인터넷의 자료를 정확하게 검색하도록 질문을 단순화하는 데 도움을 얻을 수 있다.

정답 ④
해설

프롬프트 엔지니어링은 LLM의 활용도를 높이고, 다양한 작업에서 효과적인 결과를 얻는 데 기여하지만, 생성형 AI의 인터넷 자료를 검색하는 능력과는 관련이 없다. 따라서 정답은 ④가 된다.

| 프롬프트엔지니어2급 샘플문제 A형 – 44번 |

문제 5 프롬프트 엔지니어링에 대한 설명으로 옳지 않은 것은?

① 프롬프트 엔지니어링은 생성형 AI가 원하는 결과를 생성하도록 안내하는 프로세스이다.

② 프롬프트 엔지니어링은 시스템 성능을 최적화하여 응답 속도를 빠르게 하는 데 도움을 준다.

③ 정확한 프롬프트를 작성함으로써 좋은 결과를 얻을 수 있게 해준다.

④ 질문의 의도를 이해하는 데 도움이 되는 쿼리를 만드는 데 도움을 준다.

정답 ②

해설

프롬프트 엔지니어링은 AI 모델의 응답 품질과 정확성을 향상시키는 데 도움을 주지만, 시스템 성능을 최적화할 수는 없다. 따라서 정답은 ②가 된다.

| 프롬프트엔지니어2급 샘플문제 B형 – 44번 |

문제 6 프롬프트 엔지니어링이란 무엇인가?

① AI 모델의 훈련 데이터를 수집하는 과정

② AI 모델이 더 나은 성능을 발휘하도록 입력 문장을 설계하고 조정하는 과정

③ AI 모델의 하드웨어 성능을 개선하는 과정

④ AI 모델의 보안을 강화하는 과정

정답 ②

해설

프롬프트 엔지니어링은 AI 모델이 원하는 결과를 정확히 생성할 수 있도록 입력 문장을 설계하고 조정하는 과정을 의미한다. 생성형 AI 모델은 입력된 프롬프트에 따라 출력 결과를 생성하기 때문에, 프롬프트의 품질이 결과의 정확성과 관련성을 결정하는 중요한 요소가 된다. 따라서 정답은 ②가 된다.

2 /// 프롬프트 엔지니어링 단계

프롬프트 엔지니어링의 단계는 주로 AI 모델의 성능을 최적화하고, 원하는 결과를 얻기 위해 프롬프트를 설계하고 개선하는 체계적인 과정으로 이루어진다. 각 단계는 다음과 같다.

1) 사용자 요구 분석

사용자가 원하는 결과와 작업 목표를 명확히 이해하는 단계이다. 생성형 AI를 통해 어떤 문제를 해결하려는 것인지 파악한다. 작업의 범위, 맥락, 기대되는 결과를 명확히 정의하고, 필요하다면 요청의 구체적인 요구사항을 정리한다. 예를 들어, 사용자가 문서를 요약하고 싶어 한다면, 요약 길이, 스타일, 주요 포인트를 포함할 것인지 등의 사용자 요구사항을 분석한다.

2) 프롬프트 설계

분석된 요구를 바탕으로 AI가 정확히 이해할 수 있도록 프롬프트를 작성하는 단계이다. 명확성, 간결성, 정확성을 고려하여 프롬프트를 설계한다. 이 과정에서 작업의 맥락과 세부 지침을 포함하고, 작업에 필요한 추가 정보를 제공하거나, 복잡한 요청은 단계적으로 나눈다.

예를 들어, "이 문장을 요약해줘."라고 작성하기 보다 "아래 문서를 3문장으로 간결하게 요약하고, 주요 키워드를 포함해줘."라고 프롬프트를 설계한다.

3) 프롬프트 테스트

설계된 프롬프트가 AI 모델에서 예상대로 작동하는지 확인하는 단계이다. 설계한 프롬프트를 AI에 입력하여 결과를 확인하여 생성형 AI의 응답이 사용자 요구에 부합하는지 평가한다.

4) 피드백 수집 및 개선

프롬프트 테스트 결과와 사용자 피드백을 바탕으로 프롬프트를 개선하는 단계이다. 프롬프트 테스트 결과 AI의 응답이 사용자 요구를 충족하지 못했다면, 프롬프트를 수정해야 한다. 예를 들어, AI 응답을 개선하기 위해 프롬프트에 "결과를 100자 이내로 제한해줘."와 같은 조건을 추가할 수 있다. 이렇게 사용자 요구를 충족하는 결과를 얻기 위해 명확하지 않거나 불필요한 부분을 조정하여 프롬프트를 최적화한다.

문제 1 새로운 AI 프로젝트에서 프롬프트 엔지니어링을 도입할 때 가장 중요한 고려 사항은 무엇인가?

① 사용자의 요구를 명확히 이해하는 것

② 데이터베이스를 업데이트하는 것

③ 네트워크 속도를 향상시키는 것

④ 하드웨어를 업그레이드하는 것

정답 ①

해설

새로운 AI 프로젝트에서 프롬프트 엔지니어링을 성공적으로 도입하기 위해 가장 중요한 것은 사용자의 요구를 명확히 이해하는 것이다. AI 모델은 프롬프트에 따라 출력 결과가 달라지기 때문에, 사용자의 요구를 명확히 파악하고 이를 반영한 프롬프트를 설계하는 것이 핵심이다. 따라서 정답은 ①이 된다.

문제 2 프롬프트 엔지니어링의 단계를 올바른 순서로 배열할 것은 무엇인가?

1. 사용자 요구 분석	2. 프롬프트 설계
3. 프롬프트 테스트	4. 피드백 수집 및 개선

① 2-1-4-3　　　　　　　② 1-2-3-4

③ 3-4-1-2　　　　　　　④ 4-3-2-1

정답 ②

해설

프롬프트 엔지니어링은 사용자 요구 분석에서 시작하여 프롬프트 설계, 테스트, 피드백 수집 및 개선의 순서로 진행된다. 따라서 정답은 ②가 된다.

문제 3 프롬프트 엔지니어링의 첫 단계는 무엇인가?

① 피드백 수집　　　　　　② 프롬프트 테스트

③ 사용자 요구 분석　　　　④ 프롬프트 수정

해설

프롬프트 엔지니어링의 첫 단계는 사용자의 요구를 분석하여 작업의 목표와 방향을 명확히 설정하는 과정이다. 따라서 정답은 ③이 된다.

| 프롬프트엔지니어2급 샘플문제 B형 – 52번 |

문제 4 프롬프트 엔지니어링에서 최적 모델링의 목표는 무엇인가?

① 데이터 처리 속도를 높이기 위해

② AI 모델의 응답 정확성을 높이기 위해

③ 사용자 인터페이스를 개선하기 위해

④ 네트워크 연결을 안정화하기 위해

정답 ②

해설

프롬프트 엔지니어링의 핵심 목표는 AI 모델이 더 정확하고 관련성 높은 응답을 생성하도록 입력 문장을 설계하고 최적화하는 것이다. 모델의 성능은 프롬프트에 크게 의존하므로, 이를 통해 응답의 정확성과 품질을 향상시키는 것이 최종 목표이다. 따라서 정답은 ②가 된다.

3 /// 프롬프트 구성 요소

프롬프트를 효과적으로 작성하려면, 그 안에 포함되는 구성 요소를 이해하고 적절히 활용하는 것이 중요하다. 프롬프트의 주요 구성 요소는 다음과 같다.

1) 지시(Instruction)

지시는 모델에게 수행할 작업을 명확히 전달하는 역할을 한다. AI 모델에 명령을 내리므로, 지시라는 표현대신에 '명령'이라는 용어를 사용하기도 한다. 예를 들어, "이 문장을 요약해 주세요"와 같이 생성형 AI에게 지시하는 문장을 프롬프트에 포함해야 한다. 지시하는 문장이 명확해야 AI도 의도를 잘 이해하고, 정확한 출력을 생성할 수 있기 때문에 명확하게 문장(텍스트)을 작성해야 한다.

> **프롬프트:** 이 문장을 요약해 주세요.

2) 문맥(Context)

문맥은 모델이 질문의 의도에 맞는 응답을 생성할 수 있도록 제공하는 추가 정보나 배경 정보이다. 동일한 지시 문장이라 하더라도 문맥에 따라 다른 결과를 얻을 수 있다. 그러므로, 다음과 같은 문맥 정보를 제공하면 AI가 상황을 잘 이해하고, 더 정확한 결과를 얻을 수 있다.

예를 들어, 다음 프롬프트에서 "아래 텍스트는 과학 논문입니다."가 문맥에 해당한다.

> **프롬프트:** 아래 텍스트는 과학 논문 내용입니다. 논문의 핵심 내용을 간단히 요약해 주세요.

3) 입력 데이터(Input Data)

입력 데이터는 생성형 AI가 처리해야 하는 입력 정보를 말한다. 예를 들어, 다음과 같이 프롬프트를 작성했다면, "나는 학교에 간다."가 입력 데이터에 해당한다.

> **프롬프트:** 나는 학교에 간다. 이 문장을 영어로 번역해 주세요.

다음과 같이 프롬프트를 작성할 경우, 10, 15, 13, 14가 입력 데이터에 해당한다.

> **프롬프트:** 아래 데이터에 평균을 구해주세요.
> 10
> 15
> 13
> 14

4) 출력 지시자(Output Indicator)

출력 지시자는 생성형 AI가 어떤 형태로 응답을 생성해야 하는지 알려준다. 예를 들어, 다음과 같이 "3문장으로 요약해 주세요"와 같이 작성하면 생성형 AI는 3개의 문장으로 결과를 출력하게 되고, 이것이 출력 지시자에 해당한다.

> **프롬프트:** 미국 독립전쟁을 3문장으로 요약해 주세요.

위의 네 가지 구성 요소가 항상 프롬프트에 모두 포함될 필요는 없다. 간단한 작업(예 번역)에는 지시와 입력 데이터만으로 충분할 수 있다. 복잡한 작업(예 문맥을 고려한 추론)에는 문맥과 출력 지시자가 추가로 필요할 수 있다. 어떤 구성 요소를 사용할지는 작업의 특성과 목표에 따라 달라진다.

프롬프트의 구성 요소는 생성형 AI가 정확하고 유용한 결과를 생성하도록 돕는 중요한 역할을 한다. 프롬프트를 체계적으로 설계하면, 생성형 AI의 성능을 극대화하고 더 나은 결과를 얻을 수 있다. 다양한 작업에 맞는 구성 요소를 적절히 조합하여 활용하는 것이 프롬프트 엔지니어링의 핵심이다.

샘플문제 풀이

| 프롬프트엔지니어2급 샘플문제 A형 – 19번 |

문제 1 프롬프트의 구성 요소로 옳지 않은 것은?

① 명령(Instruction)
② 맥락 정보(Context)
③ 입력 데이터(Input Data)
④ 학습 알고리즘(Learning Algorithm)

정답 ④

해설

프롬프트 구성요소는 지시사항(Instruction), 문맥(Context), 입력 데이터(Input data), 출력 지시자(Output Indicator)이다. 학습 알고리즘은 구성요소에 포함되지 않는다. 따라서 정답은 ④가 된다.

| 프롬프트엔지니어2급 샘플문제 B형 – 18번 |

문제 2 빈칸에 들어갈 단어는 무엇인가?

> 프롬프트 엔지니어링에서 중요한 것은 ( )을/를 명확히 하는 것이다.

① 데이터 구조   ② 지시사항
③ 네트워크 설정   ④ 메모리 관리

정답 ②

해설

프롬프트 엔지니어링의 핵심은 AI 모델에게 수행할 지시사항을 명확히 전달하는 것이다. 따라서 정답은 ②가 된다.

문제 3 프롬프트의 구성 요소로 옳지 않은 것은?

① 지시(Instruction) – 모델이 수행할 특정 작업 또는 지시
② 문맥(Context) – 더 나은 응답을 위해 모델을 조종할 수 있는 외부 정보나 추가 문맥
③ 입력 데이터(Input Data) – 응답 받고자 하는 입력이나 질문
④ 시스템 업데이트(System Update) – 시스템의 최신 버전을 유지하기 위한 절차

정답 ④

해설

프롬프트의 구성 요소는 지시(Instruction), 문맥(Context), 입력 데이터(Input Data) 및 출력 지시자(Output Indicator)로 이루어지며, AI가 사용자의 요청을 이해하고 응답을 생성하는 데 필요한 기본적인 요소들이다. '시스템 업데이트(System Update)'는 시스템의 기능을 추가하거나 변경하는 절차이므로 프롬프트와 관련이 없다. 그러므로, 정답은 ④가 된다.

문제 4 프롬프트의 핵심 요소가 아닌 것은 무엇인가?

① 명확한 명령
② 구체적인 정보 요구
③ 데이터 암호화
④ 상황에 맞는 언어 스타일

정답 ③

해설

프롬프트 구성요소는 지시, 문맥, 입력 데이터, 출력 지시자이다. 명확한 명령과 구체적인 정보 요구는 지시에 해당한다. 상황에 맞는 언어 스타일은 출력 지시자(Output Indicator)와 관련된다. 데이터 암호화는 프롬프트 구성 요소와 무관하므로 정답은 ③이 된다.

4 /// 좋은 프롬프트를 위한 작성 원칙

좋은 프롬프트는 AI 모델이 사용자의 의도를 명확히 이해하고 최적의 결과를 생성하도록 설계된 입력이다. 이를 위해, 프롬프트를 작성할 때 명확성, 정확성, 간결성을 고려하는 것이 필수적이다.

1) 명확성(Clarity)

질문이나 지시가 애매하거나 모호하면 AI는 적합하지 않은 결과를 생성할 가능성이 높다. 그러므로 AI 모델이 작업의 의도와 요구사항을 쉽게 이해하도록 명확한 프롬프트를 작성해야 한다.

예를 들어, 프롬프트를 "이 문장을 고쳐줘."라고 작성하기보다 "이 문장을 50자 이내로 간결하게 고쳐줘."라고 작성하면 AI가 작업의 목표를 정확히 이해할 수 있다.

2) 정확성(Accuracy)

프롬프트의 내용이 정확해야 AI 모델이 맥락을 올바르게 이해하고, 사용자 의도에 부합하는 응답을 생성할 수 있다. 예를 들어, "내일 우리는 서울에 갔다."라는 문장을 영어로 번역하라고 요청하면, 프롬프트에 '내일'과 '갔다'처럼 시제가 상충하는 표현이 포함되어 있기 때문에 AI가 정확한 결과를 제공하지 못할 가능성이 있다.

3) 간결성(Conciseness)

간결한 프롬프트는 AI가 핵심 정보를 빠르게 파악하고 효율적으로 응답을 생성하도록 돕는다. 프롬프트에 불필요한 정보가 포함되거나 지나치게 복잡하면 AI가 작업의 의도를 정확히 이해하지 못해 부정확하거나 혼란스러운 결과를 생성할 가능성이 높아진다. 핵심 내용만 포함하여 간결하게 작성된 프롬프트는 AI가 명확한 방향을 가지고 사용자 의도에 부합하는 결과를 생성하는 데 효과적이다. 프롬프트가 길거나 복잡해질 경우, 작업을 단계별로 나누어 질문하는 것이 더 효율적이다.

다음은 단계별로 프롬프트를 작성하는 예시이다. 1단계에서 "아래 텍스트를 3개 문장으로 요약해줘."라고 프롬프트를 작성하고, AI의 답변을 받은 후 다음 예시와 같이 프롬프트를 단계적으로 작성한다.

1단계	"아래 텍스트를 3개 문장으로 요약해줘." "환경오염은 전 세계적으로 심각한 문제로 대두되고 있다. 특히, 플라스틱 쓰레기와 온실가스 배출은 지구 환경에 큰 위협이 된다. 이를 해결하기 위해 재활용과 친환경 에너지 사용이 중요하다."
AI 답변	"환경오염은 심각한 전 세계적 문제이다. 플라스틱 쓰레기와 온실가스 배출이 주요 원인이다. 재활용과 친환경 에너지가 해결책으로 제시되고 있다."
2단계	"위에서 요약된 내용을 자연스러운 영어로 번역해줘"
AI 답변	"Environmental pollution is a serious global issue. Plastic waste and green-house gas emissions are the main causes. Recycling and the use of eco-friendly energy are suggested as solutions."

4) 구체성(Specificity)

구체적인 프롬프트는 작업의 목표, 형식, 길이, 톤 등 요구사항을 명확히 제시하여 AI가 결과를 올바르게 생성하도록 돕는다. 예를 들어, "이 문장을 번역해줘."라고 프롬프트를 작성하기 보다는 "이 문장을 50자 이내의 공손한 어조로 자연스러운 영어로 번역해줘."라고 작성하는 것이 구체적이다.

다음은 Open AI 웹 사이트를 제공하는 "프롬프트 엔지니어링을 위한 일반적인 규칙과 예시"로 어떻게 하면 프롬프트를 잘 설계할 수 있는지 안내하고 있다.

〈프롬프트 엔지니어링을 위한 일반적인 규칙과 예시〉

※ {텍스트 작성}은 해당 위치에 실제 텍스트를 작성하라는 의미입니다.

1. 최신 모델 사용

최상의 결과를 얻기 위해 일반적으로 최신의 고성능 모델을 사용하는 것이 좋습니다. 최신 모델일 수록 프롬프트 엔지니어링이 더 쉽습니다.

2. 프롬프트 시작 부분에 지시 사항을 작성하고, ### 또는 """로 지시 사항과 문맥을 구분

- 덜 효과적 ✖

  아래 텍스트의 주요 내용을 핵심 포인트로 요약하여 목록으로 작성하세요.
  {텍스트 작성}

- 더 효과적 ✔

  아래 텍스트의 주요 내용을 핵심 포인트로 요약하여 목록으로 작성하세요.

텍스트: """

{텍스트 작성}

"""

3. 원하는 문맥, 결과, 길이, 형식, 스타일 등을 구체적이고 상세하게 설명

- 덜 효과적 ✖

  OpenAI에 대한 시를 작성하세요.

- 더 효과적 ✅

  최근 출시된 DALL-E 제품(텍스트를 이미지로 변환하는 머신러닝 모델)을 중심으로 OpenAI에 대한 짧고 영감을 주는 시를 {유명 시인}의 스타일로 작성하세요.

4. 예시를 통해 원하는 출력 형식을 명확히 제시

- 덜 효과적 ✖

  아래 텍스트에서 언급된 엔티티를 추출하세요. 다음의 네 가지 유형의 엔티티를 추출해야 합니다: 회사 이름, 사람 이름, 특정 주제, 그리고 주요 테마.

  텍스트: {텍스트 작성}

- 더 효과적 ✅

  아래 텍스트에서 중요한 엔티티를 추출하세요. 먼저 회사 이름을 모두 추출한 후, 사람 이름을 모두 추출하고, 내용에 맞는 특정 주제를 추출한 다음, 일반적인 주요 테마를 추출하세요.

  원하는 형식:
  Company names: 〈쉼표로 구분된 회사 이름 목록〉
  People names: -||-
  Specific topics: -||-
  General themes: -||-

  텍스트: {텍스트 작성}

5. 제로샷(zero-shot), 퓨샷(few-shot)을 시도하고, 효과가 없으면 미세 조정(fine tuning)을 시도

- 제로샷 예시 ✅

아래 텍스트에서 키워드를 추출하세요.

텍스트: {텍스트 작성}

키워드:

- 퓨샷 예시 ✅

아래 예를 참고해서 텍스트에서 키워드를 추출하세요.

텍스트 1: Stripe는 웹 개발자가 웹사이트와 모바일 애플리케이션에 결제 처리를 통합할 수 있도록 API를 제공합니다.

키워드 1: Stripe, 결제 처리, API, 웹 개발자, 웹사이트, 모바일 애플리케이션

텍스트 2: OpenAI는 텍스트 이해와 생성에 뛰어난 최첨단 언어 모델을 훈련시켰습니다. 우리의 API는 이러한 모델에 대한 접근을 제공하며, 언어 처리가 필요한 거의 모든 작업을 해결하는 데 사용할 수 있습니다.

키워드 2: OpenAI, 언어 모델, 텍스트 처리, API

텍스트 3: {텍스트 작성}

키워드 3:

6. 모호하고 부정확한 설명 줄이기

- 덜 효과적 ❌

이 제품에 대한 설명은 비교적 짧게, 몇 문장으로만 작성하고 그 이상은 넘지 않도록 하세요.

- 더 효과적 ✅

이 제품을 설명하는 데 3~5개의 문장으로 구성된 단락을 사용하세요.

7. 하지 말아야 할 것을 말하는 대신 해야 할 것을 명확하게 지시

- 덜 효과적 ❌

다음은 상담원과 고객 간의 대화입니다. 사용자 이름 또는 비밀번호를 요청하지 마세요. 내용을 반복하지 마세요.

고객: 제 계정에 로그인할 수 없어요.

상담원:

- 더 효과적 ☑

    다음은 상담원과 고객 간의 대화입니다. 상담원은 문제를 진단하고 해결책을 제안하려고 시도하되, 개인 식별 정보(PII)와 관련된 질문을 하지 않습니다. 사용자 이름이나 비밀번호와 같은 PII를 요청하는 대신, 사용자에게 다음 도움말 문서(www.samplewebsite.com/help/faq)를 참조하도록 안내합니다.

    고객: 제 계정에 로그인할 수 없어요.

    상담원:

8. 코드 생성 시 특정 패턴으로 유도하는 '리딩 단어' 사용

- 덜 효과적 ✖

    #간단한 파이썬 함수를 작성하세요.

    #1. 사용자에게 마일 단위의 숫자를 입력하도록 요청합니다.

    #2. 입력한 마일을 킬로미터로 변환합니다.

- 더 효과적 ☑

    간단한 파이썬 함수를 작성하세요.

    1. 사용자에게 마일 단위의 숫자를 입력하도록 요청합니다.

    2. 입력한 마일을 킬로미터로 변환합니다.

    import

9. 'Generate Anything' 기능 활용

    개발자는 'Generate Anything' 기능을 활용하여 작업이나 예상되는 자연어 출력을 설명하고 맞춤형 프롬프트를 받을 수 있습니다.

출처: https://help.openai.com

| 프롬프트엔지니어2급 샘플문제 A형 – 48번 |

문제 1 좋은 프롬프트를 작성하기 위한 원칙으로 가장 옳지 않은 것은?

① 복잡성: 다양한 해석을 할 수 있도록 복잡하게 작성되어야 한다.

② 명확성: 원하는 작업을 명확하게 지시해야 한다.

③ 정확성: 정확한 결과를 생성할 수 있게 충분한 정보를 제공해야 한다.

④ 간결성: 불필요한 정보 없이 간결하게 작성되어야 한다.

정답 ①

해설

좋은 프롬프트는 명확성, 정확성, 간결성의 원칙을 기반으로 작성되어야 하며, 복잡성과 불명확함은 피해야 한다. 따라서 정답은 ①이 된다.

| 프롬프트엔지니어2급 샘플문제 A형 – 34번 |

문제 2 다음의 이미지를 생성하는 데 사용된 최적의 프롬프트는 무엇인가?

① 노을이 질 때 해변에서 바다를 바라보며 앉아있는 사람을 그려줘.

② 밤하늘을 바라보며 산책하는 사람을 그려줘.

③ 아침 해가 떠오르는 해변에서 조깅하는 사람을 그려줘.

④ 저녁 노을이 있는 공원에서 벤치에 앉아있는 사람을 그려줘.

정답 ①

해설

생성된 이미지는 노을이 질 때 해변에서 바다를 바라보며 앉아 있는 사람의 모습을 묘사하고 있다. 해당 이미지를 생성하기 위해서는 이를 명확히 표현한 ①번 프롬프트가 적절하다.

문제 3 다음 보기 이미지를 생성하는데 사용된 최적의 프롬프트는 무엇인가?

① 별이 빛나는 밤, 호수에서 카누를 타고 있는 사람

② 아침 호수에서 낚시하는 사람

③ 강에서 조용히 카누를 타는 사람

④ 도심에서 산책하는 사람

정답 ①

해설

생성된 이미지는 밤하늘의 별이 빛나는 장면과 호수에서 카누를 타고 있는 사람을 보여준다. 따라서 가장 적합한 프롬프트는 ①번이 된다.

문제 4 아래의 엑셀 함수를 얻기 위한 프롬프트로 가장 적합한 것은 무엇인가?

=TEXT(A2, "YYYY/MM/DD hh시 mm분 ss초")

① 날짜의 형식을 연도부터 초단위까지 출력되는 함수를 만들어줘.

② 'A2'셀의 값을 초단위까지 나오는 함수를 만들어줘.

③ 'A2'셀의 값을 연도부터 시간까지 나오게 변환하는 함수를 만들어줘.

④ 'A2'셀의 값을 'YYYY/MM/DD hh시 mm분 ss초'로 변환하는 함수를 만들어줘.

정답 ④

해설

프롬프트는 AI가 의도를 정확히 이해하고 응답하도록 설계되어야 한다. 그러므로 정답은 ④가 된다. 나머지 보기는 구체적이 떨어져 원하는 응답을 얻기 어려울 수 있다.

| 프롬프트엔지니어2급 샘플문제 A형 – 42번 |

문제 5 생성형AI에게 단계적으로 질문을 할 때에 2단계 빈칸에 들어갈 알맞은 프롬프트는 무엇인가?

1단계	"기후 변화가 환경에 미치는 주요 영향은 무엇인가요?"
AI 답변	"기후 변화는 극심한 날씨 패턴, 해수면 상승, 생태계 파괴 등 다양한 환경적 영향을 미치고 있습니다."
2단계	( )
AI 답변	"극심한 날씨 패턴으로 인해 자연재해가 더욱 빈번해지고 있으며, 이는 농업 생산성과 인류의 생존에 큰 영향을 미칩니다."
3단계	"이러한 변화가 인류 사회에 미치는 장기적 영향은 무엇인가요?"
AI 답변	"기후 변화로 인한 장기적 영향으로는 식량 부족, 인구 이동, 경제적 불안정 등이 있습니다. 이는 전 세계적으로 큰 도전 과제가 될 것입니다."

① "기후 변화로 인해 발생하는 자연재해는 무엇이 있나요?"
② "기후 변화로 인해 생태계가 어떻게 변화하고 있나요?"
③ "극심한 날씨 패턴이 인간 활동에 미치는 영향은 무엇인가요?"
④ "기후 변화로 인한 해수면 상승은 어떻게 나타나나요?"

정답 ③

해설

2단계 AI 응답에서 언급된 극심한 날씨 패턴으로 인한 자연재해 빈도 증가와 생태계 및 인류 생존에 미치는 영향을 말하고 있으므로, 이를 위한 프롬프트 ③번의 프롬프트가 적절하다.

문제 6 아래의 엑셀 함수를 만들기 위한 프롬프트로 가장 적합한 것은 무엇인가?

> 함수 : =ROUND(AVERAGE(A1:A10), 2)

① 'A1'부터 'A10'까지의 평균을 구하고, 소수점 둘째 자리까지 반올림하는 함수를 만들어줘.

② 'A1'부터 'A10'까지의 값들의 평균을 구한 뒤, 소수점 두 번째 자리에서 반올림하는 함수를 만들어줘.

③ 'A1'부터 'A10'까지의 평균 값을 계산하고, 그 결과를 소수점 두 자리까지 반올림하는 함수를 만들어줘.

④ 'A1'부터 'A10'까지의 값의 평균을 구하고, 이를 소수점 둘째 자리에서 반올림하는 함수를 만들어줘.

정답 ③

해설

①, ②, ④ 모두 적절하지만, 선택지 ③번이 가장 명확하게 평균 값을 구한 후 결과를 소수점 두 자리까지 반올림한다고 설명하고 있어 가장 정확한 프롬프트이다.

문제 7 프롬프트 엔지니어링에서 명확한 명령이 중요한 이유는 무엇인가?

① AI 모델이 더 많은 데이터를 학습할 수 있도록

② AI 모델이 명확하게 이해하고 실행할 수 있도록

③ AI 모델의 하드웨어 성능을 향상시키기 위해

④ AI 모델의 보안을 강화하기 위해

정답 ②

해설

프롬프트 엔지니어링에서 명확한 명령은 AI 모델의 응답 품질과 작업의 적합성을 결정짓는 중요한 요소이다. 명확한 명령을 제공하면 AI 모델이 작업의 의도를 제대로 이해하고, 예상한 대로 실행할 수 있다. AI 모델은 학습이 완료된 상태이므로 추가적인 학습이 불가능하다. 그러므로 정답은 ②가 된다.

문제 8 빈칸에 들어갈 단어는 무엇인가?

> 프롬프트 엔지니어링에서 (   )은/는 AI 모델의 성능을 최적화하는 중요한
> 요소이다.

① 정확한 데이터 입력　　　　② 명확한 프롬프트

③ 시스템 속도　　　　　　　④ 데이터 양

정답 ②

해설

프롬프트 엔지니어링에서 명확한 프롬프트는 AI 모델의 성능을 최적화하는 데 핵심적인 역할을 한다. 명확하고 구체적인 프롬프트는 AI가 사용자의 의도를 정확히 이해하고 관련성 높은 응답을 생성할 수 있도록 돕는다. 따라서 정답은 ②가 된다.

5 /// 프롬프트 엔지니어링 기법

프롬프트 엔지니어링은 AI 모델의 응답을 더욱 정교하고 목적에 맞게 이끌어내기 위해 프롬프트를 설계하는 다양한 기법을 의미한다. 이 기법을 사용하면 AI 모델이 특정 역할을 수행하거나 원하는 형식으로 결과를 제공하며, 단계적으로 복잡한 문제를 해결할 수 있다. 주요 기법으로는 역할 부여(Acting), 결과 형식화(Formatting), 체이닝(Chaining)이 있다.

1) Acting(역할 부여)

AI 모델에게 특정 역할을 할당하여 더 정교하고 맥락에 맞는 응답을 생성하도록 하는 기법이다. 예를 들어, AI 모델에게 프로그래밍 전문가 역할을 할당하기 위해 다음과 같이 프롬프트를 작성할 수 있다.

프롬프트 예시

당신은 프로그래밍 전문가입니다. Python 코드 최적화 방법을 설명해 주세요.

이렇게 AI 모델에게 특정한 역할을 부여함으로써 AI 모델이 특정한 시나리오나 상황에 맞춰 일관된 스타일과 관점으로 답변을 제공하게 할 수 있다. 뒤에서 설명하고 있는 청중 페르소나 패턴(Audience Persona Pattern)과 역할 할당 패턴(Role Assignment Pattern)이 이 기법에 해당한다.

2) Formatting(결과 형식화)

AI의 응답 결과를 구체적인 형식에 맞추도록 지시하는 기법이다. 예를 들어, 다음과 같이 AI의 응답 결과를 표 형식으로 요구할 수 있다. 사용자가 원하는 구조나 형식으로 결과물을 받아볼 수 있기 때문에 응답의 가독성과 실용성이 높아진다.

프롬프트 예시

프롬프트: "Python과 Java의 차이점을 표로 정리해 주세요."

응답:

언어	특징	장점	단점
Python	간결한 문법	빠른 학습 곡선	실행 속도 느림
Java	엄격한 문법	대규모 애플리케이션에 적합	코드 길이가 김

3) Chaining(연쇄 기법)

여러 개의 프롬프트를 연결하여 복잡한 작업을 단계별로 해결하도록 하는 기법으로, 복잡한 문제를 한 개의 프롬프트로 작성하지 않고, 여러 개의 프롬프트로 작성해 AI 모델이 단계적으로 처리할 수 있도록 도와준다. 뒤에서 설명하고 있는 단계별 질문 패턴(Step-by-Step Question Pattern), 계층적 질문 패턴(Layered Questioning Pattern)이 이 기법에 해당한다.

예를 들어, 복잡한 문제를 다음과 같이 여러 단계로 나누어 프롬프트를 작성할 수 있다.

단계별 질문

1단계: 기후 변화의 주요 원인을 3가지 설명해 주세요.
2단계: 각 원인에 대해 더 구체적인 예시를 들어 설명해 주세요.
3단계: 이 원인들이 사회에 미치는 장기적인 영향을 분석해 주세요.

또한 다음과 같이 이전 단계의 출력을 활용하여 다음 단계의 프롬프트를 작성할 수 있다.

> **출력 연계**
>
> - **프롬프트 1**: 문서를 요약해 주세요.
> - **출력**:(요약된 내용)
> - **프롬프트 2**: 위 요약된 내용을 기반으로 키워드를 추출해 주세요.
> - **출력**:(추출된 키워드)

6 /// 인컨텍스트 러닝

인컨텍스트 러닝(문맥 내 학습, In-context Learning)이란 사전 학습을 통해 학습된 AI 모델이 사용자의 입력(프롬프트)을 통해 제공된 맥락을 이해하고, 추가적인 파인튜닝 없이도 사용자로부터 사용자가 제공한 예시를 참고하여 새로운 작업을 수행할 수 있게 하는 학습 방식이다. 이것은 GPT-3와 같은 모델에서 관찰된 학습 방식으로, 모델을 재훈련하지 않아도 사용자가 제공하는 몇 가지 예시만으로 번역, 요약, 글쓰기 등의 작업을 수행할 수 있다.

인컨텍스트 러닝 방법에는 제로샷 프롬프팅, 퓨샷 프롬프팅, 생각의 사슬 프롬프팅 등이 있다. 이들은 생성형 AI 모델로부터 원하는 결과를 생성할 수 있도록 프롬프트를 설계하고 최적화하기 위한 기법으로 활용되기 때문에, '프롬프트 엔지니어링 기법'이라는 용어를 사용하기도 한다.

1) 제로샷 프롬프팅(Zero-shot Prompting)

제로샷 프롬프팅은 AI 모델에게 아무런 예시 없이 작업을 요청하는 방식이다. 사용자는 단순히 작업의 목표나 의도를 설명하는 문장을 프롬프트로 작성하면 된다. 예시를 제공하지 않기 때문에 'Zeo'라는 용어가 사용되었다. 이 기법은 추가적인 데이터나 맥락 없이도 AI 모델의 응답을 충분히 기대할 수 있는 경우 활용할 수 있다. 하지만, 작업이 복잡하거나 문맥이 필요한 경우 AI 모델의 정확도가 떨어질 수 있다.

> **제로샷 프롬프팅 예**
>
> **프롬프트**: 이 문장을 영어로 번역해줘: '나는 오늘 서울에 간다.'
> **AI 응답**: I am going to Seoul today.

2) 퓨샷 프롬프팅(Few-shot Prompting)

퓨샷 프롬프팅은 AI 모델에게 작업의 목표를 설명할 뿐만 아니라, 몇 가지 예시를 제공하여 모델이 원하는 출력 형식을 학습할 수 있도록 하는 방식이다. 몇 가지 예시를 제공하기 때문에 'Few'라는 용어가 사용되었다. 이렇게 예시를 프롬프트에 포함하면, AI 모델은 예시를 참고하여 비슷한 방식으로 결과를 생성한다.

프롬프트에 예시를 제시하면, AI의 응답 품질과 일관성을 개선할 수 있고, 기대하는 응답을 얻을 수 있다. 하지만, 예시를 설계하고 추가하는 데 시간이 소요될 수 있고, 너무 많은 예시는 프롬프트의 효율성을 떨어뜨릴 수 있다.

퓨샷 프롬프팅 예

프롬프트: 독일 : 소시지, 미국: 스테이크, 싱가포르?

AI 응답: 싱가포르 하면 가장 먼저 떠오르는 음식은 '칠리 크랩(Chili Crab)'입니다! 매콤달콤한 소스에 담긴 게 요리로, 현지에서도 유명한 대표적인 음식이에요. 또한 락사(Laksa)나 카야 토스트(Kaya Toast)도 싱가포르의 상징적인 음식으로 꼽힙니다.

3) 생각의 사슬 프롬프팅(Chain-of-Thought Prompting)

생각의 사슬 프롬프팅은 AI 모델이 복잡한 문제를 해결할 때 중간 단계의 논리적 사고 과정을 거쳐 최종 결과를 생성하도록 유도하는 방식이다. AI 모델에게 단순히 결과를 요구하는 것이 아니라, 단계별 사고 과정을 제공하도록 프롬프트를 설계한다.

복잡한 작업이나 논리적 추론에서 높은 정확도를 보이므로, 논리적 문제 해결이나 추론이 필요한 작업에 적합하다. 하지만, 프롬프트 설계과정이 복잡해질 수 있고, 긴 프롬프트는 처리 비용을 증가시킬 수 있다.

생각의 사슬 프롬프팅 예

프롬프트: 학생 3명이 15개의 사탕을 나눠 먹는다. 한 사람당 몇 개의 사탕을 먹는가? 중간 과정을 보여줘.

AI 응답: 1. 총 사탕은 15개다.
2. 학생 수는 3명이다.
3. 15 ÷ 3 = 5.
따라서 한 사람당 5개의 사탕을 먹는다.

7 /// 프롬프트 전략 패턴

프롬프트 전략 패턴은 프롬프트 엔지니어링에서 AI 모델로부터 원하는 결과를 도출하기 위해 프롬프트를 체계적으로 설계하고 최적화하는 데 사용되는 반복적이고 검증된 방식이다. 이러한 패턴은 특정 목표나 작업에 적합한 효과적인 프롬프트를 작성할 수 있는 전략을 제공한다. 대표적인 프롬프트 전략 패턴으로는 목표 중심 패턴, 질문 정제 패턴, 청중 페르소나 패턴 등이 있으며, 상황에 따라 다양하게 활용된다. 또한, '패턴'과 '기법'이라는 용어가 혼용되어 사용되기 때문에 '목표 중심 패턴'을 '목표 중심 기법'으로 표현하기도 한다.

1) 목표 중심 패턴(Goal Oriented Pattern)

프롬프트를 사용자의 구체적인 목표에 초점을 맞춰 작성하는 전략 패턴으로, 작업의 최종 결과를 명확히 정의하여, AI가 명확히 이해하고 수행할 수 있도록 설계하는 패턴이다.

> **목표 중심 패턴 예**
>
> **프롬프트:** 나는 수학 성적을 향상시키는 것을 목표로 하고 있습니다. 이 목표를 달성하기 위해 어떤 학습 전략이 효과적인지 설명해 주세요.
>
> **AI 응답:** 학습 전략은 기본 개념을 먼저 탄탄히 하고, 일일 문제 풀이를 통해 꾸준히 실력을 쌓으며, 부족한 부분은 개념 복습과 반복 연습을 통해 보완하는 방식으로 성적 향상을 해야 합니다.

2) 질문 정제 패턴(Question Refinement Pattern)

Question Refinement 패턴은 사용자가 AI에게 질문할 때, 질문의 범위와 세부사항을 구체화하도록 요청하여 질문을 구체화하는 방식이다. 이 패턴은 AI가 질문을 더 잘 이해할 수 있도록 프롬프트를 구체적이고 명확한 형태로 다듬는 것에 초점을 둔다.

> **질문 정제 패턴 예**
>
> **프롬프트:** 내가 질문을 할 때, 질문의 범위와 세부사항을 구체화하여 더 나은 질문으로 개선해줘. 나의 질문은 "고등학교 1학년을 준비하는 방법을 알려줘"야

AI 응답:

개선된 질문 예시

고등학교 1학년을 준비하는 데 필요한 학습 방법과 생활 습관을 알려주세요. 특히, 주요 과목(국어, 수학, 영어)에서 어떤 기초 개념을 미리 공부하면 도움이 되는지와 고등학교 생활에서 중요한 시간 관리 팁을 포함해 주세요.

3) 청중 페르소나 패턴(Audience Persona Pattern)

청중 페르소나 패턴은 AI가 특정 청중(Audience)을 대상으로 응답을 생성하도록 설정하는 패턴이다. '청중 페르소나 패턴'이라는 용어를 '페르소나 패턴'이라고 혼용하기도 한다. 이 패턴으로 AI 응답의 톤, 어휘, 스타일을 청중의 배경, 나이, 지식 수준에 맞춰 조정할 수 있다.

청중 페르소나 패턴 예

프롬프트: 너는 초등학생 과학 선생님이다. 태양계를 초등학생이 쉽게 이해할 수 있도록 설명해줘.

AI 응답: 태양계는 태양이라는 큰 불덩어리 주위를 여러 행성들이 돌고 있는 곳이야. 태양은 우리를 따뜻하게 해주고 빛을 만들어 줘. 우리가 사는 지구는 태양계의 하나이고, 이웃 행성으로는 화성과 금성이 있어!

4) 인지 검증 패턴(Cognitive Verifier Pattern)

인지 검증자 패턴은 질문을 더 작은 하위 질문으로 세분화하고, 개별 답변을 결합하여 최종 답변을 생성하도록 하는 프롬프트 엔지니어링 방법이다. 이를 통해 LLM은 더 포괄적이고 정확한 답변을 제공할 수 있으며, 사용자는 명확한 정보를 바탕으로 추가적인 통찰을 얻을 수 있다.

인지 검증 패턴 예

프롬프트: 내가 질문을 하면, 논리적으로 더 나은 답변을 도출할 수 있도록 관련된 추가적인 질문 세 개를 생성해줘. 질문을 세분화할 때 내가 해당 주제에 대한 지식이 부족할 수 있다고 가정하고, 필요한 경우 용어와 개념을 정의해줘. 내가 세 개의 질문에 답변한 후, 답변을 종합하여 최종 답변을 제시해줘.

AI 응답: 알겠습니다! 질문을 해주시면 관련된 추가 질문 세 개를 생성하고, 필요한 경우 용어와 개념을 설명한 뒤 답변을 종합하여 최종 답변을 제공하겠습니다. 언제든지 시작해 주세요.

프롬프트: 탄소 경제를 위해 우리가 노력해야 하는 것이 무엇이 있지?

AI 응답: 탄소 경제와 관련된 질문을 더 잘 이해하기 위해 다음의 추가적인 세 가지 질문을 제시합니다.

1) 탄소 경제란 무엇인가요?

   탄소 경제는 탄소 배출을 줄이고 지속 가능한 성장을 목표로 하는 경제 시스템을 의미합니다. 이에 대해 이해하면 어떤 노력이 필요한지 구체적으로 설명할 수 있습니다.

   → 당신이 탄소 경제에 대해 알고 있는 정도를 파악하기 위한 질문입니다.

2) 개인이 실천할 수 있는 탄소 배출 감소 방법에는 무엇이 있나요?

   예를 들어, 에너지 절약, 재생 가능 에너지 사용, 친환경 소비 등이 있을 수 있습니다.

   → 개인적인 차원에서의 실천 가능성을 확인하는 질문입니다.

3) 정부와 기업이 탄소 경제를 위해 할 수 있는 주요 정책과 행동은 무엇인가요?

   이는 기술 혁신, 탄소 배출 규제, 친환경 인프라 투자 등을 포함할 수 있습니다.

   → 거시적 관점에서의 노력을 알아보기 위한 질문입니다.

프롬프트: 개인이 실천할 수 있는 탄소 배출 감소 방법에는 무엇이 있나요?

AI 응답: 탄소 배출 감소를 위한 개인의 실천 방법:

1) 에너지 소비 줄이기

   전기 절약: 불필요한 전자기기를 끄거나 대기 전력을 줄이는 방법.

   에너지 효율이 높은 가전제품 사용.

   난방과 냉방 사용 줄이기, 단열을 개선하여 에너지 효율 증가.

 2) 친환경 교통 수단 이용

> 자동차 사용을 줄이고, 대중교통, 자전거, 걷기 같은 교통 수단을 활용.
>
> 전기차나 하이브리드 차량을 선택하여 화석 연료 사용 감소.
>
> (생략)

5) 단계별 질문 패턴(Step-by-Step Question Pattern)

단계별 질문 패턴은 하나의 복잡한 질문이나 문제를 단계적으로 분해하여 질문을 구성하는 방식이다. 이를 통해 AI가 각 단계를 명확히 이해하고, 순차적으로 논리적인 답변을 생성하도록 돕는다. 특히, 복잡한 문제 해결, 분석 작업, 또는 논리적 사고 과정이 필요한 작업에 매우 유용하다. 예를 들어, 다음과 같이 프롬프트가 복잡할 경우, 단계별 질문 패턴을 이용할 수 있다.

복잡한 프론프트 예시

AI 초보자가 알아야 할 기본 개념은 무엇인지, 실습을 통해 AI를 배울 수 있는 적합한 프로젝트와 기초 학습을 마친 뒤 중급 학습으로 넘어가기 위해 추천할 학습 자료를 추천해줘.

단계별 질문 패턴으로 작성한 프롬프트 예시

프롬프트 1단계	AI 초보자가 알아야 할 기본 개념은 무엇이야?
AI 답변	AI를 처음 배우는 초보자는 AI의 정의, 머신러닝과 딥러닝의 개념, 데이터의 중요성 및 응용 분야와 같은 핵심 개념을 이해해야 합니다. 이 기초를 다진 후에는 도구와 실습을 통해 실질적인 문제 해결 능력을 키워나가는 것이 중요합니다.
프롬프트 2단계	초보자가 실습을 통해 AI를 배울 수 있는 적합한 프로젝트는 무엇이지?
AI 답변	초보자는 단순하지만 실용적인 프로젝트를 선택하여 데이터 전처리, 모델 학습, 평가까지의 과정을 경험하는 것이 중요합니다. 이를 통해 AI의 기초 개념을 익히고, 더 복잡한 문제로 발전할 수 있는 발판을 마련할 수 있습니다.
프롬프트 3단계	기초 학습을 마친 뒤 중급 학습으로 넘어가기 위해 추천할 학습 자료는 무엇이지?
AI 답변	중급 학습으로 넘어가기 위해서는 실제 문제를 해결하는 프로젝트 중심의 학습이 필수입니다. 학습 자료와 프로젝트를 활용하면 실질적인 기술력을 향상시킬 수 있으며, 더 나아가 고급 AI 응용으로 확장할 수 있는 기반을 다질 수 있습니다.

6) 계층적 질문 패턴(Layered Questioning Pattern)

문제를 주제별로 계층화하여 답변의 깊이를 점진적으로 확장하는 패턴으로, 주제를 점차적으로 세분화하고 계층별로 구체화하는 데 유용하다. 예를 들어, 계층적 질문 패턴은 다음과 같이 작성할 수 있다.

계층적 질문 패턴 예

프롬프트: 내가 질문을 하면, 문제를 주제별로 계층화하여 깊이를 확장하는 방식으로 답변해줘. 먼저, 질문의 가장 일반적인 수준에서 시작한 후, 주제를 점차적으로 세분화하여 각 계층에 대한 구체적인 정보를 제공해줘.

AI 응답: 알겠습니다! 질문을 주제별로 계층화하여 일반적인 개요부터 시작하고, 점차적으로 더 세부적인 정보로 깊이를 확장해드리겠습니다. 언제든 질문해 주세요!

프롬프트: 지구 온난화의 원인을 설명해줘.

AI 응답: 지구 온난화는 지구 평균 기온이 장기적으로 상승하는 현상을 말합니다. 이는 주로 대기 중 온실가스 농도가 증가하면서 발생하며, 지구 생태계와 인간 사회에 다양한 영향을 미칩니다.

핵심 원인:

온실가스 증가가 지구 온난화의 핵심 원인입니다.

(중략)

혹시 특정 부분에 대한 추가 설명이 필요하신가요, 아니면 이와 관련된 더 깊은 분석이 필요하신가요?

프롬프트: 현재 전 세계적으로 온실가스를 줄이기 위한 규약이나 협정이 있다면 알려줘.

AI 응답: 지구 온난화를 막기 위한 국제적 노력은 유엔기후변화협약(UNFCCC)을 기초로, 교토의정서와 파리협정을 통해 진화해 왔습니다. 현재는 모든 국가가 자발적으로 감축 목표를 설정하고 이행하는 파리협정 체제하에서 기후변화에 대응하고 있으며, 여러 국가가 탄소중립 목표를 수립하여 장기적인 감축 계획을 추진 중입니다.

추가로 특정 협정에 대한 더 깊은 설명이나 관련 통계를 원하시면 말씀해주세요!

단계별 질문 패턴은 문제를 작은 단계로 나누어 논리적으로 해결하는데 사용되지만, 계층적 질문 패턴은 주제를 점진적으로 세분화하고 깊이 있는 답변을 유도하기 위해 사용된다. 그래서 단계별 질문 패턴은 논리적 단계에 따라 순차적으로 프롬프트를 작성하지만, 계층적 질문 패턴은 주제를 계층적으로 확장하며 깊이 있는 논의를 유도하도록 프롬프트를 작성한다.

7) 역할 할당 패턴(Role Assignment Pattern)

역할 할당(Role Assignment) 기법은 프롬프트 엔지니어링에서 AI 모델에게 특정 역할을 부여하여 작업을 수행하도록 설계하는 패턴이다. 예를 들어, AI에게 변호사, 의사, 교사, 데이터 분석가 등 특정 전문가의 역할을 부여하면, 해당 역할에 맞는 전문적인 톤과 내용을 바탕으로 응답을 생성하게 된다. 이를 통해 사용자는 특정 도메인이나 상황에 최적화된 답변을 얻을 수 있으며, AI의 응답을 더 신뢰하고 유용하게 활용할 수 있다. 또한, 역할 할당은 복잡한 작업을 역할별로 나누어 처리함으로써 다단계 프로세스를 효율적으로 설계하는 데도 사용될 수 있다.

> **역할 할당 패턴 예**
>
> **프롬프트:** 너는 IT 지원 전문가야. 공유기 연결 문제를 해결하는 방법을 설명해줘.
>
> **AI 응답:** 공유기 연결 문제를 해결하는 방법은 단계별로 접근하면 효과적입니다. 다음은 기본적인 문제 해결 절차입니다.
>
> 1. 물리적 연결 확인
> 2. 공유기 및 장치 재부팅
> 3. 인터넷 상태 확인

청중 페르소나 패턴과 역할 할당 패턴이 유사해 보이지만, 청중 패르소나 패턴은 AI 모델에게 특정 '개성(personality)'을 부여하여 응답의 스타일과 어조를 설정하는 데 중점을 둔 방식이지만, 역할 할당 패턴은 AI에게 특정 '직무 역할'을 부여하여 전문적인 정보를 생성하는 데 중점을 둔 방식이다.

이외에도 레시피 패턴, 시맨틱 필터 패턴 등 다양한 전략 패턴이 존재하므로, 상황에 맞는 적절한 패턴을 선택하는 것이 중요하다.

| 프롬프트엔지니어2급 샘플문제 A형 – 39번 |

문제 1 목표 중심 기법의 프롬프트를 작성할 때에 빈칸에 들어갈 가장 알맞은 단어는 무엇인가?

> 프롬프트: 나는 (   )를(을) 목표로 하고 있습니다. 이 목표를 달성하기 위해 이 마케팅 전략이 어떻게 작용하는지 설명해 주세요.
>
> 답변: "이 마케팅 전략은 고객의 관심을 끌고, 제품 판매를 증가시키기 위해 다양한 광고 채널과 캠페인을 활용합니다."

① 판매량 증가　　　　　② 고객 충성도 향상

③ 브랜드 인지도 상승　　④ 광고 비용 절감

정답 ①

해설

AI 응답에서 언급된 "제품 판매를 증가시키기 위해"라는 문구를 통해 목표가 판매량 증가임을 알 수 있다. 그러므로 정답은 ①이 된다.

| 프롬프트엔지니어2급 샘플문제 B형 – 31번 |

문제 2 페르소나 기법의 프롬프트를 작성할 때에 빈칸에 들어갈 가장 알맞은 단어는 무엇인가?

> 프롬프트: 너는 지금부터 (   )야. (   ) 입장에서 이 모바일 앱의 기능을 설명해 줘.
>
> 답변: "이 모바일 앱은 고객의 구매 패턴을 분석하여 맞춤형 추천을 제공하고, 고객 서비스를 실시간으로 지원합니다."

① 데이터 분석가　　　　② UX 디자이너

③ 앱 개발자　　　　　　④ 고객 서비스 담당자

정답 ③

해설

답변에 제시된 설명은 앱의 주요 기능을 설명하는 것으로, 앱을 설계하고 구현하는 앱 개발자가 해당 기능을 이해하고 설명하는 방식과 가장 잘 맞기 때문에 빈칸에 들어갈 적합한 단어는 ③이 된다.

문제 3 생성형 AI에게 단계적으로 질문을 할 때에 2단계 빈칸에 들어갈 알맞은 프롬프트는 무엇인가?

1단계	"온라인 학습의 장점은 무엇인가요?"
AI 답변	"온라인 학습은 시간과 장소의 제약 없이 학습할 수 있으며, 다양한 자료와 학습 도구를 제공하여 학습의 유연성을 높입니다"
2단계	( )
AI 답변	"온라인 학습은 개인의 학습 속도에 맞춰 학습할 수 있게 하며, 다양한 상호작용 방식을 통해 학습 효과를 극대화할 수 있습니다."
3단계	"온라인 학습의 이러한 장점이 학생들의 학습 성과에 미치는 영향은 무엇인가요?"
AI 답변	"학생들은 자신만의 속도로 학습할 수 있어 이해도와 성취감이 높아지고, 다양한 학습 도구를 활용해 학습에 대한 흥미와 동기부여가 향상됩니다."

① "온라인 학습에서 사용되는 학습 도구에는 무엇이 있나요?"

② "온라인 학습의 유연성이 학습 효과에 어떻게 기여하나요?"

③ "온라인 학습은 오프라인 학습과 비교하여 어떤 장점이 있나요?"

④ "온라인 학습에서 상호작용이 중요한 이유는 무엇인가요?"

정답 ②

해설

AI의 2단계 답변은 유연성과 학습 효과 간의 관계를 설명하므로 정답은 ②가 된다.

문제 4 페르소나 기법(Persona Technique)의 사용 예시는 무엇인가?

① "AI에게 데이터를 자동으로 삭제해 줘"라고 요청하는 것

② "당신은 엄격한 역사 교수입니다. 중세 유럽의 경제 구조를 설명해주세요."라고 요청하는 것

③ "복잡한 문제를 단계별로 처리해 줘"라고 요청하는 것

④ "출력 형식을 자동으로 지정해 줘"라고 요청하는 것

정답 ②

'페르소나 기법(Persona Technique)'은 AI에게 특정 역할을 부여하여, 그 관점에서 응답을 생성하도록 유도하는 기법이다. 따라서 보기에서 ②는 역사교수라는 역할을 부여하고 있으므로 정답이 된다.

| 프롬프트엔지니어2급 샘플문제 A형 – 60번 |

문제 5 다음 응답을 얻기 위한 페르소나 패턴의 프롬프트로 가장 적합한 것은 무엇인가?

> "이번 달 매출은 지난 달에 비해 15% 증가하였으며, 주요 원인은 새로운 마케팅 전략 덕분이다."

① 이번 달 매출 증가의 원인을 알려줘.

② 새로운 마케팅 전략의 효과에 대해 설명해줘.

③ 나는 마케팅 팀장이고, 이번 달 매출 증대의 원인을 간단히 설명해줘.

④ 이번 달 매출에 대한 분석을 해줘.

정답 ③

해설

페르소나 패턴의 핵심은 AI에게 특정 역할을 부여하여 그 관점에서 응답을 생성하도록 유도하는 것이다. 따라서 '마케팅 팀장'이라는 페르소나를 부여한 ③번 프롬프트가 가장 적합하다.

CHAPTER 4 거대 언어 모델의 신뢰성과 윤리

거대 언어 모델(LLM)의 신뢰성과 윤리적 문제를 이해하고, 이를 해결하기 위한 방안을 학습한다. 거대 언어 모델의 할루시네이션(Hallucination) 현상을 이해하여 AI가 생성하는 잘못된 정보의 원인을 파악하고, 이를 최소화하는 방법을 학습한다. 또한, 거대 언어 모델이 가진 편향성(Bias) 문제를 살펴보고, 공정하고 신뢰할 수 있는 AI를 구축하기 위한 접근법을 이해한다. 더불어, 개인정보 보호 및 저작권 준수와 같은 법적·윤리적 고려사항을 학습하여, AI 기술이 사회적으로 안전하고 책임감 있게 활용될 수 있도록 하는 전략을 익힌다.

거대 언어 모델(LLM)은 방대한 데이터를 학습하여 강력한 생성 능력을 보이지만, 사용 과정에서 신뢰성과 윤리적 문제가 제기되고 있다. 이는 대부분의 거대 언어 모델이 '블랙박스' 형태로 작동하기 때문에, AI가 특정 응답을 생성한 이유를 명확히 설명하기 어려운 기술적 한계가 있으며, 잘못된 정보(할루시네이션)를 생성하여 사용자에게 혼란을 줄 위험이 있다.

또한, AI 활용 과정에서는 편향, 개인정보 유출, 저작권 침해와 같은 윤리적 문제가 발생할 가능성이 있어, 책임 있는 AI 개발과 사용을 통해 공정성과 신뢰를 보장하려는 노력이 필요하다는 목소리가 커지고 있다. 이에 따라 각국 정부와 기업은 AI 규제 정책과 가이드라인을 마련하고 있으며, AI 모델의 투명성을 높이고 설명 가능성을 강화하는 기술 개발이 중요한 과제로 부각되고 있다.

1 // 거대 언어 모델의 할루시네이션

1) 할루시네이션 개념

'할루시네이션(Hallucination)'은 생성형 AI 모델, 특히 거대 언어 모델(LLM)이 실제와 다른 정보를 생성하거나 문맥에서 벗어난 결과를 출력하는 현상을 말한다. 쉽게 표현하면, AI가 거짓말을 하는 것을 말한다. 이러한 현상은 AI가 존재하지 않는 사실을 창작하거나, 오류가 있는 정보를 사실처럼 표현하거나, 가짜 이름, 출처, 데이터를 제공하는 형태로 나타날 수 있다.

생성형 AI는 방대한 데이터를 학습한 결과를 기반으로 확률적인 패턴을 분석해 답변을 생성한다. 만약 학습 데이터가 부족하거나 데이터에 오류가 존재하는 경우, AI는 잘못된 데이터로 학습을 하게 되므로 할루시네이션을 일으킬 가능성이 높아진다.

생성형 AI는 데이터를 검증하는 능력보다는 그럴듯하게 보이는 문장을 생성하는 능력을 가지고 있다. 따라서, 만약 학습 데이터에 잘못된 가정이 포함되어 있다면, 할루시네이션이 발생할 가능성은 더욱 커질 수 있다.

2) 할루시네이션 문제 해소 방법

할루시네이션은 생성형 AI의 강력함과 한계를 동시에 보여주는 사례로, AI 활용에 있어 신뢰성과 안전성을 확보하기 위해 반드시 해결해야 할 문제이다. AI 생성한 답변의 신뢰성을 높이기 위해서는 학습 데이터 품질 관리, 결과 검증, 프롬프트 설계, 강화학습을 통한 모델 개선 등과 같은 접근이 필요하다.

① **학습 데이터의 품질 관리:** 모델의 결과는 학습 데이터에 크게 의존한다. 따라서 학습 데이터는 편향되지 않고 정확하며, 신뢰할 수 있는 정보를 포함해야 한다. 이를 통해 모델이 잘못된 패턴을 학습하거나 할루시네이션을 일으킬 가능성을 줄일 수 있다.

② **결과 검증:** 모델의 할루시네이션을 완전히 피하는 것은 어렵다. 그러므로 모델의 응답 결과를 사용하기 전에 사실 여부를 검증하는 프로세스를 도입해야 한다. 신뢰할 수 있는 출처와 대조하거나, 전문가 검토를 통해 중요한 결정에서 오류를 방지할 수 있다.

③ **프롬프트 설계:** 프롬프트는 AI 모델에게 작업을 요청하는 핵심 입력 도구로, 잘 설계된 프롬프트는 정확한 결과를 얻는 데 필수적이다. 프롬프트 설계 과정에서는 명확한 지시, 충분한 문맥, 구체적인 출력 요구사항을 포함하여 AI가 의도한 방향으로 작동하도록 유도해야 한다. 예를 들어, "이 문장을 요약해 줘"보다 "300자 이내로 요약해 줘"와 같이 구체적인 지침을 제공하면 더 나은 결과를 얻을 수 있다.

여러 질문을 한꺼번에 섞으면 AI가 질문의 초점을 잡기 어려워 잘못된 응답이나 할루시네이션을 일으킬 가능성이 높아진다. 단계적으로 질문을 나누면 AI가 문맥을 명확히 이해하고, 잘못된 응답을 줄이는 데 도움이 될 수 있다.

④ **강화 학습을 통한 모델 개선:** AI 모델의 한계를 보완하기 위해 '인간 피드백을 활용한 강화 학습(RLHF)'을 적용할 수 있다. 이를 통해 모델이 사용자 기대에 부합하는 방식으로 학습을 지속적으로 개선할 수 있다. 인간 피드백은 모델의 오류를 교정하고, 더 신뢰할 수 있는 결과를 생성하는 데 도움을 준다.

3) 한국어와 할루시네이션

AI 모델은 학습 데이터의 품질과 양에 크게 의존한다. 초기 GPT 모델은 영어 중심의 데이터를 주로 학습했기 때문에, 한국어 데이터의 양과 다양성이 상대적으로 부족했다. 이러한 한계로 인해 초기 모델은 한국어 문맥을 제대로 이해하지 못해, 잘못된 정보를 사실처럼 생성하거나 맥락에 맞지 않는 응답을 제공하는 할루시네이션(Hallucination) 현상을 자주 보였다.

영어는 고정된 어순과 단순한 문법 구조를 가지고 있는 반면, 한국어는 어순이 유연하고 조사와 어미 변화가 복잡하며 문맥에 따라 의미가 크게 달라지는 특성을 가진다. 또한, 존댓말과 반말, 다양한 문체가 공존하는 한국어의 다채로운 표현 방식은 초기 모델이 대화의 일관성을 유지하거나 적절한 어조를 생성하는 데 어려움을 겪게 했다.

GPT-4는 이러한 문제를 극복하기 위해 더 많은 양의 고품질 한국어 데이터를 학습하고, 한국어의 특수성을 반영한 세밀한 조정을 통해 할루시네이션 문제를 완화하며 한국어 처리 능력을 대폭 개선했다.

NAVER의 Clova X의 경우, 한국어에 강점이 있는 AI 서비스로, 한국어 중심의 방대한 데이터를 학습해 문맥을 정확히 이해하고 자연스러운 응답을 생성하도록 최적화되어 있다. 특히, NAVER의 다양한 서비스(네이버 검색, 뉴스, 웹툰 등)에서 축적된 고품질 데이터를 활용하여 한국어 특화 모델을 개발함으로써, 한국 문맥에 맞는 신뢰성 있는 AI 응답을 제공하고 있다.

샘플문제 풀이

| 프롬프트엔지니어2급 샘플문제 A형 – 20번 |

문제 1 생성형 AI 모델 학습에 신뢰할 수 있는 데이터를 사용해야 하는 이유로 옳은 것은?

① 데이터를 더 빨리 처리할 수 있기 때문
② 할루시네이션 현상을 줄이고 AI의 신뢰성을 높이기 위해
③ AI 모델의 크기를 줄이기 위해
④ 네트워크 속도를 개선하기 위해

정답 ②

해설

신뢰할 수 있는 데이터를 사용하면 AI 모델이 정확하고 사실적인 데이터 학습하기 때문에, 할루시네이션 현상을 줄일 수 있다. 그러므로, 신뢰할 수 있는 데이터는 AI 모델의 정확성과 신뢰성을 보장하는 데 필수적이다. 따라서 정답은 ②가 된다.

| 프롬프트엔지니어2급 샘플문제 B형 – 19번 |

문제 2 프롬프트 엔지니어링에서 할루시네이션이란 무엇인가?

① 잘못된 정보를 생성하는 현상 　② 데이터 손실
③ 메모리 누수 　④ 네트워크 지연

①

프롬프트 엔지니어링에서 할루시네이션은 AI 모델이 부정확하거나 사실이 아닌 정보를 생성하는 문제를 의미한다. 따라서 정답은 ①이 된다.

| **프롬프트엔지니어2급 샘플문제 B형 – 21번** |

문제 3 할루시네이션을 방지할 수 있는 가장 좋은 방법은 무엇인가?

① 데이터 압축
② 구체적이고 명확한 정보 제공
③ 시스템 재부팅
④ 소프트웨어 업데이트

②

할루시네이션을 방지하려면 AI 모델에 구체적이고 명확한 지침과 정보를 제공하는 것이 가장 효과적이다. 예를 들어, 막연한 요청보다는 세부적인 요구사항을 포함한 프롬프트를 설계하면, AI가 작업의 맥락을 더 잘 이해하고 정확한 결과를 생성할 가능성이 높아진다. 따라서 정답은 ②가 된다. 나머지 보기는 할루시케이션 방지를 위한 방법과 관련이 없다.

| **프롬프트엔지니어2급 샘플문제 A형 – 21번** |

문제 4 AI의 할루시네이션을 줄이는 방법으로 옳지 않은 것은?

① 구체적인 질문을 한다.
② 충분한 컨텍스트를 제공한다.
③ 여러 질문을 섞어 하나의 질문으로 만든다.
④ 단계적으로 질문을 나눈다.

③

여러 질문을 섞어서 한 번에 물어보는 것은 AI의 할루시네이션을 유발할 가능성이 크다. 따라서 정답은 ③이 된다.

| **프롬프트엔지니어2급 샘플문제 B형 – 22번** |

문제 5 AI 모델이 잘못된 정보를 생성하는 문제를 해결할 수 있는 방법은 무엇인가?

① 데이터 백업   ② 구체적인 정보 요구
③ 네트워크 강화   ④ 하드웨어 업그레이드

정답 ②
해설

AI 모델이 잘못된 정보를 생성하는 문제를 할루시네이션이라고 부른다. 이를 해결하려면, 구체적이고 명확한 프롬프트를 제공하여 모델이 작업을 명확히 이해하고, 정확한 응답을 생성하도록 유도해야 한다. 따라서 정답은 ②가 된다.

| 프롬프트엔지니어2급 샘플문제 A형 – 23번 |

문제 6 프롬프트 엔지니어링에서 '단계적 질문'의 의미로 옳은 것은?

① 여러 가지 질문을 한번에 합쳐서 묻는 것

② 질문을 여러 단계로 나누어 묻는 것

③ 질문을 반복해서 묻는 것

④ 질문에 대한 답변 출처를 요청하는 것

정답 ②

해설

'단계적 질문'은 AI 모델이 복잡한 요청을 더 잘 이해하도록 질문을 여러 단계로 나누어 순차적으로 묻는 방식을 의미한다. 그러므로 정답은 ②가 된다.

| 프롬프트엔지니어2급 샘플문제 A형 – 46번 |

문제 7 AI가 생성한 답변의 신뢰성을 높이기 위한 방법으로 옳은 것은?

① 질문을 다양하고 풍부하게 작성한다.

② 특정 주제나 영역을 제한하여 질문한다.

③ 답변을 검증하지 않고 바로 사용한다.

④ 출처를 확인하지 않는다.

정답 ②

해설

AI가 생성한 답변의 신뢰성을 높이기 위해서는 질문의 범위를 명확히 제한하여 AI가 특정한 주제나 영역에 집중할 수 있도록 해야 한다. 따라서 정답은 ②가 된다.

문제 8 한국어 지원 거대 언어 모델을 개선하기 위해 필요한 과정으로 옳은 것은?

① 외래어의 한국어 표기 규칙 정보 입력

② 대규모의 고품질 한국어 데이터셋 구축

③ 고성능 컴퓨팅 자원 확보

④ 한국어−영어 간 기계 번역 속도 개선

정답 ②

해설

한국어 지원 거대 언어 모델의 성능을 근본적으로 개선하려면, 대규모의 고품질 한국어 데이터셋 구축이 필수적이다. 이는 모델이 한국어의 문법, 문맥, 표현을 정확히 이해하고 자연스러운 응답을 생성하는 데 기초가 된다. 따라서 정답은 ②가 된다.

문제 9 한국어로 AI 서비스를 이용할 때 가장 큰 이슈 중 하나는 (   )이다. 빈칸에 들어갈 알맞은 것은?

① 데이터 부족   ② 처리 속도 저하

③ 모델의 복잡성   ④ 하드웨어 비용

정답 ①

해설

한국어로 AI 서비스를 이용할 때 가장 큰 이슈 중 하나는 데이터 부족이다. 거대 언어 모델(AI 모델)은 학습 데이터에 의존하여 언어를 이해하고 응답을 생성한다. 그러나 영어에 비해 한국어 데이터는 양적으로 부족할 뿐만 아니라, 다양한 문체와 뉘앙스를 포괄하는 고품질 데이터의 확보도 어렵다. 이로 인해 한국어 AI 모델은 문맥을 정확히 이해하지 못하거나, 잘못된 정보를 생성하는 문제가 발생하기 쉽다. 따라서 정답은 ①이 된다.

문제 10 다국적 기업이 한국어로 AI 기반 고객 서비스를 도입하려고 할 때 예상되는 주요 문제는 무엇인가?

① 고객 데이터 보안   ② 한국어 데이터의 부족

③ 인터페이스 디자인   ④ 서버 관리

다국적 기업이 한국어로 AI 기반 고객 서비스를 도입 시, 가장 큰 문제는 한국어 데이터의 부족이다. 이를 해결하기 위해 기업은 고품질 한국어 데이터셋을 수집하고, 한국어의 문법과 문맥을 정확히 반영할 수 있도록 모델을 학습해야 한다. 따라서 정답은 ②가 된다.

---

2 ∥ 거대 언어 모델의 편향성

편향(Bias)이란 AI 모델이 특정 방향으로 치우친 결과를 생성하거나, 공정하지 않은 결정을 내리는 현상을 의미한다. 생성형 AI에서 편향은 모델이 학습 데이터의 불균형이나 잘못된 패턴을 반영하면서 발생하며, 이는 결과의 신뢰성과 공정성에 문제를 일으킬 수 있다.

1) 생성형 AI의 편향 종류

① 언어적 편향: AI는 주로 영어 중심의 데이터를 학습하기 때문에 소수 언어에 대해 부정확한 번역이나 응답을 제공할 가능성이 있다. 여기서 소수 언어란 특정 소수 집단이 사용하는 언어를 의미한다. 이러한 언어적 편향은 소수 언어의 번역 결과가 부정확하거나 부적절한 응답을 생성하는 원인이 될 수 있다.

② 성별 및 인종 편향: 학습 데이터에 내재된 사회적 편견이 반영되어 특정 성별이나 인종에 대한 고정관념을 강화할 수 있다. 예를 들어, "과학자는 누구인가?"라는 질문에 AI는 남성적 이미지로 응답할 수 있고, "의사는 누구인가?"라는 질문에 AI는 백인에 대한 이미지로 응답할 수 있다.

③ 문화적 편향: 특정 문화권의 관점이 학습 데이터에 더 많이 반영되어, 다른 문화에 대한 잘못된 정보를 제공할 수 있다. 예를 들어, 특정 국가의 전통이나 관습에 대한 부정확하게 설명할 수 있다.

④ 정치적 편향: 특정 정치적 견해나 이념에 치우친 결과를 생성할 수 있다. 예를 들어, 정치적 사건에 대한 설명에서 중립성을 유지하지 못하고, 특정 정당을 우호적으로 설명할 수 있다.

생성형 AI의 편향은 결국 학습 데이터에 의존한다. 생성형 AI가 학습하는 데이터는 편향이 존재하기 때문에 이를 학습한 생성형 AI에 편향이 발생하게 된다.

2) 생성형 AI의 편향 발생 원인

① **학습 데이터의 편향**: AI는 방대한 데이터를 학습하여 동작한다. 학습 데이터가 특정 집단, 언어, 문화, 성별, 또는 지역에 과도하게 집중되거나, 잘못된 정보를 포함하면 편향된 결과를 생성할 가능성이 높다. 특히, 영어 데이터에 과도하게 의존한 AI는 다른 언어(예 한국어)에서 성능이 떨어질 수 있다.

② **데이터 수집의 불균형**: 학습 데이터는 우리 사회를 대표하는 데이터이어야 한다. 하지만, 다양한 인구, 지역, 의견이 고르게 반영되지 않은 데이터는 특정 그룹에 유리한 결과를 초래할 수 있다.

③ **AI 설계 및 알고리즘의 한계**: 모델이 데이터를 처리하고 해석하는 방식 자체가 특정 결과를 선호하거나 배제할 수 있다. 우리 사회에 이미 차별이 존재하기 때문에 인간의 무의식적 편향이 반영될 가능성도 있다.

④ **사용자의 프롬프트와 상호작용**: 사용자가 편향된 질문이나 지시를 제공하면 AI가 그에 따라 편향된 결과를 생성할 수 있다.

생성형 AI의 편향은 학습 데이터와 설계의 한계로 인해 발생하며, 공정성과 신뢰성에 영향을 미칠 수 있다. 이를 해결하기 위해서는 데이터 다양성과 알고리즘 설계의 개선, 지속적인 모니터링이 필수적이다.

샘플문제 풀이

| 프롬프트엔지니어2급 샘플문제 A형 – 52번 |

문제 1 다음 중 생성형 AI의 생성물에서 편향성이 발생한 사례에 해당하지 않는 것은?

① "노점에서 음식을 파는 여성을 그려줘"라고 프롬프트를 작성하면 생성형 AI가 인도의 늙은 가난한 여성 이미지를 만들어 낸다.

② 동일 조건에서 대출 이자율 계산 시 흑인의 이자율이 백인보다 더 높게 계산된다.

③ "커피를 들고 선글라스를 쓴 여성을 그려줘"라고 프롬프트를 작성하면 백인 젊은 부유층 여성만 그려준다.

④ "동일한 소득을 가진 부부의 신용한도를 계산해 줘"라고 프롬프트를 작성하면 남편과 아내의 신용한도를 동일하게 계산한다.

해설

편향성은 AI가 학습한 데이터에 포함된 불균형, 선입견, 또는 고정관념으로 인해 특정 집단이나 개인에 대해 공정하지 않은 결과를 생성할 때 발생한다. 남편과 아내의 신용한도를 동일하게 계산하였으므로 편향성이 발생한 사례가 아니다. 따라서 정답은 ④가 된다.

| 프롬프트엔지니어2급 샘플문제 B형 - 51번 |

문제 2 AI 모델이 인종, 성별, 종교 등의 민감한 콘텐츠를 다룰 때 준수해야 할 윤리적 기준은 무엇인가?

① 정확한 데이터 수집

② 편향 없는 데이터 사용

③ 빠른 데이터 처리

④ 데이터 중복 방지

정답 ②

해설

AI가 인종, 성별, 종교와 같은 민감한 주제를 다룰 때, 공정성과 신뢰성을 보장하기 위해 편향 없는 데이터 사용이 가장 중요한 윤리적 기준이다. 따라서 정답은 ②가 된다.

3 // 개인정보보호 및 저작권 준수

1) 개인정보보호

개인정보보호는 개인 정보를 처리하거나 생성할 때, 민감한 데이터를 보호하는 조치를 말한다. 예를 들어, 주민등록번호, 이메일 주소, 신용카드 번호 등이 개인정보에 해당하고, 민간 데이터는 생체 정보, 의료 정보 등이 해당한다. 생성형 AI는 방대한 데이터를 학습하여 텍스트, 이미지, 음성 등의 새로운 콘텐츠를 생성하는데, 이 과정에서 개인정보 유출 또는 오용의 위험이 존재한다.

생성형 AI 서비스를 제공자는 개인정보를 보호하기 위해 다음을 고려해야 한다.

① **데이터의 수집 및 처리**: AI 모델이 학습하는 데이터는 대량의 사용자 정보나 인터넷에서 수집된 공개 데이터일 수 있다. 이 데이터에 개인 식별 정보(PII, Personally Identifiable Information)가 포함될 경우, AI가 이를 학습하고 의도치 않게 생성물에 포함시킬 가능성이 있다.

② **데이터의 익명화** : 학습 데이터를 익명화(Anonymization)하거나 비식별화(De-identification)하여, 개인 정보를 보호하면서 모델 성능을 유지하는 것이 중요하다. 예를 들어, 학습 데이터에 개인의 주민등록번호가 포함되는 경우 주민등록번호를 삭제하거나 임의의 랜덤 문자열로 변경하여 특정 개인을 식별하지 못하도록 처리하여 데이터를 익명화해야 한다.

③ **응답에서의 개인정보 유출 방지**: 생성형 AI가 학습 데이터에서 개인정보를 의도치 않게 생성물로 포함시킬 수 있다. 이를 방지하기 위해 AI 응답을 검증해 개인정보를 포함하는 경우, 해당 응답을 차단하거나 필터링해야 한다.

④ **사용자 데이터 보호**: 생성형 AI와 대화 중에 사용자가 입력한 텍스트 등은 모델 학습에 사용되지 않도록 설계되어야 한다. 또한, 사용자가 제공한 데이터가 저장될 경우, 안전한 저장 및 암호화를 통해 불법적인 접근을 방지해야 하며, 필요시 데이터 삭제 요청을 빠르고 정확하게 처리할 수 있는 시스템이 마련되어야 한다.

생성형 AI 서비스 제공자 뿐만 아니라 사용자가 생성형 AI를 활용할 때도 개인정보보호를 위해 다음과 같은 사항을 주의해야 한다.

① **민감한 정보 입력 자제**: 사용자는 AI와 상호작용하는 과정에서 주민등록번호, 전화번호, 주소와 같은 민감한 정보를 입력하지 않도록 주의해야 한다. 특히, 업무용으로 AI를 활용할 경우 기업의 기밀 정보나 고객 정보를 입력하지 않도록 명확한 내부 지침을 마련하고 이를 준수해야 한다.

② **응답 내용 검토**: 생성형 AI는 입력된 데이터를 학습에 활용하지 않더라도, 해당 정보를 의도치 않게 응답에 재생산할 가능성이 있으므로, 민감 정보가 응답에 포함되었는지 검증이 필요하다. 특히, 대화형 AI를 통해 생성된 응답을 외부로 공유하기 전에는 개인정보나 민감한 세부사항이 노출되지 않았는지 꼼꼼히 검토해야 한다.

③ **안전한 플랫폼 선택**: 신뢰할 수 있는 AI 서비스 제공자를 선택해야 한다. 개인정보 보호를 위한 암호화, 데이터 비식별화 등 보안 조치를 명시적으로 제공하는 플랫폼을 활용하는 것이 중요하다.

④ 프롬프트 설계 시 주의: AI에게 과도하게 구체적인 정보를 요청하는 대신, 개인정보와 연관되지 않은 일반적인 질문으로 프롬프트를 설계하여 개인정보 유출의 위험을 최소화해야 한다. 예를 들어, 이름이나 계정 정보와 같은 특정 식별 정보를 포함하기보다는, 문제의 맥락을 설명하는 방식으로 프롬프트를 작성하는 것이 바람직하다.

이런 맥락에서 한국일보는 생성형 AI 활용 준칙에 개인정보보호에 관한 다음 조항이 포함된 것을 확인할 수 있다.

> **제6조 개인정보 보호와 기밀 유지**
>
> ① 개인정보와 기밀 보호: 민감한 개인정보, 공개해서는 안 되는 기밀정보를 생성형 AI에 입력하지 않도록 주의한다.
>
> ② 뉴스이용자 권리 보호: 생성형 AI를 이용한 뉴스이용자 개인화 서비스를 제공할 경우 뉴스이용자의 개인정보 보호를 최우선시하고 서비스 이용 선택권을 제공할 수 있다.
>
> (생략)

※ 한국일보 〈생성형 AI 활용 준칙〉

생성형 AI의 개인정보보호는 사용자의 신뢰를 확보하고, AI 기술을 윤리적으로 활용하기 위해 필수적이다. 이를 위해 데이터 수집에서 처리, 응답 생성에 이르기까지 다양한 단계에서 기술적 및 법적 조치를 병행하여 개인정보를 안전하게 보호해야 한다.

2) 저작권 준수

AI 모델은 방대한 양의 데이터로 학습되는데, 이 데이터에는 저작권이 있는 콘텐츠가 포함될 수 있다. 프롬프트 작성 시 기존 저작물의 내용을 과도하게 반영하거나 그대로 복사하면, AI가 생성한 결과물이 저작권을 침해할 위험이 있다.

저작권 침해는 민사 및 형사 문제로 이어지므로 AI가 생성한 콘텐츠가 상업적으로 활용되거나 공개될 경우, 저작권 문제가 제기될 수 있으므로 이를 사전에 방지해야 한다.

예를 들어, "해리포터의 한 장면을 그대로 따라해서 스토리를 만들어줘."라고 프롬프트를 작성하면, 이는 원작자의 저작권을 침해할 가능성이 있다. 그러므로, "마법 학교를 배경으로 새로운 모험 이야기를 만들어줘."라고 작성하는 것이 저작권 문제를 예방할 수 있다.

| 프롬프트엔지니어2급 샘플문제 A형 – 50번 |

문제 1 생성형 AI 활용 원칙으로서, 개인정보 보호와 관련된 내용은?

① 개인정보와 비밀정보를 생성형 AI에 입력하지 않도록 주의한다.

② AI가 생성한 문장에 오류가 있을 수 있으므로, 검토나 수정 없이 사용하지 않는다.

③ 생성형 AI가 생성한 결과물을 서비스에 활용하는 경우, 이 사실을 투명하게 밝혀야 한다.

④ AI의 생성물은 저작권 침해 소지가 있으므로, 생성물의 출처를 확인해야 한다.

정답 ①

해설

생성형 AI 활용 시, 개인정보 보호를 위해 사용자는 개인정보와 비밀정보를 AI에 입력하지 않도록 주의하는 것이 중요하다. 따라서 정답은 ①이 된다. ②, ③, ④는 개인정보 보호와 관련이 없다.

| 프롬프트엔지니어2급 샘플문제 A형 – 51번 |

문제 2 프롬프트 작성 시 저작권을 준수해야 하는 이유로 옳은 것은?

① 창의적인 대화 생성을 위해

② 사용자의 신뢰도 향상을 위해

③ 법적 문제를 방지하기 위해

④ 학습 데이터를 유출하지 않기 위해

정답 ③

해설

프롬프트 작성 시 저작권을 준수하는 가장 큰 이유는 AI가 생성한 결과물이 저작권 침해로 이어지는 것을 방지하고 법적 문제를 피하기 위해서다. 따라서 정답은 ③이 된다.

프롬프트 엔지니어링 적용 방법

프롬프트 엔지니어링을 실무에서 효과적으로 활용하기 위한 적용 방법을 학습한다. 생성형 AI 모델을 선정하는 기준과 방법을 이해하고, 특정 작업에 최적화된 AI 모델을 선택하는 전략을 익힌다. 또한, 효과적인 생성형 AI 기반 애플리케이션 개발을 위해 애플리케이션 개발 프레임워크를 이해하고, 클라우드 서비스를 활용한 AI 모델 운영 시 장단점을 이해한다.

1 /// 생성형 AI 모델 선정 방법

1) 생성형 AI 모델별 성능 및 요금구조

다양한 모델들이 각각 다른 성능과 가격대를 가지고 있으므로, 생성형 AI의 기능 및 특징과 비용을 비교 분석하여 적절한 모델을 선정해야 한다. 예를 들어, ChatGPT는 버전별로 다른 기능을 제공하고 있고, 요금도 다르게 부과되고 있다.

구분	GPT-3.5	GPT-4	GPT-4o
성능	• GPT-3.5는 1,750억 개의 매개변수(parameters)로 훈련된 언어 모델로, 텍스트 입력만 처리할 수 있다.	• GPT-4(또는GPT 4.0)는 약 1조 개의 매개변수로 훈련된 모델로, 뉘앙스 측면에서 더 자연스럽고 정확한 응답을 생성할 수 있다. • 멀티모달 모델로 텍스트와 이미지 입력을 처리할 수 있다. • 강화된 논리적 추론 및 문제 해결 능력으로 복잡한 작업에 적합하다.	• 약 1.5조 개 이상의 매개변수로 훈련된 모델이다. • 멀티모달 기능을 확장하여 텍스트 및 이미지뿐만 아니라 오디오 입력도 처리할 수 있다. • 빠른 처리 속도로 실시간성 분야에 활용 가능 • 오디오 입력에 평균 320밀리초의 응답 시간을 가진다.
요금 구조 예시	• $1.5 / 1M input tokens (백만 입력 토큰당 $1.5) • $2 / 1M output tokens (백만 출력 토큰당 $2)	• $30.00 / 1M input tokens (백만 입력 토큰당 $30.00) • $60.00 / 1M output tokens (백만 출력 토큰당 $60.00)	• $2.50 / 1M input tokens (백만 입력 토큰당 $2.50) • $10.00 / 1M output tokens (백만 출력 토큰당 $2.50)

＊ 1M은 100만을 의미한다.

생성형 AI 모델을 활용하여 앱을 개발하려면 API(Application Programming Interface)를 사용해야 한다. 즉, 앱은 API 호출을 통해 프롬프트를 입력 토큰으로 전달하고, AI 모델이 생성한 결과를 출력 토큰으로 받아오게 된다. 여기서 토큰은 단어의 일부로 이해할 수 있으며, 1,000토큰은 약 750단어에 해당한다. 예를 들어, 'ChatGPT is great!'라는 문장은 약 4개의 토큰(Chat, GPT, is, great!)으로 계산된다.

ChatGPT에서는 API 요금을 보통 100만 토큰 단위 또는 1,000토큰 단위로 부과하고 있다. 예를 들어, 1,000토큰당 $0.02와 같은 요금 체계를 가지고 있다.

요금 구조를 살펴보면, GPT-3.5는 백만 입력 토큰당 1.5달러, GPT-4는 30달러, GPT-4o는 2.5달러를 부과한다. 이들 모델을 비교해 보면, GPT-4는 텍스트의 뉘앙스 이해와 생성 측면에서 가장 풍부한 결과를 제공하지만, 토큰당 가격이 가장 높다. GPT-4o는 빠른 속도와 낮은 비용으로 가격 대비 성능이 뛰어난 모델이다. 복잡한 문제해결이 필요하지 않다면, GPT-4보다는 GPT-4o가 적절한 선택일 수 있다. GPT-3.5는 가장 저렴한 옵션으로 예산에 제한이 있을 때 적합하다.

프롬프트와 응답이 다음과 같다면, 총 토큰 수는 약 17개(프롬프트 8개, 응답 9개)가 된다.

> **프롬프트:**
>
> "What are the advantages of using renewable energy sources?"
>
> **응답:**
>
> "Renewable energy sources are eco-friendly, sustainable, and reduce reliance on fossil fuels."

GPT-4를 이용하여 1명이 ChatGPT에 일일 평균 30개의 요청을 하고, 요청 시 100개의 입력 토큰과 1000개 출력 토큰을 사용한다면, 총 요금이 다음과 같이 계산된다.

> 총 비용=월 요청 건수*((백만 건당 입력토큰 비용*입력토큰 수)+(백만 건당 출력토큰 비용*출력 토큰 수))
>
> =30*(($30/1,000,000*100)+($60/1,000,000*1,000))
>
> =1.89

만약, GPT 4o를 사용한다면 총요금은 다음과 같이 계산된다.

총 비용=월 요청 건수*((백만 건당 입력토큰 비용*입력토큰 수)+(백만 건당 출력토큰
      비용*출력 토큰 수))

= 30*(($2.5/1,000,000*100)+($10/1,000,000*1,000))

= 0.3075

2) 토큰 계산기

토큰 계산기는 생성형 AI에서 입력된 프롬프트와 모델이 생성한 응답에서 사용된 토큰의 수를 계산하는 도구이다. 생성형 AI 서비스에서는 토큰 사용량을 기반으로 비용이 산정되므로, 토큰 계산기를 사용하면 비용 관리와 최적화를 효과적으로 수행할 수 있다.

다음은 OpenAI가 제공하는 토큰 계산기이다. 생성형 AI 버전을 선택하고 프롬프트를 작성하면 토큰의 수를 확인할 수 있다.

⟨OpenAI의 토큰 계산기 화면 캡쳐(https://platform.openai.com/tokenizer)⟩

3) 언어별 토큰의 차이

토큰화는 텍스트를 모델이 처리할 수 있는 단위로 나누는 과정으로, 이 과정에서 언어마다 생성되는 토큰 수에 차이가 발생한다. 영어는 공백을 기준으로 명확하게 단어가 분리되며, 단어 단위로도 충분히 의미를 전달할 수 있다. 반면, 한국어는 조사가 포함된 복잡한 문법 구조와 어절 단위로 의미를 전달하기 때문에, 동일한 의미를 가진 문장이라도 영어보다 더 많은 토큰이 생성된다. 이와 같은 특징은 일본어, 아랍어 등 비영어권 언어에서도 유사하게 나타나며, 결과적으로 이러한 언어에서 더 많은 토큰 수가 계산되어 모델 사용 요금 증가로 이어질 수 있다.

예를 들어, 'I love cats.'라는 영어 문장은 3개의 단어로 구성되며, 토큰화 결과는 ['I', 'love', 'cats']로 3개의 토큰이 생성된다. 하지만 같은 의미를 가진 한국어 문장 '나는 고양이를 좋아한다.'는 조사와 어미가 포함되어 토큰화 결과가 ['나', '는', '고양이', '를', '좋아', '한다']로 나타나며 6개의 토큰이 생성된다. 이처럼 영어는 단어 단위로 의미를 전달할 수 있어 적은 토큰 수로 표현이 가능한 반면, 한국어는 조사와 어미 변화로 인해 동일한 의미를 전달하더라도 더 많은 토큰이 필요하게 된다. 이러한 차이는 비영어권 언어에서 공통적으로 나타난다.

샘플문제 풀이

| 프롬프트엔지니어2급 샘플문제 A형 - 53번 |

문제 1 ChatGPT 모델의 버전별 특징으로 옳지 않은 것은?

① ChatGPT-3.5는 텍스트 입력만 처리할 수 있다.

② ChatGPT-4.0은 텍스트와 이미지를 처리할 수 있다.

③ ChatGPT-4o는 텍스트, 이미지, 오디오를 처리할 수 있다.

④ ChatGPT-3.5는 이미지 입력만 처리할 수 있다.

정답 ④

해설

ChatGPT-3.5는 텍스트 입력을 처리할 수 있는 언어 모델로, 이미지 입력 처리는 지원하지 않는다. 그러므로 '이미지 입력만 처리할 수 있다'는 잘못된 설명이다. ChatGPT-4.0부터는 멀티모달 기능이 추가되어 텍스트와 이미지를 처리할 수 있다. 그러므로 정답은 ④가 된다.

문제 2 ChatGPT-4o의 기능에 해당하지 않는 것은?

① 평균 320ms 수준의 빠른 응답시간 지원

② 기본 텍스트 입력만 처리 가능

③ 다국어 지원 및 실시간 번역

④ 상호작용 통한 문제 해결 지원

정답 ②

해설

ChatGPT-4o는 모델은 다국어 처리, 실시간 번역, 상호작용 기반의 문제 해결 등의 고급 기능을 제공한다. ChatGPT-4o의 응답 시간은 일반적으로 평균 320ms 수준으로, 이는 이전 버전들보다 크게 개선되었다. 기본 텍스트 입력 처리뿐만 아니라 다양한 기능과 확장된 작업을 지원하므로 '기본 텍스트 입력만 처리 가능'이라는 내용은 잘못된 설명이다. 그러므로 정답은 ②가 된다.

문제 3 다국어 지원을 하는 글로벌 애플리케이션을 위한 생성형 AI 선택에서 가장 중요한 평가 기준으로 옳은 것은?

① 모델의 매개변수 수　　② 다국어 처리 능력

③ 모델의 학습 시간　　④ 모델의 초기 개발 비용

정답 ②

해설

글로벌 애플리케이션은 다양한 언어와 문화를 지원해야 하므로, 모델이 다국어 텍스트를 정확히 처리하고 자연스러운 응답을 생성할 수 있는지가 핵심이다. 그러므로 정답은 ②가 된다.

문제 4 생성형 AI의 비용을 최적화하는 전략으로 옳지 않은 것은?

① 토큰이 어떻게 계산되는지를 이해한다.

② 프롬프트를 간결하게 설계한다.

③ 비용과 성능을 고려하여 적합한 생성형 AI 모델을 선택한다.

④ 프롬프트는 최대한 상세하게 작성한다.

④

해설

프롬프트가 너무 상세하면 불필요하게 많은 토큰을 소모하여 생성형 AI 사용 비용이 증가할 수 있다. 비용을 최적화하려면 프롬프트는 간결하고 명확하게 설계해야 한다. 그러므로 정답은 ④가 된다.

| **프롬프트엔지니어2급 샘플문제 B형 - 59번** |

문제 5 토큰 계산기를 사용할 때 가장 중요한 목표는 무엇인가?

① 모델의 정확도를 높인다.

② 모델의 비용을 예측하고 최적화한다.

③ 모델의 크기를 줄인다.

④ 모델의 속도를 향상시킨다.

정답 ②

해설

토큰 계산기를 사용하는 주요 목적은 생성형 AI 모델을 사용할 때 소모되는 토큰 수를 계산하여 비용을 예측하고 최적화하는 것이다. 모델의 응답에 필요한 토큰 수를 미리 파악하면, 사용자가 프롬프트를 효율적으로 설계하고, 예산을 초과하지 않도록 비용을 관리할 수 있다. 그러므로 정답은 ②가 된다.

| **프롬프트엔지니어2급 샘플문제 B형 - 60번** |

문제 6 프롬프트 사용량에 대한 비용 절감을 분석할 때 가장 효과적으로 사용할 수 있는 도구는 무엇인가?

① 토큰 계산기

② 데이터베이스

③ 네트워크 모니터링

④ 하드웨어 분석기

정답 ①

해설

토큰 계산기는 생성형 AI에서 프롬프트와 응답에 사용된 토큰의 수를 계산하여 비용 절감을 분석하는 데 가장 효과적인 도구이다. AI 모델의 요금은 일반적으로 사용된 토큰 수에 따라 부과되므로, 토큰 계산기를 통해 프롬프트 사용량을 최적화하고 비용을 관리할 수 있다. 그러므로 정답은 ①이 된다.

2 /// 애플리케이션 개발 프레임워크

1) 프레임워크의 필요성

소프트웨어 개발자들은 애플리케이션을 보다 효율적이고 체계적으로 설계, 개발, 배포할 수 있도록 애플리케이션 개발 프레임워크를 사용한다. 프레임워크는 보통 프로그래밍 언어(예 자바, 파이썬 등)를 기반으로 제공되거나 잘 알려진 개발 패턴(예 스프링 프레임워크)을 기반으로 제공한다.

건축 분야에 프레임워크를 비교하자면, 개발 프레임워크는 일종의 '건축 설계도와 공구 세트'와 같다. 건축가가 건물을 설계할 때 기본적인 구조와 규칙이 담긴 설계도를 참고하고, 효율적으로 작업을 진행하기 위해 다양한 공구를 사용하는 것처럼, 프레임워크에 제공되는 개발 패턴은 소프트웨어의 설계를 위한 기본 구조로 활용할 수 있다. 또한 다양한 라이브러리를 제공하기 때문에 효율적으로 애플리케이션을 설계하고 개발할 수 있도록 도와준다.

다음과 같은 장점 때문에 애플리케이션 개발 시 개발 프레임워크를 활용하는 것이 일반적이다.

① 코드 재사용 증가: 프레임워크는 공통적으로 사용되는 기능(예 데이터베이스 연결, 인증, 요청 처리 등)을 재사용할 수 있도록 기본 코드나 모듈을 제공한다.

② 개발 속도 향상: 이미 구축된 기능과 구조를 제공하므로, 개발자는 핵심이 되는 영역(로직)에 집중할 수 있다.

③ 표준화된 개발 환경: 일관된 개발 방식을 따르도록 가이드라인을 제공하여 코드 품질과 유지보수성을 높일 수 있다.

④ 확장성: 추가적인 플러그인, 모듈, 외부 라이브러리 등을 통해 기능을 확장할 수 있다.

2) 생성형 AI 애플리케이션 프레임워크

생성형 AI를 위한 애플리케이션 개발을 위한 프레임워크는 개발자가 생성형 AI 모델(예 GPT, DALL-E, Stable Diffusion 등)을 활용하여 다양한 애플리케이션을 쉽게 설계, 개발, 배포할 수 있도록 지원한다. 대표적인 생성형 AI 애플리케이션 개발 프레임워크는 다음과 같다.

① LangChain: 생성형 AI 애플리케이션을 쉽게 개발할 수 있도록 지원하는 오픈소스 프레임워크로, 거대 언어 모델(LLM)을 활용하여 자연어 처리, 정보 검색, 워크플로우 자동화 등을 구현하는 데 사용될 수 있다. '오픈소스'는 소스코드를 공개했다는 의미이기 때문에 오픈소스로 제공된 프레임워크는 무상으로 사용할 수 있다. 이 프레임워크를 사용하면 거대 언어 모델을 활용하여 다양한 앱을 만들 수 있는 기능을 제공하기 때문에 거대 언어 모델을

기반으로 한 문서요약, 챗봇, 가상 비서, 정보 검색 등을 위한 애플리케이션을 개발할 수 있다. LangChain의 주요 특징은 다음과 같다.

> **LangChain 주요 특징**
>
> - 프롬프트 관리: 프롬프트를 체계적으로 생성, 저장, 수정할 수 있는 기능 제공
> - 모듈화된 설계: 텍스트 생성, 데이터 검색, 사용자 입력 처리 등 다양한 기능을 모듈화하여 손쉽게 통합 가능
> - 외부 데이터 소스 연결: 데이터베이스, 문서 등의 외부 데이터를 언어 모델과 연결하여 더 풍부한 응답 생성
> - 체인 구성: 여러 작업을 연결해 복잡한 워크플로우를 자동화할 수 있도록 지원

② LlamaIndex: 거대 언어 모델이 외부 데이터베이스와 상호작용할 수 있도록 설계된 프레임워크이다. 이미 거대 언어 모델(LLM)이 대규모 데이터를 기반으로 학습이 완료되었지만, 해당 학습 데이터뿐만 아니라 외부의 데이터를 활용하여 앱을 개발하려고 할 때 유용하다. 문서나 데이터베이스 같은 구조화된 데이터를 효과적으로 연결해주므로, 비정형 데이터를 언어 모델이 처리할 수 있도록 체계적으로 구조화하고, 대규모 데이터에서 원하는 정보를 빠르게 검색할 수 있는 기능을 제공한다. 그러므로, 데이터에 기반한 애플리케이션인 지식관리시스템이나 데이터분석솔루션 등을 개발하기 위해 활용할 수 있다.

> **LlamaIndex 주요 특징**
>
> - 데이터 인덱싱: 비정형 데이터를 언어 모델이 처리할 수 있도록 체계적으로 구조화
> - 검색 최적화: 대규모 데이터에서 원하는 정보를 빠르게 검색 가능
> - LLM과 통합: OpenAI GPT, Hugging Face 등의 모델과 연동하여 데이터 분석 및 검색 가능
> - 사용자 정의: 개발자가 데이터 처리와 검색 프로세스를 사용자 요구에 맞게 설정 가능

③ NAVER Clova Studio: 네이버가 하이퍼클로바X를 기반으로 한 개발 프레임워크이다. 한국어 처리에 강점을 가진 프레임워크로, 다양한 응용 프로그램을 효율적으로 개발할 수 있도록 지원한다. 사용자가 원하는 데이터로 AI 모델을 미세 조정하여 특정 도메인에 최적화된 응용 프로그램을 제작할 수 있는 특징이 있다. 거대 언어 모델(LLM)을 활용하여 챗봇 개발, 자연어 처리 등을 위한 애플리케이션을 개발할 수 있다.

- 한국어에 특화: 방대한 한국어 데이터 학습을 기반으로, 한국어 문맥 이해와 자연스러운 텍스트 생성 능력 제공
- 맞춤형 AI 모델 개발: 사용자가 원하는 데이터로 AI 모델을 미세 조정하여 특정 도메인에 최적화된 응용 프로그램 제작 가능
- 멀티모달 확장성: 텍스트뿐만 아니라 이미지와 음성을 기반으로 AI 솔루션 개발 가능
- API 및 템플릿 제공: AI를 활용한 애플리케이션을 손쉽게 통합할 수 있도록 다양한 API와 템플릿 제공

④ Hugging Face : 다양한 대규모 언어 모델(LLM) 및 머신러닝 애플리케이션 개발을 지원하는 플랫폼으로, 연구자와 개발자가 최신 AI 기술을 쉽게 활용할 수 있도록, 모델 허브(Model Hub)를 통해 사전 학습된 모델과 데이터셋을 공유하고, 이를 바탕으로 애플리케이션을 개발할 수 있도록 돕는다.

Hugging Face는 자연어 처리, 컴퓨터 비전, 음성 인식 등 다양한 AI 작업을 지원하며, 오픈소스 라이브러리인 Transformers를 통해 AI 모델의 활용을 간소화한다. 이 라이브러리는 BERT, GPT, T5 등과 같은 대규모 언어 모델의 구현과 훈련을 지원하며, 개발자가 쉽고 빠르게 모델을 파인튜닝(fine tuning)하거나 새로운 애플리케이션을 구축할 수 있도록 도와준다.

Hugging Face 주요 특징

- 모델 허브(Model Hub): Hugging Face의 중심 플랫폼으로, 수천 개의 사전 학습된 모델과 데이터셋을 무료로 제공하며, 이를 통해 AI 모델을 쉽고 빠르게 통합할 수 있다.
- Transformers 라이브러리: NLP 작업을 간소화한 오픈소스 라이브러리로, 다양한 모델(예 BERT, GPT, T5)을 구현, 훈련, 배포하는 데 사용
- 맞춤형 모델 파인튜닝: 사용자 데이터를 활용해 사전 학습된 모델을 특정 도메인이나 애플리케이션에 최적화할 수 있는 기능을 제공
- 손쉬운 통합: Hugging Face의 모델은 OpenAI API, LlamaIndex, 클라우드 플랫폼(AWS, Azure 등)과도 쉽게 연동 가능하며, 개발자가 다양한 환경에서 애플리케이션을 배포할 수 있도록 지원
- 커뮤니티 중심: 연구자, 개발자, 기업들이 모델과 노하우를 공유할 수 있는 커뮤니티를 운영하며, AI 개발 생태계 확장을 지원한다.

머신러닝과 딥러닝을 위한 개발 프레임워크

AI 개발 환경에서는 생성형 AI를 활용한 애플리케이션 개발 프레임워크뿐만 아니라 머신러닝과 딥러닝 모델을 활용한 개발 프레임워크도 많이 사용되고 있다. 해당 프레임워크는 모델 구축, 학습, 배포를 위한 도구를 제공하며, 다음과 같은 대표적인 프레임워크가 있다.

① 텐서플로우(TensorFlow): Google이 개발한 오픈소스 딥러닝 프레임워크로, 딥러닝 모델 구축, 학습, 배포를 위한 기능을 제공한다. 이미지 인식, 자연어 처리, 강화 학습 등 다양한 작업에 활용할 수 있다.

② 사이킷런(Scikit-learn): 데이터 분석과 간단한 머신러닝 모델 구축을 지원하는 파이썬 라이브러리로, 선형 회귀, 분류, 군집화, PCA 등 다양한 머신러닝 알고리즘을 제공한다. 금융, 의료, 제조업 등에서 패턴 분석 및 예측 모델 구축, 고객 분류, 제품 추천 시스템, 이상 탐지 모델 구현 등을 위해 활용할 수 있다.

③ 파이토치(PyTorch): Facebook AI Research에서 개발한 오픈소스 딥러닝 프레임워크로, 이 프레임워크 역시 TensorFlow와 유사하게 딥러닝 모델 구축, 학습, 배포를 위한 기능을 제공한다. 또한, 이미지 인식, 자연어 처리, 강화 학습 등 다양한 작업에 활용할 수 있다.

3 // 클라우드 서비스 활용

클라우드 서비스(Cloud Service)는 IT 자원을 인터넷을 통해 제공하는 서비스로, 사용자는 AWS, Google Cloud, Microsoft Azure와 같은 클라우드 서비스 제공업체가 제공하는 인프라, 플랫폼, 소프트웨어를 서비스 형태로 활용할 수 있다. 클라우드 서비스 종류는 다음과 같다.

① IaaS(Infrastructure as a Service, 서비스형 인프라): 서버, 스토리지, 네트워크 등 IT 인프라 자원을 서비스 형태로 제공

② PaaS(Platform as a Service, 서비스형 플랫폼): 애플리케이션 개발, 테스트, 배포를 위한 플랫폼을 서비스 형태로 제공

③ SaaS(Software as a Service, 서비스형 소프트웨어): 상용 소프트웨어를 서비스 형태로 제공

생성형 AI 모델도 이러한 클라우드 서비스의 일환으로 제공되며, 사용자는 물리적 서버나 데이터센터를 직접 구축할 필요 없이, 인터넷 연결만으로 고성능 AI 모델을 활용할 수 있다.

이러한 방식은 IT 자원을 빌려 쓰는 '렌탈' 개념으로 이해할 수 있다.

생성형 AI 모델의 클라우드 서비스는 사용량 기반 과금(pay-as-you-go) 방식을 채택하여 비용 효율성을 제공한다. 사용자는 필요한 만큼만 자원을 사용하고 그에 상응하는 비용만 지불하게 된다. 생성형 AI 모델은 학습과 추론 과정에서 CPU, GPU, TPU와 같은 고성능 컴퓨팅 자원을 소모하기 때문에, 이러한 과금 방식은 초기 고정비용을 줄이고, 자원의 낭비를 최소화하는 데 효과적이다. 또한, 클라우드 환경에서 제공되는 생성형 AI 모델은 사용자가 추가적인 하드웨어나 소프트웨어를 구입할 필요 없이 손쉽게 확장 가능하다.

클라우드는 생성형 AI 모델을 글로벌 네트워크를 통해 전 세계 사용자에게 배포하기 용이하다. 클라우드 서비스 제공업체는 생성형 AI 개발을 지원하는 다양한 툴킷, API, 플랫폼을 제공하여 기업과 개발자가 AI 모델을 개발, 학습, 배포하는 전체 프로세스를 효과적으로 관리할 수 있도록 돕는다.

클라우드 서비스로 생성형 AI 모델을 제공할 때의 장점은 다음과 같다.

① 비용 효율성: 사용자는 사용량에 따라 비용을 지불하므로 초기 투자 비용을 줄이고, 예산 낭비를 최소화할 수 있다.

② 유연성과 확장성: 사용자는 수요 증가에 따라 자원을 손쉽게 확장하거나, 필요에 따라 축소할 수 있다.

③ 글로벌 접근성: 전 세계 어디서나 인터넷 연결만 있으면 생성형 AI 모델을 사용할 수 있다.

④ 관리 용이성: 클라우드 서비스 제공업체가 시스템 유지보수, 업데이트, 보안을 책임지므로, 사용자는 개발과 비즈니스 로직에 집중할 수 있다.

이러한 클라우드 서비스도 몇 가지 단점을 가지고 있다. 사용자는 이러한 단점을 사전에 이해하고, 클라우드 활용 전략을 신중히 수립해야 한다.

① 비용 증가 가능성: 사용량 기반 과금 모델은 지속적으로 자원을 사용하거나 대규모 데이터 처리를 수행할 경우 예상보다 높은 비용을 초래할 수 있다. 많은 자원이 필요한 작업의 경우, 클라우드 서비스를 이용하기보다는 온프레미스(On-Premises) 환경에서 자체 서버를 구축하여 운영하는 것이 장기적으로 더 경제적일 수 있다.

② 의존성: 특정 클라우드 서비스 제공업체에 종속될 가능성이 있으며, 이는 벤더 락인(vendor lock-in) 문제를 야기할 수 있다. 이로 인해, 다른 제공업체로 이전하려면 높은 전환 비용과 기술적 복잡성이 발생할 수 있다.

③ 데이터 보안: 클라우드에 저장되는 민감한 데이터는 보안과 프라이버시 문제에 노출될 수 있다. 특히, 금융, 의료, 정부 기관과 같은 민감한 데이터를 다루는 산업에서는 데이터 암호화, 접근 제어, 규정 준수 등의 보안 대책을 철저히 마련해야 한다.

④ 네트워크 의존성: 인터넷 연결이 필요하므로, 네트워크 장애가 발생하면 서비스 이용에 차질이 생길 수 있다. 이를 방지하기 위해, 기업은 안정적인 네트워크 인프라와 백업 연결을 구축하여 네트워크 가용성을 높여야 한다.

샘플문제 풀이

| 프롬프트엔지니어2급 샘플문제 A형 - 22번 |

문제 1 생성형 AI 애플리케이션 프레임워크를 사용하는 이유로 옳은 것은?

① AI 메커니즘을 수동으로 구현할 수 있다.
② 애플리케이션의 개발 복잡성이 높아진다.
③ AI 애플리케이션 개발을 위한 다양한 라이브러리를 제공한다.
④ 애플리케이션에서 오류 발생 시, 문제 해결을 어렵게 만든다.

정답 ③

해설

생성형 AI 애플리케이션 프레임워크는 개발자가 생성형 AI 모델(예 GPT, DALL-E 등)을 기반으로 애플리케이션을 더 쉽고 효율적으로 개발할 수 있도록 지원하는 환경이다. 프레임워크는 필요한 라이브러리, 도구, 모듈을 제공하여 복잡한 작업을 단순화하고, 개발 속도를 높이며, 유지보수를 용이하게 한다. 그러므로 정답은 ③이 된다.

| 프롬프트엔지니어2급 샘플문제 A형 - 24번 |

문제 2 생성형 AI 애플리케이션 프레임워크에 대한 설명으로 옳은 것은?

① 하드웨어 유지보수 도구
② 생성형 AI 모델을 훈련하고 배포하기 위한 소프트웨어 개발 도구
③ 생성형 AI 모델 학습 데이터를 위한 데이터 저장소
④ 네트워크 속도 최적화 도구

정답 ②

해설

생성형 AI 애플리케이션 프레임워크는 개발자가 생성형 AI 모델(예 GPT, DALL-E, Stable Diffusion 등)을 활용하여 애플리케이션을 설계, 개발, 학습(훈련), 배포할 수 있도록 지원하는 소프트웨어 개발 도구이다. 그러므로 정답은 ②가 된다.

문제 3 생성형 AI 애플리케이션 프레임워크로 옳지 않은 것은?

① Langchain   ② LlamaIndex

③ Naver Clova studio   ④ TensorFlow

정답 ④

해설

생성형 AI 애플리케이션 프레임워크는 거대 언어 모델(LLM) 및 생성형 AI 모델을 활용하여 애플리케이션을 효율적으로 개발하고 통합할 수 있는 도구로, 대표적인 생성형 AI 애플리케이션 프레임워크로는 Langchain, LlamaIndex, Naver Clova Studio가 있다. TensorFlow는 머신러닝과 딥러닝 모델을 설계, 학습, 배포하기 위한 오픈소스 플랫폼으로, 생성형 AI 애플리케이션 개발에 활용할 수 없다. 그러므로 정답은 ④가 된다.

문제 4 랭체인(LangChain)을 활용한 애플리케이션의 예시로 옳지 않은 것은?

① 챗봇   ② 문서 요약

③ 바둑 게임   ④ 개인 비서

정답 ③

해설

LangChain은 텍스트 처리 및 생성형 AI 작업에 특화된 프레임워크이므로, 언어 처리와 관계없는 바둑 게임은 LangChain의 활용 사례로 보기 어렵다. 그러므로 정답은 ③이 된다.

문제 5 프롬프트 엔지니어링을 위한 응용 프로그램 개발 프레임워크가 필요한 이유로 볼 수 없는 것은?

① 거대 언어 모델을 이용한 응용 프로그램을 쉽게 개발할 수 있다.

② 프롬프트 최적화를 통해 모델의 응답 품질을 향상시킬 수 있다.

③ 언어 모델의 인덱싱 및 검색을 최적화할 수 있다.

④ 물리적 하드웨어 성능을 최적화할 수 있다.

정답 ④

해설

프롬프트 엔지니어링 프레임워크는 응용 프로그램 개발, 프롬프트 최적화, 외부 데이터베이스 연결 등을 '소프트웨어' 개발 측면을 지원한다. 물리적 하드웨어 성능 최적화는 프레임워크를 통해 해결할 수 있는 영역이 아니다. 그러므로 정답은 ④가 된다.

문제 6 생성형 AI 애플리케이션 프레임워크인 LangChain의 주요 기능으로 옳지 않은 것은?

① 다양한 데이터 소스와의 통합
② 자동화된 데이터 라벨링
③ 프롬프트 기반 워크플로우 지원
④ 다국어 지원

정답 ②

해설

LangChain은 생성형 AI 애플리케이션 개발을 지원하는 프레임워크로, 주로 프롬프트 관리, 워크플로우 설계, 다양한 데이터 소스 통합에 특화되어 있다. 데이터 라벨링 도구는 머신러닝 모델을 학습시키기 위해 데이터에 정확한 레이블을 부여하는 작업을 지원하는 도구로, LangChain과는 관련이 없다. 그러므로 정답은 ②가 된다.

문제 7 실제 프로젝트에서 프롬프트 엔지니어링 프레임워크를 효과적으로 사용하기 위한 방법은 무엇인가?

① 모든 기능을 사용한다.
② 필요한 기능만 선택적으로 사용한다.
③ 사용자 정의 기능을 추가한다.
④ 최신 버전만 사용한다.

정답 ②

해설

실제 프로젝트에서는 프레임워크의 모든 기능을 사용하기보다는, 필요한 기능만 선택적으로 활용하여 효율성을 높이는 것이 가장 중요하다. 그러므로 정답은 ②가 된다.

문제 8 다음 중 생성형 AI 모델링 및 애플리케이션 프레임워크가 아닌 것은 무엇인가?

① LangChain
② LlamaIndex
③ Adobe Photoshop
④ Naver Clova studio

정답 ③

해설

LangChain, LlamaIndex, Naver Clova Studio는 모두 생성형 AI 모델링 및 애플리케이션 프레임워크에 해당하지만, Adobe Photoshop은 이미지 편집 소프트웨어로, 해당 범주에 포함되지 않는다. 그러므로 정답은 ③이 된다.

| 프롬프트엔지니어2급 샘플문제 B형 - 57번 |

문제 9 프롬프트 엔지니어링 프레임워크를 선택할 때 가장 중요한 고려 사항은 무엇인가?

① 프레임워크의 가격
② 프레임워크의 사용자 수
③ 프레임워크의 기능성
④ 프레임워크의 문서화 수준

정답 ③

해설

프롬프트 엔지니어링 프레임워크를 선택할 때 가장 중요한 고려 사항은 프레임워크의 기능성이다. 이는 프레임워크가 제공하는 도구와 기능이 프로젝트 요구 사항과 적합한지, AI 모델의 성능을 극대화할 수 있는지 등을 고려해야 한다. 그러므로 정답은 ③이 된다.

| 프롬프트엔지니어2급 샘플문제 A형 - 59번 |

문제 10 생성형 AI의 비용 절감을 위한 클라우드 서비스 활용 전략으로 옳은 것은?

① 최고 성능의 CPU 서버만을 사용한다.
② 가능한 많은 클라우드 제공업체를 사용한다.
③ 최대 용량의 스토리지를 사용한다.
④ 사용량 기반 과금 방식을 사용한다.

정답 ④

해설

클라우드 서비스는 사용자가 실제로 소비한 자원에 대해서만 비용을 지불하도록 설계되었다. 이 방식은 불필요한 고정비를 없애고, 필요에 따라 자원을 유연하게 확장하거나 축소할 수 있어 비용 효율성이 뛰어나다. 사용자 과금 방식을 사용한다고 하더라도 최고 성능의 CPU 서버(①), 다수의 클라우드 제공업체 사용(②) 및 최대 용량의 스토리지(③)를 사용하면 비용 절감이 어려울 수 있다. 그러므로 정답은 ④가 된다.

생성형 AI 활용 사례 및 도입효과

생성형 AI의 실제 활용 사례를 분석하고, 다양한 산업에서 AI가 적용된 방식과 그 영향을 이해한다. 생성형 AI를 기반으로 한 비즈니스 모델을 탐색하고, 기업 및 조직에서 AI를 활용하여 경쟁력을 강화하는 전략을 학습한다. 또한, 생성형 AI 도입이 비즈니스와 산업 전반에 미치는 효과를 평가하고, AI 기술이 생산성, 비용 절감, 고객 경험 개선 등에서 어떤 실질적인 가치를 제공하는지 분석한다. 이를 통해, AI 도입을 고려하는 기업이 전략적으로 활용할 수 있는 인사이트를 제공하며, 실무에서 AI를 효과적으로 적용할 수 있는 역량을 배양한다.

1 /// 생성형 AI 활용 사례

생성형 AI는 미디어부터 금융, 교육, 법률, 의료에 이르기까지 다양한 산업에서 혁신적인 솔루션을 제공하고 있다. 산업 분야별 생성형 AI 활용 사례는 다음과 같다.

1) 미디어 콘텐츠 분야

생성형 AI는 미디어 콘텐츠 제작에서 창의적이고 혁신적인 방법으로 활용되고 있다. 예를 들어, OpenAI의 DALL-E에 이미지에 대한 설명을 문장으로 입력하면, 해당 설명에 맞는 고품질의 이미지를 생성해 준다. 이렇게 생성된 이미지는 광고와 마케팅 캠페인에 활용되고 있다. 또한, ChatGPT 같은 언어 모델은 기사 작성, 대본 생성, 소셜 미디어 게시물 작성 등을 자동화하여 제작 시간을 단축시키는 데 도움을 주고 있다. 영상 콘텐츠 제작에서도 생성형 AI를 활용해 스토리보드를 작성하거나 음성 합성을 통해 내레이션을 자동으로 생성하는 데 사용된다.

DALL-E나 Stable Diffusion과 같은 생성형 AI는 단어 기반 프롬프트를 사용하여 이미지를 생성하지만, 기존 소프트웨어나 플랫폼에 AI의 이미지 생성 기능이 통합된 사례도 있다. 예를 들어, Adobe Photoshop은 AI 기반 이미지 생성 기능을 제공한다. Microsoft의 디자인 도구는 사용자가 대화로 요청한 내용을 바탕으로 이미지를 생성하고 이를 기존 문서나 프레젠테이션에 통합하는 기능을 제공한다.

2) 금융 분야

금융 서비스에서 생성형 AI는 데이터 분석과 의사결정을 지원하는 데 큰 역할을 하고 있다. Morgan Stanley는 고객 상담에서 ChatGPT 기반 AI를 활용하여 투자 전략과 금융 상품 정보를 실시간으로 제공하고 있다. 또한, AI는 금융 데이터의 패턴을 분석하여 사기 감지 모델을 개선하거나, 개인 맞춤형 투자 보고서를 작성하는 데에도 활용된다. 특히, 고객의 금융 데이터와 행동 패턴을 분석하여 적합한 대출, 예금, 투자 상품 등을 추천하는 금융 상품 추천 시스템은 고객 만족도를 향상시키고 있다. 이러한 AI 기반 솔루션은 금융 서비스에 대한 고객 만족도를 높이고 금융 서비스의 효율성을 향상시키고 있다.

3) 교육 분야

교육 분야에서는 생성형 AI가 학습 경험을 개인화하고 학습 자료를 자동으로 생성하는 데 널리 활용되고 있다. 예를 들어, Duolingo는 ChatGPT를 활용해 사용자와 대화하며 언어 학습을 지원하고, 학습자가 자주 하는 질문에 즉각적으로 답변한다. 또한, 생성형 AI는 교사용 퀴즈 생성, 학생 수준에 맞춘 교재 제작, 에세이 첨삭 등에도 사용된다. 이로 인해 교사와 학생 모두가 학습 효율을 높이고 개별 학습 계획을 세우는 데 도움을 받고 있다.

4) 법률 분야

법률 분야에서는 생성형 AI가 문서 작성 및 분석의 자동화를 통해 효율성을 높이고 있다. 예를 들어, Harvey AI는 법률문서를 작성하거나 계약서를 검토하고, 변호사들이 법적 의견서를 준비하는 시간을 줄이는 데 활용되고 있다. 또한, ChatGPT는 복잡한 법률 용어를 이해하기 쉽게 설명하거나, 판례 검색을 돕는 데 사용된다. 이러한 도구들은 특히 시간과 비용이 중요한 법률 서비스 환경에서 혁신적인 변화를 이끌고 있다.

5) 의료 분야

의료 분야에서는 생성형 AI가 환자 관리와 진단 보조에 중요한 역할을 하고 있다. 예를 들어, IBM Watson Health는 환자의 병력 데이터를 분석하고 진단 가능성을 예측하여 의료진의 의사결정을 지원한다. 생성형 AI는 또한 의료 보고서 자동 작성, 약물 연구에서의 데이터 요약, 환자 상담에서의 정보 제공에도 활용된다. 환자 맞춤형 치료 계획을 제안하거나, 일반적인 건강 상담 서비스를 제공하는 데도 활용된다.

의료 분야에서 생성형 AI가 방대한 의료 데이터를 통합 분석하는 생성형 AI는 환자 병력을 검토하고, 잠재적인 진단을 제안하며, 최신 의료 지침에 기반한 치료 옵션을 제공하는 데 도움을 주고 있다. 예를 들어, IBM의 Watsonx Assistant는 생성형 AI를 활용하여 자연스럽고 대화형 인터페이스를 제공하며, 이를 통해 의료 서비스 제공자는 예약 일정 관리, 증상 확인, 맞춤형 케어 추천 등 환자와의 상호작용을 간소화하는 데 활용하고 있다. 생성형 AI의 복잡한 질문을 처리하고 상황에 맞는 응답을 제공하는 능력을 통해, 환자 경험을 개선하고 의료 서비스 전달을 최적화하는 도구로 자리 잡고 있다.

6) IT 분야

IT 분야에서는 생성형 AI가 개발자의 생산성을 향상시키고, 소프트웨어 개발 과정을 혁신적으로 변화시키고 있다. 예를 들어, GitHub Copilot은 OpenAI의 Codex를 기반으로 한 AI 코딩 어시스턴트로, 함수 이름과 주석만 작성하면 자동으로 코드를 완성해 준다. 이를 통해 반복적인 코딩 작업을 줄이고 개발자가 복잡한 로직 설계에 집중할 수 있도록 돕는다. 또한, AI는 코드를 분석하여 오류를 탐지하거나, 비효율적인 코드 구조를 개선하기 위한 제안도 제공한다. 문서화 자동화 기능을 통해 코드를 설명하는 주석을 생성하거나, 프로젝트 문서를 작성하는 데도 활용된다. 더 나아가, 초보 개발자들은 생성형 AI를 활용하여 코딩 문제 해결 방법을 배우고, 실시간 도움을 받을 수 있다.

이 외에도 생성형 AI는 복잡한 법률 문서를 분석하여 질문에 적합한 답변을 제공하거나, 고객의 요청을 처리하는 무인 상담 서비스를 제공하는 등 다양한 산업 분야에서 폭넓게 활용되고 있다.

샘플문제 풀이

| 프롬프트엔지니어2급 샘플문제 A형 - 9번 |

문제 1 프롬프트 엔지니어링을 활용한 자동 코드 리뷰 시스템 도입의 이점으로 가장 적절하지 않은 것은?

① 개발 코드 품질 향상

② 버그 조기 발견

③ 데이터 네트워크 전송속도 개선

④ 코드 리뷰 시간 단축

정답 ③

해설

코드 리뷰(Code Review)는 소프트웨어 코드를 다른 개발자들이 체계적으로 검토하는 과정을 말한다. 코드 리뷰의 장점은 코드의 품질을 높일 수 있고, 개발 과정 초기에 버그를 빠르게 발견할 수 있다. 이런 이점과 더불어 사람이 수행하는 작업을 프롬프트 엔지니어링을 통해 자동화한다면, 코드 리뷰 시간을 단축할 수 있다. 데이터 네트워크 전송속도 개선은 코드 리뷰와 관련없는 내용이다. 그러므로 정답은 ③이 된다.

| 프롬프트엔지니어2급 샘플문제 A형 – 27번 |

문제 2 미디어 · 콘텐츠 분야 생성형 AI 서비스 사례로 옳지 않은 것은?

① 이미지 생성 서비스　　② 음악 생성 서비스
③ 영상 생성 서비스　　④ 회계 데이터 분석 서비스

정답 ④

해설

미디어 · 콘텐츠 분야의 생성형 AI는 이미지, 음악, 영상 등 창의적 콘텐츠를 생성하는 데 중점을 두고 있다. 회계 데이터 분석 서비스는 이 범주에 속하지 않으므로 정답은 ④가 된다.

| 프롬프트엔지니어2급 샘플문제 A형 – 28번 |

문제 3 금융 분야에서의 생성형 AI 활용 사례로 옳은 것은?

① 입출금 서비스　　② 금융 상품 추천 서비스
③ 신원 인증 서비스　　④ 환전 서비스

정답 ②

해설

금융 상품 추천 서비스는 생성형 AI를 통해 개인 맞춤형 솔루션을 제공하는 사례로, 금융 분야에서 생성형 AI의 대표적 활용 사례에 해당한다. 예를 들어, Morgan Stanley는 고객 맞춤형 투자 상품을 추천하는 데 ChatGPT 기반 AI를 활용하고 있다. 그러므로 정답은 ②가 된다.

| 프롬프트엔지니어2급 샘플문제 A형 – 29번 |

문제 4 교육 분야에서의 생성형 AI 활용 사례로 옳지 않은 것은?

① 학생의 시험 답안을 채점하여 과목별 평균, 편차 등 통계 처리
② 학생의 강점과 약점을 기반으로 맞춤형 학습 계획과 콘텐츠 생성
③ 실시간 피드백과 평가를 통해 교사가 추가적으로 지원해야 할 영역 식별
④ 학생의 이해 수준과 학습 진도를 바탕으로 답변할 수 있는 질문 생성

①

생성형 AI는 학생 맞춤형 학습과 실시간 피드백 제공, 학습 자료 생성 등 교육을 개인화하는 데 주로 사용된다. 시험 채점과 통계 처리는 생성형 AI활용 사례라고 보기 어렵다. 그러므로 정답은 ①이 된다.

| 프롬프트엔지니어2급 샘플문제 A형 - 30번 |

문제 5 생성형 AI의 활용 사례로 옳지 않은 것은?

① IT 분야에서 개발자들이 쉽고 빠르게 코딩할 수 있도록 AI 코딩 어시스턴트 활용

② 고객상담센터에 AI 상담 컨설턴트가 고객을 응대하는 무인상담 서비스 활용

③ 건설 분야에서 하도급법, 중대재해처벌법 등에 대한 질문에 대한 정확한 답을 제공하기 위해 활용

④ 농업 분야에서 작물의 성장 상태를 모니터링하기 위해 활용

④

농업 분야에서 작물 상태 모니터링은 주로 이미지 분석과 센서 데이터 처리 기술을 활용하는 작업으로, 생성형 AI의 주요 적용 사례가 아니다. 따라서 정답은 ④가 된다.

| 프롬프트엔지니어2급 샘플문제 A형 - 31번 |

문제 6 생성형 AI 모델 중 텍스트 생성 모델을 적용한 서비스 분야로 옳지 않은 것은?

① 게임 이미지 콘텐츠 생성

② 방송 대본 작성

③ 프로그램 코드 작성

④ 법률 요약

①

생성형 AI 모델 중 텍스트 생성 모델은 주로 텍스트 기반 작업에 활용된다. 방송 대본 작성, 프로그램 코드 작성, 법률 요약 등은 모두 텍스트 생성 모델의 대표적인 응용 사례이다. 반면, 게임 이미지 콘텐츠 생성은 이미지 생성 모델 (DALL-E, Midjourney 등)을 활용하는 작업으로, 텍스트 생성 모델의 주요 적용 분야와는 관련이 없다. 그러므로 정답은 ①이 된다.

문제 7 생성형 AI를 활용한 고객 지원 시스템의 사례로 올바르지 않은 것은?

① 챗봇을 통한 자동 응답　　② 상담원 대기 시간 단축
③ 고객 데이터 분석　　④ 물리적 제품 조립

정답 ④

해설

생성형 AI를 활용한 고객 지원 시스템은 챗봇을 통해 자동 응답을 제공하여 간단한 요청은 챗봇이 처리하고, 복잡한 요청은 상담원에게 전달함으로써 상담 대기 시간을 단축할 수 있다. 또한, 고객의 요청 사항을 분석하여 서비스 개선에 활용할 수 있다. 그러나 물리적 작업인 제품 조립은 생성형 AI의 적용 분야와는 직접적인 관련이 없다. 그러므로 정답은 ④가 된다.

문제 8 "생성형 AI는 업무의 자동화, 고객의 문의응답, 콘텐츠 아이디어 제공 등 다양한 비즈니스 모델에 활용될 수 있다." 이와 관련된 생성형 AI의 활용 사례가 아닌 것은 무엇인가?

① 이메일 마케팅 자동화　　② 고객 서비스 챗봇
③ 콘텐츠 생성 도구　　④ 우편 및 택배 자동 수령

정답 ④

해설

생성형 AI는 텍스트 생성, 고객 응대, 콘텐츠 제작, 마케팅 자동화 등 텍스트 기반 작업과 데이터 처리에 주로 활용된다. 반면, 우편 및 택배 자동 수령과 같은 물리적 작업이 필요한 영역에서는 생성형 AI가 적용되지 않는다. 그러므로 정답은 ④가 된다.

문제 9 생성형 AI를 활용한 챗봇 서비스의 주요 기능으로 옳은 것은?

① 사용자의 음성을 텍스트로 변환　② 24시간 자동으로 응답
③ 웹사이트 디자인을 개선　　④ 자동 이메일 분류 작업

정답 ②

해설

생성형 AI 기반 챗봇의 주요 기능 중 하나는 고객의 질문에 24시간 자동 응답을 제공하는 것이다. 따라서 정답은 ②가 된다.

2 /// 생성형 AI 기반 비즈니스 모델

생성형 AI는 다양한 산업에서 혁신적인 비즈니스 모델을 창출할 수 있는 핵심 도구로 자리 잡고 있다. 텍스트, 이미지, 음성 등 다양한 데이터를 생성하고 분석하는 AI 기술은 기업이 고객 경험을 혁신하고, 운영 효율성을 극대화하며, 새로운 시장 기회를 발굴할 수 있도록 돕는다. 이번 장에서는 생성형 AI를 활용하여 비즈니스 모델을 설계할 때 고려해야 할 주요 관점을 소개한다.

1) 자동화를 통한 비용 절감

생성형 AI는 반복적이고 많은 시간이 소요되는 작업을 자동화하여 기업의 운영 비용을 절감할 수 있다. 예를 들어, 생성형 AI 기반 챗봇은 24시간 고객 응대를 제공하며, 간단한 문의를 처리해 상담원의 업무 부담을 경감시킨다. 또한, 계약서, 보고서, 매뉴얼 등의 문서를 자동으로 작성하여 업무 시간을 단축하고 인적 오류를 최소화할 수 있다.

2) 맞춤형 고객 경험 제공

생성형 AI는 개인화된 서비스를 제공하여 고객 만족도를 높이고, 이를 통해 충성도를 강화할 수 있다. 대표적인 예로 고객 데이터를 분석해 맞춤형 상품이나 콘텐츠를 추천하는 데 생성형 AI를 활용하여 전자상거래, 스트리밍 플랫폼 등에서 높은 성과를 보이고 있다. 또한, 개인의 선호도를 반영한 뉴스 피드와 이메일 마케팅 콘텐츠를 생성하여 고객 참여도를 높이고, 브랜드와의 지속적인 상호작용을 촉진한다.

3) 데이터 분석과 인사이트 제공

생성형 AI는 데이터를 분석하고 핵심 인사이트를 제공하여 기업의 의사결정을 지원한다. 금융 분야에서는 금융 데이터 패턴을 분석해 투자 전략을 제안하거나 사기 탐지 시스템을 개선하고, 의료 분야에서는 환자 데이터를 분석해 맞춤형 치료 계획을 수립하거나 신약 개발을 위해 생성형 AI가 활용되고 있다.

4) 창의적 아이디어 제공

생성형 AI는 창의적이고 혁신적인 아이디어를 제안함으로써 새로운 비즈니스 기회를 창출한다. 미디어 및 콘텐츠 분야에서는 생성형 AI를 활용해 광고 카피, 대본, 소셜 미디어 게시물을 자동으로 생성하여 제작 과정을 효율화한다. 또한, 디자인 분야에서는 텍스트 설명을 기반으로 이미지를 생성해 제품 디자인과 마케팅 자료를 신속하고 창의적으로 제작할 수 있도록 지원한다.

5) 학습과 교육 지원

생성형 AI는 교육 및 학습 환경에서 학습자와 교육자를 위한 맞춤형 솔루션을 제공한다. 생성형 AI를 접목하여 학습자의 수준에 맞는 퀴즈, 강의 계획, 설명 자료를 자동 생성하거나 AI 코딩 어시스턴트를 활용하여 개발자 교육을 지원한다.

샘플문제 풀이

| 프롬프트엔지니어2급 샘플문제 A형 - 32번 |

문제 1 생성형 AI를 기반으로 한 비즈니스 모델 사례로 옳지 않은 것은?

① 법률 분야 : 판결문 데이터베이스를 기반으로 판결문 작성 서비스

② 교육 분야 : 강의 개설, 교수 등록, 수업 차수 등록 등 교수학습 관리 서비스

③ 의료 분야 : 환자 처방전 발행, 입퇴원 수속 등 환자 관리 솔루션

④ 물류 분야 : 상품 운송 과정에서 위치 추적 서비스

정답 ④

해설

생성형 AI는 물류 분야에서 예측과 자동화 같은 작업에 주로 활용되며, 단순한 위치 추적 서비스는 생성형 AI를 기반으로 한 비즈니스 모델 사례에 해당되지 않는다. 그러므로 정답은 ④가 된다.

| 프롬프트엔지니어2급 샘플문제 B형 - 34번 |

문제 2 다음 중 생성형 AI를 활용한 비즈니스 모델이 아닌 것은?

① 개인화된 뉴스 피드 제공　　② 자동화된 법률 문서 작성

③ 스마트 홈 기기 관리　　④ 물리적 제품 조립

정답 ④

해설

생성형 AI는 주로 텍스트 생성, 데이터 분석, 개인화된 콘텐츠 제공 등 텍스트 기반 작업에서 활용된다. 개인화된 뉴스 피드 제공, 법률 문서 작성 등은 생성형 AI가 실제로 적용되는 사례이다. 스마트 홈 기기 관리의 경우 사용자의 패턴을 분석하여 자동화된 제안하기 위해 생성형 AI가 활용될 수 있다. 반면, 물리적 제품 조립은 생성형 AI의 주된 적용 범위와는 관련이 없다. 그러므로 정답은 ④가 된다.

3 // 생성형 AI 도입 효과

생성형 AI의 도입은 단순한 기술적 개선을 넘어 개인화된 서비스 제공, 기업의 생산성 향상과 비용 절감이라는 실질적 효과를 제공한다. 다음은 생성형 AI를 도입함으로써 얻을 수 있는 주요 효과이다.

1) 업무 생산성 향상

업무 생산성이란 단위 시간에 처리할 수 있는 업무의 양을 의미한다. 따라서 업무 생산성을 높인다는 것은 동일한 시간에 더 많은 업무를 수행할 수 있음을 뜻한다. 생성형 AI는 반복적이고 시간이 많이 소요되는 작업을 자동화하여 업무 생산성을 크게 향상시킨다. 계약서 작성, 보고서 작성, 고객 문의 응답 등 반복적인 업무를 자동으로 처리함으로써 직원들이 더 고부가가치 작업에 집중할 수 있다. 예를 들어, AI 기반 챗봇은 간단한 고객 문의를 처리하고, 복잡한 요청은 상담원에게 전달하여 업무의 효율성을 높일 수 있다.

2) 투입 비용 절감

생성형 AI는 기업이 운영 비용을 절감할 수 있도록 다양한 방식으로 기여한다. 예를 들어, 고객 서비스 챗봇은 상담원의 업무를 줄이고 24시간 고객 지원을 제공해 상담원의 인건비를 절감한다. 또한, 계약서나 보고서 작성에서 인적 오류를 최소화하고 재작업 비용을 줄인다. 맞춤형 학습 자료를 생성하여 직원 교육 준비에 필요한 비용과 시간을 줄인다.

3) 개인화된 서비스 제공

생성형 AI는 고객 데이터를 분석하여 개개인의 요구와 선호에 맞춘 맞춤형 서비스를 제공한다. 이를 통해 고객의 과거 행동 데이터를 기반으로 상품, 콘텐츠, 또는 서비스를 추천하여 참여율과 만족도를 높일 수 있다. 또한, 학습자의 강점과 약점을 분석해 수준에 맞는 학습 자료와 퀴즈를 제공함으로써 학습 경험을 개인화하고 효율성을 극대화한다.

4) 고객 경험 혁신

생성형 AI는 고객과의 상호작용을 개선하여 만족도를 높이고 브랜드 충성도를 강화한다. 예를 들어, 고객센터에서 대기 시간을 줄이고 즉각적으로 문제를 해결함으로써 서비스 만족도를 높일 수 있다. 또한, 스트리밍 서비스에서는 고객의 선호에 맞는 영화나 음악을 추천하고, 고객의 관심사에 맞춘 뉴스레터나 할인 쿠폰을 제공하여 브랜드 충성도를 강화한다.

문제 1 생성형 AI 기반 비즈니스 모델이 확산되며 생기는 이점으로 옳지 않은 것은?

① 교육: 개인 맞춤화 교습 및 학습 콘텐츠 제공

② 업무: 계획 수립, 연구, 제품 개발 등 업무 프로세스 구축

③ 창작: 사람의 창작물을 모방해 새로운 콘텐츠를 창작

④ 엔터테인먼트: 게임, 가상 페르소나 및 기타 엔터테인먼트 제작

정답 ②

해설

생성형 AI는 학습 데이터를 활용해 창의적이고 독창적인 콘텐츠를 생성하지만, 계획 수립, 연구, 제품 개발 등을 위한 업무 프로세스를 구축할 수 없다. 따라서 정답은 ②가 된다.

문제 2 생성형 AI를 활용하여 업무 생산성을 높일 수 있는 사례로 옳은 것은?

① 챗봇 서비스를 통해 환자별 개인화된 복약 지도

② 유사 법률 사례를 빠르게 검색 및 자문 초안 생성

③ 개인별 여행 일정 및 선호도에 따라 맞춤형 여행 정보 제안

④ 환자 데이터, 유전 정보 등을 활용하여 맞춤형 치료 계획 수립

정답 ②

해설

법률 분야에서 생성형 AI를 활용해 유사 사례 검색과 자문 초안 생성을 자동화하면 단위 시간당 처리 가능한 업무량이 증가하므로 업무 생산성을 높이는 데 효과적이다. 반면, 나머지 보기들은 생성형 AI를 활용한 개인화된 서비스 제공 사례에 해당한다. 따라서 정답은 ②가 된다.

문제 3 업무 생산성 향상을 위해 생성형 AI를 활용하는 사례로 옳지 않은 것은?

① 대량의 문서를 분석하여 중요한 정보를 요약하는 사례

② 다양한 언어의 문서를 빠르게 번역하는 사례

③ 보고서, 이메일 등의 초안을 신속하게 작성하는 사례

④ 고객의 선호도, 구매 이력을 분석해 맞춤형 상품을 제안하는 사례

정답 ④

해설

생성형 AI를 활용한 업무 생산성 향상 사례는 대량 문서 요약, 번역, 초안 작성 등과 같은 작업 자동화에 해당한다. 반면, 고객의 선호도 분석과 맞춤형 상품 제안은 개인화된 서비스 제공 사례로, 생산성 향상의 범주에 포함되지 않는다. 따라서 정답은 ④가 된다.

| 프롬프트엔지니어2급 샘플문제 A형 - 40번 |

> **문제 4** 생성형 AI를 활용하여 투입 비용을 절감할 수 있는 사례로 옳지 않은 것은?
>
> ① 대량의 문서를 신속하게 분석하여 요약함으로써 인건비 절감
> ② 자동화된 고객 서비스 응답을 통해 콜센터 운영비 절감
> ③ 방대한 데이터에 대한 상관관계 분석을 통한 시뮬레이션 정확도 향상
> ④ 반복적인 문서 작업에 대한 자동화를 통해 작업 시간 단축

정답 ③

해설

생성형 AI는 문서 분석, 자동화된 고객 서비스, 반복 작업 자동화를 통해 작업시간을 단축함으로써 투입 비용을 절감할 수 있다. 하지만, '방대한 데이터에 대한 상관관계 분석'은 비용 절감보다 정확도 향상에 중점을 둔 사례이므로 정답은 ③이 된다.

| 프롬프트엔지니어2급 샘플문제 A형 - 41번 |

> **문제 5** 생성형 AI를 활용하여 투입 비용 절감을 기대할 수 있는 서비스로 옳은 것은?
>
> ① 고객 서비스: 개인 소비 패턴을 고려한 쿠폰 추천 서비스
> ② 문서 작성: 보고서, 제안서, 이메일 초안 작성 서비스
> ③ 의료 서비스: 환자별 복약 상담 서비스
> ④ 교육 서비스: 맞춤형 학습 콘텐츠 생성

정답 ②

해설

생성형 AI를 활용한 보고서, 제안서, 이메일 초안 등 문서 작성 서비스는 작업 자동화를 통해 시간과 비용을 절감할 수 있는 대표적인 사례다. 따라서 정답은 ②가 된다.

문제 6 생성형 AI 기반 회의록 요약 서비스의 효과적인 도입을 위한 중요한 고려사항은 무엇인가?

① 핵심 내용을 명확하게 요약·정리 기능 구축

② 대규모의 고품질 한국어 데이터셋 구축

③ 고성능 컴퓨팅 자원 확보

④ 한국어–영어 간 기계번역 속도 개선

정답 ①

해설

회의록 요약 서비스에서 가장 중요한 요소는 핵심 내용을 명확하고 간결하게 요약하는 것이다. 이는 서비스의 효과적인 도입을 위해 중요한 고려 사항이지만, 다른 보기 문항(②, ③, ④)은 보조적인 고려 사항으로 작용한다. 따라서 정답은 ①이 된다.

문제 7 "생성형 AI를 활용한 PDF 요약 및 검색 기능은 문서 처리 시간을 크게 단축시켜준다." 여기서 얻을 수 있는 생성형 AI의 주요 이점은 무엇인가?

① 비용 증가   ② 업무 생산성 향상

③ 데이터 손실   ④ 하드웨어 업그레이드

정답 ②

해설

PDF 요약 및 검색 기능을 활용하면 문서 처리 시간을 줄이고 효율성을 높일 수 있어, 업무 생산성 향상이라는 주요 이점을 얻을 수 있다. 따라서 정답은 ②가 된다.

문제 8 생성형 AI 기반 회의록 요약 서비스의 효과적인 도입을 위한 중요한 고려사항은 무엇인가?

① 회의록 요약의 정확성   ② 회의록의 보관 기간

③ 회의실의 위치정보   ④ 회의록 작성자의 개인정보 파악

정답 ①

해설

회의록 요약 서비스의 효과적인 도입을 위해 가장 중요한 것은 요약의 정확성이다. 이는 서비스의 신뢰성과 활용도를 높이는 핵심 요소가 된다. 따라서 정답은 ①이 된다.

문제 9 생성형 AI를 활용하여 콘텐츠 생성 자동화를 하는 경우의 이점이 아닌 것은 무엇인가?

① 콘텐츠 생성 속도가 빨라진다.

② 콘텐츠 품질이 일관되게 유지된다.

③ 하드웨어 비용이 증가한다.

④ 창의적인 아이디어를 더 많이 생성할 수 있다.

정답 ③

해설

생성형 AI를 활용한 콘텐츠 생성 자동화의 주요 이점은 속도, 품질의 일관성, 그리고 창의적 아이디어 생산이다. 반면, 하드웨어 비용 증가는 생성형 AI의 도입과 직접적인 연관성이 떨어진다. 따라서 정답은 ③이 된다.

문제 10 고객 서비스(챗봇)에서 AI를 활용한 챗봇을 사용하는 경우 기업에서 얻을 수 있는 업무 생산성 향상 요소가 아닌 것은?

① 고객 응답 시간 단축   ② 24시간 고객 지원

③ 데이터 보안 강화   ④ 인건비 절감

정답 ③

해설

AI 기반 챗봇은 고객이 상담원을 대기하지 않고 챗봇과 상담을 할 수 있기 때문에 질문을 하고 챗봇으로부터 답변을 얻는 데 드는 응답시간이 단축된다. 또한, 챗봇서비스를 24시간 가동할 수 있기 때문에 24시간 고객지원이 가능하고, 상담원 대신에 챗봇을 활용하므로 인건비를 절감할 수 있다. 하지만, 데이터 보안 강화는 챗봇을 통해 얻을 수 있는 생산성 향상 요소가 아니다. 그러므로 정답은 ③이 된다.

문제 11 프롬프트 엔지니어링을 통해 고객 서비스 분야에서 얻을 수 있는 가장 직접적인 이점은 무엇인가?

① 직원 연봉 인상 효과

② 고객 응답 속도 개선을 통한 만족도 증가

③ 오프라인 매장 수 확대

④ 판매 제품 가격 절감

해설

프롬프트 엔지니어링을 통해 고객의 질문을 보다 명확하고 구체적으로 표현해 생성형 AI에 제공함으로써, 생성형 AI가 고객이 원하는 응답을 더욱 정확하고 빠르게 제공할 수 있도록 도와준다. 이는 고객 만족도를 향상시키는 데 직접적인 이점을 제공하므로 정답은 ②가 된다.

| 프롬프트엔지니어2급 샘플문제 B형 - 42번 |

문제 12 회사에서 프롬프트 기술을 사용하여 고객 서비스의 자동화를 추진할 때, 기대할 수 있는 이점은 무엇인가?

① 고객 응답 시간 증가
② 인력 비용 절감
③ 대면 마케팅 효율성 증가
④ 네트워크 관리 비용 증가

정답 ②
해설

회사가 프롬프트 기술을 사용해 고객 서비스 자동화를 추진하면, 챗봇과 같은 AI 시스템이 간단한 문의를 처리하여 고객 응답 시간을 줄이고 상담원의 업무 부담을 덜어줄 수 있다. 이를 통해 인력에 대한 의존도가 낮아지며 인건비 절감 효과를 기대할 수 있다. 그러므로 정답은 ②가 된다.

| 프롬프트엔지니어2급 샘플문제 B형 - 43번 |

문제 13 다음 중 프롬프트 기술을 통한 비용 절감 방법은 무엇인가?

① 데이터 저장 공간 확대
② AI의 업무 대체로 담당 인력 감축
③ 하드웨어 성능 향상
④ 네트워크 보안 강화

정답 ②
해설

프롬프트 기술을 통해 생성형 AI가 반복적이고 단순한 업무를 자동으로 처리하면, 사람의 개입이 줄어들어 담당 인력을 감축하거나 재배치할 수 있다. 이는 기업의 운영비용 절감에 직접적으로 기여한다. 따라서 정답은 ②가 된다.

PART 2

최신 기출문제

프롬프트엔지니어 2급 시험의 최신 기출문제를 분석하여 출제 경향을 파악하고, 실전 대비 학습을 강화한다. 다양한 유형의 문제를 해결하며, 생성형 AI, 거대 언어 모델(LLM), 프롬프트 엔지니어링, AI 윤리 및 실무 적용과 관련된 핵심 개념을 점검한다.

AI활용능력/프롬프트엔지니어 2급

(The Official Approval Test for KAIT Certified Professional)

- 시험종목 : AI활용능력/프롬프트엔지니어 2급
- 시험일자 : 2024. 9. 28.(토) 14:00 ~ 15:00(60분)
- 응시자 기재사항 및 감독위원 확인

수 검 번 호	AES – 2401 –	감독위원 확인
성 명		(비대면온라인)

응 시 자 유 의 사 항

1. 응시자는 신분증을 지참하여야 시험에 응시할 수 있으며, 시험 종료 시까지 신분증을 제시하지 못할 경우 해당 시험은 0점 처리됩니다.

2. AI활용능력/프롬프트엔지니어 시험은 비대면 온라인 검정으로 진행됩니다.
   1) 시스템(PC작동여부, 네트워크 상태 등)의 이상여부를 반드시 확인하여야 하며, 시스템 이상이 있을 시 감독위원에게 조치를 받으셔야 합니다.
   2) 시험 중 부주의 또는 고의로 시스템을 파손하는 경우는 응시자 부담으로 합니다.

3. 다음 사항의 경우는 사전 또는 사후 검증을 통해 0점 혹은 부정행위 처리됩니다.
   1) PC화면, 핸드폰, 웹캠의 화면 공유를 응시자 임의대로 재설정 종료한 경우
   2) 시험 도중 임의 자리 이동
   3) 시험 중 인터넷 검색, 컴퓨터 스마트폰 계산기 사용, 메신저(카카오톡, 네이트온 등) 사용, 이어폰, 에어팟, 헤드폰, 스마트워치 등 전자기기를 사용한 행위
   4) 문제 내용을 이미지로 캡쳐하거나 텍스트를 복사하는 행위
   5) 타인이 대리 시험을 보거나, 타인과 논의해서 푸는 행위
   6) 기타 감독관의 지시사항을 불이행하거나 부정행위에 대해 3차례 이상의 경고를 받은 자에 대해 사후 녹화영상 등을 통해 부정행위로 인정되는 경우

4. 시험시행 후 결과는 홈페이지(www.ihd.or.kr)에서 확인하시기 바랍니다.

한국정보통신진흥협회 KAIT
Korea Association for ICT promotion

1 다음 중 생성형 AI의 특징으로 가장 적절한 것은? (1점)

① 데이터베이스를 체계적으로 관리할 수 있다.
② 기존의 데이터를 분석하여 통계적인 결과를 제공한다.
③ 텍스트, 이미지, 음악 등 새로운 콘텐츠를 생성할 수 있다.
④ 네트워크 인프라를 최적화한다.

> **해설** 생성형 AI의 핵심 특징은 기존 데이터의 학습을 바탕으로 새로운 콘텐츠를 생성할 수 있다는 점이다. 이 기술은 텍스트, 이미지, 음악 등 새로운 데이터를 생성할 수 있어 창작 및 자동화 분야에서 널리 활용되고 있다. 따라서 정답은 ③이 된다.

2 기존의 AI 기술(예: 머신러닝, 딥러닝)과 비교하여 생성형 AI의 기술적 특징은 무엇인가?

① 데이터 분산 처리   ② 데이터 시각화
③ 하드웨어 제어   ④ 새로운 데이터 생성

> **해설** 생성형 AI의 가장 큰 기술적 특징은 새로운 데이터를 생성할 수 있다는 점이다. 기존의 AI 기술(머신러닝, 딥러닝)은 주로 기존 데이터를 분석하거나 패턴을 식별하고, 이를 기반으로 분류, 예측, 추천과 같은 작업을 수행할 수 있다. 반면, 생성형 AI는 학습한 데이터를 바탕으로 새로운 텍스트, 이미지, 음악, 코드 등 독창적인 결과물을 생성할 수 있다. 따라서 정답은 ④가 된다.

3 다음 중 GPT-3의 특징으로 옳지 않은 것은? (1점)

① 대규모 언어 모델이다.   ② 다양한 자연어 처리 작업을 수행할 수 있다.
③ 텍스트 생성에 사용될 수 있다.   ④ 인간의 지시 없이 스스로 학습할 수 있다.

> **해설** GPT-3는 대규모 언어 모델로, 자연어 처리 작업을 수행하고 텍스트 생성 등 다양한 용도로 사용될 수 있다. 그러나 스스로 학습하지는 않는다. GPT-3는 사전에 학습된 모델로, 학습 과정에서 인간이 준비한 대규모 데이터를 사용하며, 학습 완료 후에는 새로운 데이터를 학습하지 않는다. 사용자는 프롬프트를 통해 이미 학습된 모델을 활용할 수 있다. 따라서 정답은 ④가 된다.

정답 1 ③   2 ④   3 ④

4 다음 중 할루시네이션(Hallucination)을 설명한 것이 아닌 것은? (1점)

① AI 모델이 주어진 입력에 대해 사실과 무관한 정보를 출력하는 현상
② AI 모델이 다양한 데이터와 패턴을 학습하고 새로운 가능성을 탐색하는 과정에서 생기는 증상
③ AI 모델을 기반으로 새로운 서비스를 기획하는 과정
④ AI 모델이 실제로 존재하지 않는 사실에 대해 설명하는 현상

> **해설** 할루시네이션(Hallucination)은 생성형 AI 모델이 주어진 입력과 상관없는 잘못된 정보를 생성하거나, 실제로 존재하지 않는 사실을 만들어내는 현상을 말한다. 이는 AI가 학습 데이터의 한계, 편향, 문맥 이해 부족 등으로 인해 발생하며, 생성형 AI의 주요 문제점 중 하나로 꼽힌다. 이 현상은 AI 모델이 학습된 패턴에서 벗어나 "새로운 가능성"을 탐색하는 과정에서 부정확한 정보를 생성할 때 발생할 수 있다. 하지만, AI 모델을 기반으로 새로운 서비스를 기획하는 과정은 할루시네이션과는 별개의 개념이다. 따라서 정답은 ③이 된다.

5 다음 문장의 빈칸에 들어갈 단어로 알맞은 것은? (1점)

> GPT모델은 (   ) 단위로 언어를 이해한다. 이는 AI가 문장이나 텍스트를 처리하는 방식을 나타낸다. 인간은 "I am a boy"라는 문장을 그대로 이해할 수 있지만, GPT 모델은 문장을 작은 조각인 (   )로/으로 분리하여 처리한다. "I", "am", "a", "boy"라는 4개의 (   )로/으로 구분한다는 의미이다.

① 단락
② 토큰
③ 문장
④ CPU

> **해설** GPT 모델은 "토큰" 단위로 언어를 이해하고 처리한다. 토큰은 모델이 입력 텍스트를 처리할 때 사용하는 가장 작은 단위로, 단어, 부분 단어 또는 문자로 구성될 수 있다. 따라서 정답은 ②가 된다.

6 다음 중 생성형 AI의 특징으로 가장 적절한 것은? (1점)

① 데이터를 분석하여 결과를 예측하는 기술이다.
② 이용자의 요구에 따라 새로운 콘텐츠를 생성하는 기술이다.
③ 이미지를 분류하고 사물을 인식하는 기술이다.
④ 네트워크 성능을 최적화하는 기술이다.

> **해설** 생성형 AI의 가장 큰 특징은 텍스트, 이미지, 음악 등 다양한 콘텐츠를 생성하는 기술이라는 점이다. 기존 AI 기술은 주로 사물을 분류 및 인식하고, 데이터를 분석하거나 예측하는 데 초점이 맞춰져 있었다면, 생성형 AI는 새로운 데이터를 만들어 내는 데 주력한다. 따라서 정답은 ②가 된다.

7 다음 중 생성형 AI 기초 모델의 일반적인 특징이 아닌 것은?

① 지도학습으로만 훈련된다.
② 텍스트뿐만 아니라 이미지, 음악 등 여러 형태의 콘텐츠를 생성할 수 있다.
③ 대규모 데이터셋을 학습하여 다양한 콘텐츠를 생성할 수 있다.
④ 여러 응용 분야에서 활용될 수 있는 범용성을 가지고 있다.

> **해설** 생성형 AI 기초 모델은 지도학습뿐만 아니라 자기지도 학습과 같은 다양한 학습 방식을 활용하여 훈련
> 되었다. 지도학습은 일부 생성형 AI 모델의 학습 과정 중 한 요소일 수 있지만, "지도학습만"으로 훈련되지는 않
> 았다. 따라서 정답은 ①이 된다.

8 다음 중 프롬프트 엔지니어링의 주요 목적에 해당하는 것은?

① 원하는 결과를 생성하도록 입력 텍스트를 설계하는 것
② 한 방향으로만 출력하기 위해 학습 데이터를 정제하는 것
③ 실제 도출된 결과의 정확성을 평가하는 것
④ 생성형 AI 모델의 성능을 모니터링하는 것

> **해설** '프롬프트 엔지니어링'은 생성형 AI 모델에서 입력 텍스트(프롬프트)를 설계하고 최적화하여 사용자가
> 원하는 결과를 생성할 수 있도록 하는 기법이다. 이는 생성형 AI 모델의 성능을 활용하는 핵심 과정으로, AI 모
> 델이 입력된 프롬프트를 바탕으로 의도에 맞는 응답을 제공할 수 있도록 도와준다. 따라서 정답은 ①이 된다.

9 다음 중 이미지 생성 AI 서비스에 대한 설명이 적절하지 않은 것은? (1점)

① 모델 편의형: 단어 기반 프롬프트로 이미지 생성
② 서비스 탑재형: 기존 서비스에 탑재되어 작동하는 이미지 생성
③ 통합 기능형: 대화를 주고받으며 이미지를 통합
④ 특화 기능형: 이미지 추출, 편집, 변환 등 특정 기능에 특화된 서비스

> **해설** OpenAI의 DALL-E나 Stable Diffusion과 같은 생성형 AI는 단어 기반 프롬프트를 사용하여 이미
> 지를 생성한다(①). 기존 소프트웨어나 플랫폼에 이미지 생성 기능이 통합된 사례도 있다. 예를 들어, Adobe
> Photoshop은 AI 기반 이미지 생성 기능을 제공한다(②). 대화를 주고받으며 이미지를 생성하고 통합할 수 있
> 는 기능도 존재한다. 예를 들어, Microsoft의 디자인 도구는 사용자가 대화로 요청한 내용을 바탕으로 이미지
> 를 생성하고 이를 기존 문서나 프레젠테이션에 통합할 수 있다(③).
> 생성형 AI의 주요 기능은 이미지 생성에 중점을 두고 있다. 하지만, 이미지 추출, 편집, 변환은 생성형 AI보다는
> 전통적인 그래픽 소프트웨어(**예** Photoshop, GIMP)가 더 적합한 작업이다. 그러므로 정답은 ④가 된다.

10 다음 중 파운데이션 모델에 대한 설명으로 적절하지 않은 것은?

① 특정 도메인에 맞게 미세 조정(fine tuning)이 필요할 수 있다.

② 텍스트, 이미지, 오디오 등의 다양한 입력 형태를 처리할 수 있다.

③ 미세 조정 없이 무조건 바로 사용할 수 있다.

④ 대규모 데이터셋을 통해 학습된 거대한 신경망을 포함한다.

> **해설** 파운데이션 모델은 대규모 데이터셋으로 학습된 거대한 신경망을 기반으로 다양한 작업에 활용될 수 있다. 그러나 특정 도메인이나 작업에 모델을 최적화하기 위해 미세 조정이 필요할 수 있다. 따라서 '미세 조정 없이 무조건 바로 사용할 수 있다'는 표현은 부적절하다. 그러므로 정답은 ③이 된다.

11 다음 중 거대 언어 모델(LLM)에 대한 설명으로 적절하지 않은 것은? (1점)

① 대량의 텍스트 데이터를 학습하여 자연어 처리 작업을 수행할 수 있다.

② 이미지 및 비디오 생성에 특화된 모델이다.

③ 번역, 요약, 질문 응답 등의 작업을 수행할 수 있다.

④ 다양한 자연어 처리 분야에서 활용될 수 있다.

> **해설** 거대 언어 모델은 주로 텍스트 기반의 작업을 처리하는 데 사용되며, 자연어 처리(NLP) 작업에서 뛰어난 성능을 보인다. 이미지를 생성하거나 비디오를 처리하는 작업은 이미지 생성 모델(DALL-E, Stable Diffusion) 또는 비디오 생성 모델과 같은 별도의 AI 모델에서 수행된다. 그러므로 '이미지 및 비디오 생성에 특화된 모델이다'라는 내용은 잘못된 설명이다. 따라서 정답은 ②가 된다.

12 기존의 AI 기술과 비교하여 생성형 AI의 특징으로 적절한 것은? (1점)

① 이용자의 요청에 따라 새로운 데이터를 생성한다.

② 데이터를 기반으로 예측만 하는 기술이다.

③ 객체 인식을 위해 이미지 패턴을 학습한다.

④ 주로 로봇 제어 시스템에 사용된다.

> **해설** 생성형 AI는 기존의 데이터를 학습한 후, 이용자의 요청에 따라 새로운 콘텐츠(텍스트, 이미지, 오디오 등)를 생성할 수 있는 기술이다. 이는 예측이나 분석만을 수행하는 기존 AI 기술과는 구별된다. 따라서 정답은 ①이 된다.

13 다음 중 언어 이해 모델의 예시로 적절한 것은? (1점)

① GPT 시리즈   ② BERT

③ DALL-E   ④ Stable Diffusion

해설 언어 이해 모델은 주어진 텍스트를 분석하고 해석하는 데 중점을 둔 모델이다. BERT는 텍스트의 문맥을 양방향으로 이해하는 데 특화된 언어 이해 모델로, 번역, 감정 분석, 질문 응답 등의 자연어 처리 작업에서 뛰어난 성능을 보인다. GPT는 언어 생성 모델이고, DALL-E와 Stable Diffusion는 이미지 생성 모델이다. 따라서 정답은 ②가 된다.

14 다음 중 최근 거대 언어 모델의 발전 방향으로 적절하지 않은 것은? (1점)

① 모델의 크기를 더 키운다.
② 더 효율적인 학습 방법을 개발한다.
③ 다양한 작업에 대한 성능을 향상시킨다.
④ 컴퓨터의 처리 속도를 저하시킨다.

해설 최근 거대 언어 모델(LLM)의 발전은 주로 모델의 성능을 높이고 효율성을 개선하는 방향으로 진행되고 있다. 이러한 발전에는 더 큰 모델 개발, 학습 효율성 개선, 다양한 작업에 대한 성능 향상 등이 포함된다. 그러나 컴퓨터의 처리 속도를 저하시킨다는 것은 발전 방향과 반대되는 개념으로, 이는 적절하지 않은 설명이다. 따라서 정답은 ④가 된다.

15 다음 중 생성형 AI가 주로 사용하는 데이터 유형이 아닌 것은?

① 텍스트 데이터   ② 이미지 데이터
③ 동영상 데이터   ④ 시계열 데이터

해설 생성형 AI는 주로 텍스트, 이미지, 동영상, 오디오와 같은 콘텐츠 생성에 관련된 데이터 유형을 사용한다. 반면, 시계열 데이터는 주로 시간 순서에 따라 변화하는 데이터를 분석하거나 예측하는 데 사용되며, 생성형 AI가 아닌 예측 모델(圓 주식 가격 예측, 기후 모델링 등)에서 더 자주 활용된다. 따라서 정답은 ④가 된다.

16 다음 중 BERT와 GPT의 주요 차이점으로 적절하지 않은 것은?

① BERT는 양방향, GPT는 단방향으로 문맥을 이해한다.
② BERT는 구글, GPT는 OpenAI에서 개발했다.
③ BERT는 여러 언어를 처리할 수 있으나, GPT는 영어만 가능하다.
④ BERT는 주로 이해 작업, GPT는 주로 생성 작업에 사용된다.

해설 BERT는 언어 이해에 특화된 언어 모델이고, GPT는 언어 생성에 특화된 언어 모델이다. 두 모델 모두 여러 언어를 처리할 수 있도록 학습될 수 있기 때문에 'GPT는 영어만 가능하다'는 설명은 사실과 다르다. 따라서 정답은 ③이 된다.

17 다음 문장이 설명하는 적절한 프롬프트 엔지니어링의 기본 원칙은 무엇인가?

> 구체적인 프롬프트를 작성하는 것에 그치지 않고, 프롬프트를 작성하는 이유와 의도를 제시한다. 배경지식이나 참고할 정보를 입력하는 것도 결과물의 제어에 도움이 된다.

① 데이터 생성　　　　　　　　② 맥락의 제공
③ 명확한 단어　　　　　　　　④ 구조 형식화

> **해설** 프롬프트 엔지니어링에서 '맥락의 제공'은 AI 모델이 사용자 의도를 더 잘 이해하고 원하는 결과를 생성할 수 있도록 가이드하기 위한 정보이다. 문제에서 '구체적인 프롬프트를 작성하는 데 그치지 않고, 프롬프트를 작성하는 이유와 의도를 제시한다.'는 설명은 맥락을 명확히 제공하는 것을 의미한다. 따라서 정답은 ②가 된다.

18 BERT(Bidirectional Encoder Representations from Transformers)에 대한 설명으로 올바르지 않은 것은?

① Google에서 개발하였다.
② 양방향으로 문맥을 이해한다.
③ 텍스트 분류에 사용될 수 있다.
④ 주로 긴 문장을 생성하는 곳에만 활용된다.

> **해설** BERT는 주로 문장 이해와 관련된 작업에 사용되는 언어 모델로, 텍스트 분류, 감정 분석, 질의응답, 문장 유사도 계산 등 이해 중심의 작업에서 매우 효과적이다. 하지만 BERT는 문장을 생성하는 데 최적화된 모델이 아니며, 생성 작업보다는 입력된 텍스트의 양방향 문맥을 이해하는 데 중점을 두고 있다. 따라서 BERT를 '긴 문장을 생성하는 데만 활용된다'는 설명은 옳지 않다. 따라서 정답은 ④가 된다.

19 다음 중 프롬프트의 구성 요소가 아닌 것은?

① 명령(Instruction): AI 모델이 수행해야 할 특정 작업이나 요청
② 맥락 정보(Context): 모델이 응답을 생성할 때 참조할 수 있는 추가 정보
③ 데이터셋(Dataset): AI 모델을 학습시키기 위해 사용된 대규모 데이터 모음
④ 입력(Input): 모델에 제공되는 텍스트나 질문

> **해설** 원하는 결과를 얻기 위해 프롬프트는 지시(명령), 문맥, 입력 데이터, 출력 지시자로 구성해야 한다. 프롬프트는 이미 학습이 완료된 AI 모델을 대상으로 작성되므로, 학습용 데이터셋은 프롬프트 구성요소에 포함되지 않는다. 따라서 정답은 ③이 된다.

20 다음 중 할루시네이션 현상을 방지하기 위한 전략으로 적절한 것은?

① 신뢰할 수 있는 데이터로 AI 모델을 훈련시킨다.
② 학습 데이터를 임의로 변경하여 AI 모델에 입력한다.
③ 출처가 없는 데이터를 학습 데이터로 사용한다.
④ 네트워크 속도를 높여 할루시네이션을 방지한다.

> **해설** 할루시네이션 현상은 AI 모델이 잘못된 정보를 생성하거나, 맥락에 맞지 않는 응답을 제공할 때 발생한다. 이를 방지하기 위해 신뢰할 수 있는 고품질 데이터를 사용해 AI 모델을 훈련시키는 것이 중요하다. 따라서 정답은 ①이 된다.

21 생성형 AI의 활용사례로 가장 적절하지 않은 것은?

① 의료 분야: 영상의학과 전문의가 엑스레이 사진을 입력하면 판독문 초안을 작성한다.
② 금융 분야: 국가별 실시간 환율 정보를 파악하여 이용자에게 제공한다.
③ 웹툰 분야: 웹툰 작가가 생각하는 웹툰 컷을 문장으로 입력하면 콘티 형식으로 이미지를 생성한다.
④ 광고제작 분야: 광고 카피를 입력하면 여러 버전의 문구를 자동으로 생성한다.

> **해설** 생성형 AI는 데이터를 분석하거나 단순히 정보를 제공하기보다는 새로운 콘텐츠(텍스트, 이미지 등)를 생성하는 데 주로 사용된다. 따라서, 국가별 실시간 환율 정보 제공(②)은 생성형 AI의 활용사례로 적절하지 않다. 따라서 정답은 ②가 된다.

22 다음 중 생성형 AI 기반 비즈니스 모델 사례로 보기 어려운 것은? (1점)

① 편지봉투의 손글씨를 인식하여 파일로 만들어주는 서비스
② 건강검진 결과를 분석하여 개인 맞춤형 건강 소견서를 자동으로 생성하는 서비스
③ 개인별 학습 수준을 고려한 영어 회화 튜터링 서비스
④ 광고 문구 및 제품 설명서를 자동으로 작성하는 서비스

> **해설** 손글씨를 인식하는 서비스(①)는 생성형 AI가 아닌 OCR 기술의 범주에 속하므로, 생성형 AI 기반 비즈니스 모델 사례로 보기 어렵다. 나머지는 생성형 AI의 활용 사례에 해당한다. 따라서 정답은 ①이 된다.

정답 20 ① 21 ② 22 ①

23 다음 중 프롬프트 엔지니어링에서 '역할 할당(Role assignment)' 기법과 가장 거리가 먼 것은?

① AI 모델에게 특정 전문가의 역할을 부여하는 것
② 모델의 응답 스타일을 특정 캐릭터에 맞추는 것
③ 복잡한 작업을 여러 역할로 나누어 수행하게 하는 것
④ 모델의 내부 구조 설계를 분석하여 최적화 방안을 도출하는 것

> **해설** '역할 할당(Role assignment)'은 AI 모델의 역할 설정 및 응답 스타일 조정을 다루는 프롬프트 전략 패턴으로, 모델의 내부 구조 설계를 분석하여 최적화 방안과는 관련이 없다. 따라서 정답은 ④가 된다.

24 다음 중 헬스 분야에서 생성형 AI를 활용한 사례로 가장 적절하지 않은 것은?

① 운동 계획을 개인의 체력 수준에 맞게 자동으로 조정
② 가상의 트레이너를 통해 실시간 운동 피드백 제공
③ 건강 데이터를 분석하여 맞춤형 영양 추천
④ 온라인 병원 예약 및 가까운 병원 검색 시스템 제공

> **해설** 생성형 AI는 주로 콘텐츠 생성과 맞춤형 추천에 활용될 수 있다. 온라인 예약 시스템 및 병원 검색과 같은 단순 데이터 처리나 정보 검색 서비스는 생성형 AI보다는 일반적인 검색 알고리즘이나 예약 시스템으로 구현된다. 따라서 정답은 ④가 된다.

25 다음 중 생성형 AI 애플리케이션 프레임워크가 개발자에게 제공하는 이점과 가장 거리가 먼 것은? (1점)

① AI 애플리케이션 개발을 용이하게 한다.
② 이미 개발된 AI 알고리즘을 사용할 수 있다.
③ AI 모델의 통합과 배포 과정을 단순화할 수 있다.
④ 단순한 학습으로 양질의 결괏값을 얻을 수 있다.

> **해설** 프레임워크는 생성형 AI 모델을 활용한 애플리케이션 개발을 쉽게 할 수 있도록 다양한 도구와 환경을 제공하지만, AI 모델의 학습 과정을 단순화하거나 양질의 결과를 보장하지는 않는다. 따라서 정답은 ④가 된다.

26 다음 중 생성형 AI 애플리케이션 프레임워크에 해당하는 것은? (1점)

① Microsoft Excel
② Langchain
③ Adobe Photoshop
④ Slack

정답 23 ④ 24 ④ 25 ④ 26 ②

해설 Langchain은 생성형 AI 애플리케이션 프레임워크로, 다양한 데이터 소스와 언어 모델을 통합하여 생성형 AI 기반 응용 프로그램을 개발할 수 있도록 지원한다. 반면, 다른 선택지는 생성형 AI 애플리케이션 프레임워크가 아니다. 따라서 정답은 ②가 된다.

27 다음 중 NAVER Clova Studio의 주요 특징과 가장 거리가 먼 것은 무엇인가?

① 한국어에 최적화된 생성형 AI 모델을 기반으로 기존 서비스와 연계할 수 있다.
② API가 제공되어 다양한 모델을 쉽게 통합할 수 있다.
③ 오픈소스로 공개되었기 때문에 무료로 사용할 수 있다.
④ 사전 학습된 한국어 언어 모델을 사용하여 빠른 애플리케이션 개발이 가능하다.

해설 NAVER Clova Studio는 한국어에 최적화된 생성형 AI 모델을 기반으로 다양한 기능과 서비스를 제공하지만, 오픈소스로 공개된 서비스가 아니며 무료로 사용 가능하지는 않다. 따라서 정답은 ③이 된다.

28 생성형 AI 애플리케이션 프레임워크를 사용하는 이유로 가장 적절한 것은?

① 개발자들이 AI 모델을 수동으로 구현할 수 있다.
② 다양한 도구와 라이브러리를 제공해준다.
③ 프레임워크가 모든 코드를 자동으로 생성해준다.
④ AI 애플리케이션 개발의 복잡성을 높여준다.

해설 생성형 AI 애플리케이션 프레임워크는 개발자들이 효율적으로 AI 애플리케이션을 개발할 수 있도록 다양한 도구와 라이브러리를 제공한다. 따라서 정답은 ②가 된다.
프레임워크를 사용하면 AI 모델의 수동 구현을 필요로 하지 않고, 이미 설계된 기능과 도구를 활용해 개발 과정을 단순화할 수 있다(①). 프레임워크는 개발 과정을 보조할 뿐, 모든 코드를 자동으로 생성하지 않는다. 그러므로 개발자는 특정 로직이나 구성 요소를 직접 설계해야 한다(③). 프레임워크의 목적은 복잡성을 줄이고 개발 과정을 단순화하는 데 있다(④). 따라서 ①, ③, ④는 잘못된 설명이다.

29 다음 중 랭체인(LangChain)을 활용한 애플리케이션의 예시로 적절한 것은?

① 이미지 편집 소프트웨어　　② 문서 요약 프로그램
③ 비디오 스트리밍 서비스　　④ 카드 결제 시스템

해설 LangChain은 생성형 AI 애플리케이션 개발을 지원하는 프레임워크로, 주로 언어 모델과 관련된 작업을 설계하고 구현하는 데 활용된다. 이를 통해 생성형 AI를 활용하여 문서 요약 기능을 제공하는 애플리케이션을 개발할 수 있다. 따라서 정답은 ②가 된다.

30 ChatGPT와 같이 해외에서 개발된 생성형 AI 모델은 한국사에 대한 정보와 정확도가 낮은 문제가 있다. 이런 문제가 발생하는 이유로 가장 적절한 것은?

① 한국어와 한국에 대한 데이터양이 상대적으로 부족하기 때문에
② 한국어를 번역하는 데 있어 매우 높은 수준을 구사하기 때문에
③ 모든 언어에서 동일한 정확도를 유지하기 때문에
④ 한국사에 대한 깊이 있는 이해를 가지고 있기 때문에

> **해설** ChatGPT와 같은 해외에서 개발된 생성형 AI 모델은 학습 과정에서 대규모 데이터셋을 활용하지만, 한국사와 같은 특정 주제나 지역에 대한 데이터가 상대적으로 부족할 경우 해당 주제에 대한 정보의 깊이와 정확도가 낮을 수 있다. 이는 AI 모델이 주로 영어 및 글로벌 데이터를 중심으로 학습하기 때문에 발생하는 문제다. 따라서 정답은 ①이 된다.

31 다음 중 IT 분야에서 생성형 AI를 활용한 사례로 가장 적절한 것은?

① AI 코딩 어시스턴트를 통해 코드 작성 지원
② 재무 보고서의 자동 작성 및 회계 감사 결과 작성
③ 자동화된 물류 시스템 운영
④ 고객 서비스 챗봇 도입을 통한 이용자 만족도 제고

> **해설** IT 분야에서 생성형 AI는 개발자들의 작업을 지원하기 위해 코드를 자동으로 작성하거나, 수정, 디버깅을 돕는 AI 코딩 어시스턴트로 활용된다. 이는 코드 생성 및 개선 작업을 자동화하여 생산성을 높이는 대표적인 사례. 따라서 정답은 ①이 된다.

32 생성형 AI 모델을 다양한 산업군에 적용하여 기대할 수 있는 긍정적 효과로 가장 적절하지 않은 것은?

① 교통 정보 등 수집된 정보를 기반으로 라디오 대본을 작성할 수 있어 대본 작업 시간 단축
② 신약 개발에 도입하여 약효 물질 발견, 임상시험 설계 및 디자인 등 프로세스 가속화
③ 게임 산업을 활용하여 콘텐츠 생성 과정 자동화
④ 자동 상담 챗봇 서비스를 도입하여 상담 직원의 일자리 감소

> **해설** 생성형 AI는 생산성과 효율성을 향상시키기 위해 다양한 산업군에서 활용되지만, 일자리 감소는 긍정적인 효과로 간주되지 않는다. AI 도입으로 일부 단순 반복 업무는 자동화될 수 있지만, 상담 직원의 일자리 감소는 부정적인 사회적 영향으로 평가될 수 있다. 따라서 정답은 ④가 된다.

33 다음 중 생성형 AI의 응답 품질을 높이기 위한 프롬프트 작성 방법으로 적절하지 않은 것은? (1점)

① '###지시문###', '###예시###', '###질문###' 등의 지시어를 활용해 프롬프트를 구조화한다.

② 줄바꿈으로 지시문, 예시, 질문 등을 구분하여 작성한다.

③ "블로그로 삼행시 지어줘"와 같이 포괄적인 질문을 사용한다.

④ 어린 아이에게 설명하듯 상세하고 구체적으로 프롬프트를 작성하고, 예시를 함께 적어 준다.

> **해설** 포괄적이고 모호한 질문은 AI 모델이 사용자의 의도를 정확히 이해하기 어려워 응답 품질이 낮아질 가능성이 높다. 따라서 프롬프트를 작성할 때는 명확하고 구체적인 표현을 사용하는 것이 중요하다. 따라서 정답은 ③이 된다.

34 다음 중 생성형 AI를 활용한 비즈니스 모델로 가장 적절하지 않은 것은? (1점)

① 광고 문구 및 제품 설명서를 자동으로 작성하는 서비스

② 학생의 학습 스타일에 맞춘 맞춤형 교육 콘텐츠 생성 서비스

③ 다양한 문서에서 개인식별정보를 찾아주는 서비스

④ 판결문 데이터베이스를 기반으로 판결문 생성 서비스

> **해설** 생성형 AI는 주로 텍스트, 이미지, 음성 등의 데이터를 생성하거나 변형하는 데 특화된 기술이다. 반면, 개인식별정보를 찾아주는 서비스는 데이터 처리와 분석 중심의 작업으로, 생성형 AI보다는 데이터 필터링 및 정보 검색 기술에 적합하다. 따라서 정답은 ③이 된다.

35 다음 중 AI 기반 이미지 생성 비지니스 모델과 관련 없는 항목은? (1점)

① DALL-E   ② 스테이블 디퓨전

③ 코파일럿   ④ 미드저니

> **해설** 코파일럿은 GitHub와 OpenAI가 공동 개발한 AI 기반 코드 작성 지원 도구이다. 프로그래밍 생산성 향상에 초점을 맞춘 서비스로, 이미지 생성과 관련이 없다. 따라서 정답은 ③이 된다.

36 다음 중 생성형 AI를 기반으로 한 비즈니스 모델의 사례로 가장 적절하지 않은 것은?

① 코딩 어시스턴트를 통한 코드 작성 서비스

② 맞춤형 영어 교육 서비스

③ 웹툰 캐릭터 및 배경 생성 서비스

④ 종이 문서를 전자 문서로 변환하는 서비스

종이 문서를 전자 문서로 변환하는 서비스는 OCR(광학 문자 인식) 기술을 기반으로 하는 서비스로 생성형 AI를 활용한 비즈니스 모델로 적합하지 않다. 따라서 정답은 ④가 된다.

37 다음 중 생성형 AI 모델 최적화를 위한 프롬프트 엔지니어링 방법론 '퓨샷 프롬프팅(Few-shot Prompting)'에 해당하는 예시로 옳은 것은?

① 모델이 올바른 답변을 생성할 수 있도록 여러 예시를 제공한 후 질문을 던진다.
② 모델에 예시를 제공하지 않고, 답변을 생성하도록 한다.
③ 질문의 맥락을 제공하지 않고 모델이 가능한 모든 답변을 생성하도록 유도한다.
④ 모델이 스스로 질문을 생성하도록 하여 다양한 답변을 유도한다.

해설 퓨샷 프롬프팅(Few-shot Prompting)은 생성형 AI 모델에게 적절한 문맥을 제공하기 위해 몇 가지 예시를 포함시킨 프롬프트를 작성하는 방법이다. 따라서 정답은 ①이 된다.

38 다음 중 생성형 AI를 활용해 고객 서비스의 생산성을 향상시키는 방안으로 가장 적절하지 않은 것은 무엇인가?

① AI가 고객 문의 유형을 인식하여 미리 생성한 응답을 제시함으로써 고객 대기 시간 단축
② AI가 고객의 질문을 이해하고, 고객의 요구에 맞춘 개인화된 답변을 자동으로 생성
③ AI가 1차 답변을 통해 고객 불만을 처리하고 해결되지 않는 문제를 담당자에게 요약하여 전달
④ AI가 모든 고객 처리를 담당하는 시스템 구축을 위한 정책 방안 마련

해설 AI는 고객 서비스의 일부를 보조하거나 자동화하여 생산성을 높일 수 있지만, 모든 고객 처리를 전적으로 AI에 맡기는 것은 한계가 있다. 따라서 정답은 ④가 된다.

39 업무 자동화를 위해 생성형 AI를 활용할 수 있는 사례로 적절하지 않은 것은?

① 기업의 재무 보고서를 자동으로 생성하여 분석
② 복잡한 계약서의 조항을 분석하여 요약
③ 직원의 출퇴근 시간을 기록하고 관리
④ 대량의 이메일을 분석하여 중요한 내용을 자동으로 요약

해설 출퇴근 시간 기록 및 관리는 주로 인사관리 시스템이나 출퇴근 관리 프로그램 등을 통해 이루어지므로 출퇴근 시간 기록 및 관리를 위해 생성형 AI를 활용하는 것은 적절하지 않다. 따라서 정답은 ③이 된다.

40 다음 중 업무 생산성 향상을 위한 DALL-E의 활용 사례로 적절하지 않은 것은?

① 새로운 제품 광고 이미지를 자동으로 생성

② 재무 데이터를 통계 차트와 그래프로 생성

③ 고객의 요구에 맞춘 맞춤형 패키지 디자인 생성

④ 웹툰 캐릭터와 배경 이미지를 자동으로 생성

> **해설** 재무 데이터를 통계 차트나 그래프로 시각화하는 작업은 데이터 분석 도구(예 Excel, Tableau)나 시각화 소프트웨어의 영역이다. DALL-E는 주로 이미지 생성에 특화되어 있으므로 적절하지 않다. 따라서 정답은 ②가 된다.

41 다음 중 프롬프트 엔지니어링을 도입하여 이메일 관리 업무를 효율화한 사례로 가장 적절하지 않은 것은 무엇인가? (1점)

① AI가 중요한 이메일을 자동으로 분류하고, 긴급 이메일에 대해 알림을 보내는 기능

② AI가 이메일의 내용을 요약 제공하여 빠르게 내용을 파악할 수 있는 기능

③ AI가 수신한 이메일에 대해 정리된 요약만 제공하고 원본 내용은 스토리지 절약을 위해 삭제하는 기능

④ AI가 이메일의 내용을 파악해 응답 초안을 자동으로 생성하고, 사용자가 검토 후 발송하는 기능

> **해설** 이메일 관리에서는 원본 데이터의 보존과 추적 가능성이 중요하므로, 원본을 삭제하는 방식은 적절하지 않다. 따라서 정답은 ③이 된다.

42 다음 중 데이터 분석 분야에서 프롬프트 엔지니어링 도입을 통해 예상되는 투입 비용 절감 효과가 아닌 것은?

① 데이터 분석 오류 감소로 인한 인적/물적 재작업 비용 절감

② 반복 작업을 수행하는 인력의 업무 자동화를 통한 운영비 절감

③ 데이터 처리 시간 단축으로 인한 비용 절감

④ 데이터 보안 강화와 저장 비용 증가

> **해설** 프롬프트 엔지니어링은 데이터 분석 효율성을 높이고 비용을 절감하는 데 기여하지만, 데이터 보안 강화와 저장 비용 증가는 직접적인 비용 절감 효과와는 연관성이 없다. 따라서 정답은 ④가 된다.

43 생성형 AI를 통해 비용 절감 효과를 기대할 수 있는 사례로 적절하지 않은 것은?

① 광고 문구와 디자인을 자동 생성하여 마케팅 비용 절감
② 개인화된 마케팅 콘텐츠를 생성하여 광고 성공률을 높이고, 불필요한 광고비를 절감
③ 머신러닝 모델 기반의 예측 분석 기능 개선으로 비즈니스 인사이트 강화
④ 복잡한 계약서의 내용을 자동으로 요약하여 법률 상담 비용 절감

> **해설** 예측 분석 기능의 개선은 비즈니스 전략 수립에 도움을 줄 수 있지만, 이 과정은 주로 비즈니스 인사이트 강화에 중점을 두며, 직접적인 비용 절감 효과와는 관련이 적다. 따라서 정답은 ③이 된다.

44 다음 중 프롬프트 엔지니어링의 목적으로 가장 적합하지 않은 것은? (1점)

① 창의적 글쓰기 및 콘텐츠 생성
② AI 모델의 하드웨어 최적화
③ 데이터 분석 및 인사이트 도출
④ 교육용 AI 튜터 개발

> **해설** 프롬프트 엔지니어링은 AI 모델의 입력 설계를 통해 출력 품질을 최적화하는 기술이다. 이는 하드웨어 최적화와는 관련이 없다. 따라서 정답은 ②가 된다.

45 다음 중 생성형 AI를 활용한 업무 프로세스 효율화 사례로 가장 적절한 것은?

① 대규모 회계 데이터를 분석하여 자동으로 재무 보고서를 생성
② 복잡한 시스템 설계 문서를 전담하여 검토하고 수정
③ 기업의 IT 인프라를 모니터링하고 성능을 최적화
④ 대규모 데이터베이스의 인덱스를 자동으로 최적화

> **해설** 생성형 AI는 텍스트 생성과 데이터 요약에 특화되어 있어, 대규모 데이터를 분석하고 이를 요약하거나 보고서를 자동 생성하는 데 적합하다. 보고서 자동 생성을 통해 업무 프로세스 효율화가 가능하다. 따라서 정답은 ①이 된다.
> 생성형 AI는 텍스트 요약 및 생성에는 활용될 수 있으나, 시스템 설계 문서의 전문적 검토 및 수정은 여전히 전문가의 역할이 더 중요하다(②). 기업의 IT 인프라를 모니터링하고 성능을 최적화는 생성형 AI보다 IT 모니터링 및 최적화 도구(예 APM, 서버 관리 소프트웨어)에 적합한 작업이다(③). 대규모 데이터베이스의 인덱스를 자동으로 최적화는 데이터베이스 관리 시스템(DBMS)에서 처리할 작업이다(④). 따라서 ②, ③, ④는 생성형 AI를 활용한 업무 프로세스 효율화의 사례로 적절하지 않다.

46 다음 중 프롬프트 엔지니어링의 주요 목적으로 가장 적절하지 않은 것은?

① 사용자의 의도를 반영한 적절한 응답을 생성할 수 있다.

② AI 모델의 정확성을 높이기 위해 학습 데이터를 수집하는 과정이다.

③ 적절한 수행을 위하여 상황, 범위 및 예상 응답 등이 포함된 지침을 제공해야 한다.

④ 특정 작업에 대한 AI의 성능을 최적화시킬 수 있다.

> **해설** 프롬프트 엔지니어링은 학습 데이터를 수집하거나 모델을 학습시키는 과정이 아니라, 이미 학습된 AI 모델을 효과적으로 활용하기 위한 기술이므로, 학습 데이터 수집은 프롬프트 엔지니어링 목적과 관련이 없다. 따라서 정답은 ②가 된다.

47 프롬프트 엔지니어링에 대한 설명으로 적절하지 않은 것은?

① 프롬프트의 단어 선택은 AI가 적절한 응답을 생성하는 데 중요하다.

② 프롬프트는 명확하고 간결하게 작성되어야 하며, 문맥과 구체성도 고려해야 한다.

③ 프롬프트 엔지니어링은 AI의 응답 속도를 최적화하기 위해 주로 사용된다.

④ 프롬프트의 순서와 구조는 AI가 결과를 효율적으로 생성하는 데 영향을 준다.

> **해설** 프롬프트 엔지니어링의 주요 목적은 AI의 응답 품질과 정확도를 향상시키는 것이다. 응답 속도는 모델의 크기, 서버 성능 등과 더 관련이 있으며, 프롬프트 엔지니어링의 주된 목적이 아니다. 따라서 정답은 ③이 된다.

48 다음 중 생성형 AI 기반 응용 프로그램 개발 프레임워크를 사용하는 사례로 적절하지 않은 것은?

① 블로그 포스트, 기사, 광고 카피 등을 자동으로 생성하는 앱 개발

② 긴 문서를 요약하거나 새로운 문서를 자동으로 생성하는 앱 개발

③ 언어 모델을 기반으로 사용자와의 대화를 자동으로 처리하는 챗봇 개발

④ 하드웨어 성능을 모니터링하는 앱 개발

> **해설** 하드웨어 성능 모니터링은 주로 시스템 관리나 네트워크 모니터링과 관련된 소프트웨어가 담당하며, 생성형 AI의 핵심 기능과는 관련이 없다. 따라서 정답은 ④가 된다.

49 다음 중 프롬프트 작성 시 고려해야 할 사항으로 적절하지 않은 것은?

① 프롬프트는 명확하고 구체적이어야 하며, 필요한 정보를 포함해야 한다.
② 모델이 여러 가지 해석을 할 수 있도록 프롬프트를 복잡하게 작성해야 한다.
③ 불필요한 정보는 제거하고 간결하게 작성해야 한다.
④ 명확한 지침을 제공하여 모델이 원하는 작업을 정확히 이해할 수 있도록 해야 한다.

> **해설** 프롬프트는 간결하고 명확해야 하며, 모델이 여러 해석을 하게 만들거나 복잡하게 작성하면 혼란스러운 결과가 나올 수 있으므로 프롬프트 작성 시 고려해야 할 사항으로 적절하지 않다. 따라서 정답은 ②가 된다.

50 다음 문장이 설명하는 프롬프트 엔지니어링 기법은 무엇인가? (1점)

> 언어 모델에 '상세한 결과 도출 과정'을 먼저 제시함으로써, 원래의 질문을 더 정교하게 다듬고, 더 정확하고 포괄적인 답변을 유도하는 기법이다. 이러한 접근 방식은 GPT모델이 더욱 논리적인 단계로 추론을 이어가 도록 유도한다. 이 사고의 기법은 구체적 추론이 필요한 수학 계산 등에서 특히 유용하다.

① 롤 플레잉 기법(Role-playing)
② 퓨샷(Few Shot) 기법
③ 제로샷(Zero Shot) 기법
④ 사고의 연쇄 기법(Chain of Thought)

> **해설** 문제에서 언급된 '상세한 결과 도출 과정'과 '논리적인 단계로 추론'은 사고의 연쇄 기법(Chain of Thought)을 설명하는 내용이다. 따라서 정답은 ④가 된다.

51 다음 중 생성형 AI 비용 절감 및 효율성 증대를 위한 방법으로 가장 적절한 것은?

① 모델의 모든 기능을 활용하기 위해 복잡한 프롬프트를 사용한다.
② API 호출을 최대화하여 모델의 응답을 자주 요청한다.
③ 토큰 사용량을 줄이기 위해 프롬프트를 간결하게 작성한다.
④ 동일한 요청이어도 이를 반복하여 처리하도록 프롬프트를 설계한다.

> **해설** 비용 절감 및 효율성 증대를 위해서는 불필요한 토큰 사용을 줄이는 것이 핵심이며, 프롬프트를 간결하게 작성하는 것이 가장 효과적인 방법이다. 따라서 정답은 ③이 된다.

52 생성형 AI를 활용할 때 저작권 침해를 대응하기 위한 적절한 조치로 옳은 것은?

① AI가 생성한 콘텐츠를 저작권 침해 여부 확인 없이 상업적으로 사용한다.

② AI가 학습한 데이터에 저작권이 있는지 검토한다.

③ AI가 생성한 이미지를 그대로 다른 웹사이트에 게시한다.

④ AI가 만든 콘텐츠는 저작권이 없으므로 자유롭게 사용한다.

> **해설** 생성형 AI를 활용할 때 저작권 침해를 방지하기 위해서는 AI가 학습한 데이터와 생성된 콘텐츠의 저작권 여부를 철저히 검토하는 것이 핵심이다. 따라서 정답은 ②가 된다.

53 생성형 AI의 생성물에서 발생할 수 있는 편향성에 대한 설명으로 적절한 것은?

① 생성형 AI가 생성한 결과물은 항상 정확하고 공정하다.

② 편향된 데이터를 학습한 AI는 특정 집단에 불리한 결과를 생성할 수 있다.

③ 생성형 AI는 모든 데이터를 균등하게 처리하여 편향성을 제거한 결과를 생성한다.

④ 생성형 AI의 편향된 결과물을 사용해도 법적 책임이 없다.

> **해설** 생성형 AI는 학습한 데이터에 따라 결과물을 생성하므로, 데이터에 포함된 편향이 결과물에도 반영될 수 있다. 이로 인해 특정 집단에 불리하거나 차별적인 결과가 나올 가능성이 있다. 따라서 정답은 ②가 된다.
> 생성형 AI의 결과물은 데이터 품질과 설계에 따라 다르며, 항상 정확하거나 공정하지 않다(①). AI가 데이터를 균등하게 처리한다고 해서 편향성을 완전히 제거할 수 있는 것은 아니고(③), 생성형 AI의 결과물이 특정 집단에 대한 차별이나 부정확한 정보를 포함할 경우, 이를 사용한 개인이나 조직은 법적 책임을 질 수 있다. 따라서 책임감 있는 사용과 검토가 필요하다(④). ①, ③, ④는 생성형 AI의 생성물에서 발생할 수 있는 편향성에 대한 설명으로 적절하지 않다.

54 다음 중 생성형 AI 모델의 윤리적 고려사항으로 적절하지 않은 것은?

① 편향성 감소

② 데이터베이스 크기 축소

③ 출력 내용의 신뢰성

④ 개인정보 보호

> **해설** 생성형 AI의 윤리적 고려사항은 편향성 감소, 출력 내용의 신뢰성 확보, 개인정보 보호 등과 관련이 있다. 데이터베이스 크기 축소는 윤리와 관련이 없으므로 정답은 ②가 된다.

55 다음 중 LangChain에 대한 설명으로 옳지 않은 것은?

① LangChain은 주로 언어 모델을 활용한 응용 프로그램 개발을 지원한다.

② LangChain은 프롬프트 엔지니어링과 관련된 다양한 도구와 라이브러리를 제공한다.

③ LangChain은 대규모 이미지 처리와 그래픽 디자인 작업에 특화된 프레임워크이다.

④ LangChain은 다양한 데이터 소스를 통합하여 언어 모델 기반 애플리케이션을 개발하는 데 사용할 수 있다.

> **해설** LangChain은 언어 모델에 초점을 맞춘 프레임워크로, 이미지 처리나 그래픽 디자인 작업은 LangChain의 주요 기능에 포함되지 않는다. 따라서 정답은 ③이 된다.

56 다음 중 ChatGPT-4와 ChatGPT-3.5의 차이점으로 옳지 않은 것은? (1점)

① ChatGPT-3.5는 이미지를 분석할 수 있다.

② ChatGPT-3.5는 텍스트 입력만 처리할 수 있다.

③ ChatGPT-4는 ChatGPT-3.5 보다 더 많은 데이터로 학습된 모델을 제공한다.

④ ChatGPT-4는 텍스트와 이미지를 모두 처리할 수 있다.

> **해설** ChatGPT-3.5는 텍스트 기반 모델로, 이미지 입력을 처리할 수 없다. 이미지를 처리할 수 있는 기능은 ChatGPT-4에서 제공된다. 따라서 정답은 ①이 된다.

57 다음 중 생성형 AI의 토큰 비용 절감 전략으로 적절하지 않은 것은?

① 간결하고 명확한 프롬프트를 사용하여 불필요한 토큰 사용을 줄인다.

② 모델의 응답 길이를 줄여 토큰 사용량을 최소화한다.

③ 작업에 적합한 모델을 선택하여 효율성을 극대화한다.

④ 프롬프트에 모든 사항을 포함하여 가능한 많은 정보를 제공한다.

> **해설** 불필요하게 길고 복잡한 프롬프트는 토큰 사용량을 증가시켜 비용을 증가시킨다. 프롬프트를 간결하고 명확하게 작성해야 토큰 비용을 절감할 수 있다. 따라서 정답은 ④가 된다.

58 다음 상황에서 ChatGPT를 사용할 경우, 어떤 모델이 적절한가?

> 이미지, 음성 등 다양한 형태의 데이터를 사용하여 데이터를 분석하고 싶다.

① ChatGPT 3.5   ② ChatGPT 4

③ ChatGPT 4.5   ④ ChatGPT 5

ChatGPT 4는 멀티모달 기능을 제공하여 텍스트뿐만 아니라 이미지와 같은 다양한 형태의 데이터를 처리할 수 있다. ChatGPT 3.5는 텍스트 입력만 처리할 수 있는 모델로, 이미지나 음성과 같은 다양한 데이터를 처리할 수 없다. ChatGPT 4.5와 ChatGPT 5라는 모델은 현재(2024년 12월 기준) 존재하지 않는다. 따라서 정답은 ②가 된다.

59 다음 중 프롬프트 엔지니어링을 위한 응용 프로그램 개발 프레임워크에 대한 설명으로 적절하지 않은 것은?

① 동영상의 제작과 편집을 위한 고급 기능을 제공한다.
② 거대 언어 모델을 사용하여 응용 프로그램 개발을 지원하는 라이브러리와 도구를 제공한다.
③ 프롬프트 최적화를 통해 언어 모델의 응답 품질을 개선할 수 있다.
④ 언어 모델을 활용하여 대규모 데이터를 효율적으로 인덱싱하고 검색하는 기능을 지원한다.

프롬프트 엔지니어링 프레임워크는 주로 언어 모델과 관련된 작업을 지원하며, 동영상 제작 및 편집 기능은 제공하지 않는다. 따라서 정답은 ①이 된다.

60 다음 중 생성형 AI의 운영비용을 최적화하는 방법으로 적절하지 않은 것은?

① 모델의 응답 길이를 줄여 토큰 사용량을 최소화한다.
② 프롬프트를 간결하고 명확하게 작성한다.
③ 불필요한 API 호출을 줄여 비용을 절감한다.
④ 모델의 모든 기능을 활용하기 위한 프롬프트를 사용한다.

모델의 모든 기능을 활용하려는 프롬프트는 과도한 토큰 사용을 초래할 수 있으며, 특정 작업에 필요한 최소한의 기능만 사용하는 것이 비용 효율적이다. 따라서 정답은 ④가 된다.

AI활용능력/프롬프트엔지니어 2급

(The Official Approval Test for KAIT Certified Professional)

■ 시험종목 : AI활용능력/프롬프트엔지니어 2급

■ 시험일자 : 2024. 9. 28.(토) 14:00 ~ 15:00(60분)

■ 응시자 기재사항 및 감독위원 확인

수 검 번 호	AES - 2402 -	감독위원 확인
성 명		(비대면온라인)

응 시 자 유 의 사 항

1. 응시자는 신분증을 지참하여야 시험에 응시할 수 있으며, 시험 종료 시까지 신분증을 제시하지 못할 경우 해당 시험은 0점 처리됩니다.

2. AI활용능력/프롬프트엔지니어 시험은 비대면 온라인 검정으로 진행됩니다.

   1) 시스템(PC작동여부, 네트워크 상태 등)의 이상여부를 반드시 확인하여야 하며, 시스템 이상이 있을 시 감독위원에게 조치를 받으셔야 합니다.

   2) 시험 중 부주의 또는 고의로 시스템을 파손하는 경우는 응시자 부담으로 합니다.

3. 다음 사항의 경우는 사전 또는 사후 검증을 통해 0점 혹은 부정행위 처리됩니다.

   1) PC화면, 핸드폰, 웹캠의 화면 공유를 응시자 임의대로 재설정 종료한 경우

   2) 시험 도중 임의 자리 이동

   3) 시험 중 인터넷 검색, 컴퓨터 스마트폰 계산기 사용, 메신저(카카오톡, 네이트온 등) 사용, 이어폰, 에어팟, 헤드폰, 스마트워치 등 전자기기를 사용한 행위

   4) 문제 내용을 이미지로 캡쳐하거나 텍스트를 복사하는 행위

   5) 타인이 대리 시험을 보거나, 타인과 논의해서 푸는 행위

   6) 기타 감독관의 지시사항을 불이행하거나 부정행위에 대해 3차례 이상의 경고를 받은 자에 대해 사후 녹화영상 등을 통해 부정행위로 인정되는 경우

4. 시험시행 후 결과는 홈페이지(www.ihd.or.kr)에서 확인하시기 바랍니다.

한국정보통신진흥협회 **KAIT**

1 생성형 AI(Generative AI)가 학습하는 것은 무엇인가? (1점)

① 대규모 데이터와 패턴   ② 인터넷 검색 결과

③ 소규모 데이터와 무작위 패턴   ④ 단일 데이터 소스

> **해설** 생성형 AI(Generative AI)는 대규모 데이터를 기반으로 학습하며, 이 데이터를 분석해 패턴과 구조를 이해한다. 이러한 패턴 학습을 통해 새로운 텍스트, 이미지, 음악 등 다양한 형태의 콘텐츠를 생성할 수 있다. 생성형 AI는 학습을 위해 검색 결과를 직접 사용하는 것이 아니라, 사전에 제공된 데이터셋을 활용하고, 다양성과 일반화된 학습을 위해 여러 데이터 소스를 활용하여 학습한다. 따라서 정답은 ①이 된다.

2 다음 중 생성형 AI의 역사에 관한 설명으로 옳지 않은 것은?

① 1950년~1980년대: 규칙 기반 시스템 연구를 주로 진행하였다.

② 1990년대: 기계 학습(Machine Learning)에 대한 연구가 활발하게 진행되었다.

③ 2000년대: 트랜스포머(Transformer) 기반 모델들이 등장하였다.

④ 2010년대: 강화 학습(Reinforcement Learning)이 주요 연구 분야로 자리잡았다.

> **해설** 트랜스포머(Transformer) 기반 모델은 2017년에 구글의 논문 'Attention Is All You Need'에서 처음 제안되었다. 트랜스포머는 2010년대 후반부터 AI와 자연어 처리 분야에서 널리 사용되기 시작했기 때문에 트랜스포머 모델의 등장은 2010년대에 해당한다. 따라서 정답은 ③이 된다.

3 생성형 AI가 인공지능 분야에서 중요한 이유로 옳은 것은? (1점)

① 사용하기 위해서 사전 공부를 진행해야 하기 때문에

② 나이에 관계없이 누구나 사용할 수 있기 때문에

③ 데이터 없이도 작동하기 때문에

④ 다양한 영역에서 유용하게 활용될 수 있기 때문에

해설 생성형 AI(Generative AI)는 다양한 형태의 데이터를 학습하여 새로운 텍스트, 이미지, 음악, 코드 등 창의적이고 유용한 결과물을 생성할 수 있다. 이는 여러 산업과 응용 분야(예 자연어 처리, 컴퓨터 비전, 예술, 코딩, 연구)에서 중요한 역할을 하며, 범용성(하나의 모델로 다양한 작업에 적용 가능), 효율성(인간의 작업을 보조하거나 자동화하여 시간과 비용 절감) 및 창의성(새로운 아이디어를 생성하고 창의적 작업을 돕는 데 유용)의 이유로 인공지능 분야에서 중요한 위치를 차지한다. 따라서 정답은 ④가 된다.

4 사용자 관점에서 생성형 AI가 작동을 시작하는 방식으로 옳은 것은?

① AI가 스스로 데이터를 찾아 시작한다.
② 데이터를 초기화하고 시작한다.
③ 사용자의 질문이나 명령으로 시작한다.
④ 사전에 설정된 작업만 진행한다.

해설 생성형 AI는 사용자의 입력(질문, 명령, 프롬프트)에 따라 작동을 시작한다. 사용자가 제공한 입력 데이터를 분석하고, 학습된 패턴과 지식을 기반으로 적절한 응답이나 결과물을 생성한다. 생성형 AI는 스스로 데이터를 찾거나 작동하지 않고, 사전에 설정된 작업만 진행하는 것이 아니라 사용자의 입력에 따라 작동한다. 따라서 정답은 ③이 된다.

5 최근 생성형 AI가 주목받고 있는 이유와 관련이 없는 것은?

① 대규모 데이터 학습을 통한 문서 작성 및 콘텐츠 생성의 자동화
② 개인화된 요구사항을 반영한 맞춤형 콘텐츠 제공
③ 사용자와의 실시간 상호작용을 통한 동적 대응
④ 생성형 AI 시스템의 데이터 처리 및 저장 과정에서의 보안 강화

해설 생성형 AI가 주목받는 이유는 주로 대규모 데이터 학습과 창의적인 콘텐츠 생성 능력, 개인화된 서비스 제공, 그리고 사용자와의 상호작용을 통한 실시간 대응 등 범용성과 효율성 그리고 창의성에 있다. 하지만 보안 강화는 생성형 AI 자체의 주요 목적이나 주목받는 이유와 직접적인 관련이 없다. 따라서 정답은 ④가 된다.

6 다음 중 이미지 생성에 특화되지 않은 AI 모델은 무엇인가? (1점)

① DALL-E 3   ② Midjourney
③ Stable Diffusion   ④ Claude 3.5

해설 Claude 3.5는 Anthropic에서 개발한 언어 모델로, 주로 자연어 처리(NLP) 작업에 특화된 모델이다. 텍스트 생성, 질문 응답, 요약 등의 작업을 수행하며, 이미지 생성 기능은 제공되지 않는다. 따라서 정답은 ④가 된다.

7 다음 중 BERT 모델에 대한 설명으로 옳지 않은 것은? (1점)

① 2018년도에 Microsoft에서 개발하였다.
② 이전 모델 대비 효율적으로 자연어 처리가 가능하다.
③ 문장의 앞뒤를 모두 보고 문맥을 이해한다.
④ 트랜스포머(Transformer) 모델을 기반으로 한다.

> **해설** BERT는 2018년 구글(Google)에서 개발한 모델이다. Microsoft가 아닌 Google AI 연구팀에서 발표한 모델로, 자연어 처리(NLP) 분야에서 혁신적인 성과를 가져왔다. 따라서 정답은 ①이 된다.

8 Gemini와 ChatGPT가 사용자에게 정보를 제공하는 방식은 무엇인가?

① 실시간 대화형 방식 제공
② 정적 텍스트 파일 제공
③ 미리 녹음된 음성 파일 제공
④ 그래픽 인터페이스 제공

> **해설** Gemini와 ChatGPT는 실시간 대화형 방식을 통해 사용자가 입력한 질문이나 명령에 따라 즉각적으로 텍스트 기반의 응답을 생성하여 제공한다. 이러한 대화형 인터페이스는 사용자 맞춤형 정보 제공과 직관적인 사용 경험을 가능하게 한다. 따라서 정답은 ①이 된다.

9 ChatGPT가 인공지능에 대한 관심을 다시 불러일으킨 이유로 가장 옳은 것은? (1점)

① 복잡한 기술만을 제공했기 때문에
② 이미지 생성 기술이 도입되었기 때문에
③ 사용자와 편하게 대화하듯이 활용할 수 있기 때문에
④ 오직 특정 언어로만 작동하기 때문에

> **해설** ChatGPT는 자연스럽고 대화형 인터페이스를 통해 사용자가 마치 사람과 대화하듯이 질문하거나 명령을 내릴 수 있는 방식으로 설계되었다. 이는 AI 사용의 진입 장벽을 크게 낮추었으며, 기술적 배경이 없는 사람도 쉽게 활용할 수 있도록 하여 인공지능에 대한 대중의 관심을 불러일으켰다. 따라서 정답은 ③이 된다.

10 ChatGPT가 모델의 출력 품질을 향상시키기 위해 사용한 학습 방법으로 가장 적절한 것은?

① 비지도 학습
② 사용자 피드백 기반 강화학습
③ 전통적인 지도학습
④ 단순강화학습

> **해설** ChatGPT는 사용자 피드백 기반 강화학습(RLHF, Reinforcement Learning from Human Feedback)을 통해 출력 품질을 향상시켰다. 이 방법은 인간 피드백을 활용하여 모델이 생성하는 응답의 품질을 개선할 수 있다. 따라서 정답은 ②가 된다.

정답 7 ① 8 ① 9 ③ 10 ②

11 ChatGPT가 자연스럽게 대화할 수 있는 이유로 가장 적절한 것은?

① 사용자 음성 인식 능력

② 빠른 정보 검색 능력

③ 인컨텍스트 러닝(In-context Learning) 능력

④ 최신 데이터 기반 반복 학습 능력

> 해설 ChatGPT가 자연스럽게 대화할 수 있는 이유는 인컨텍스트 러닝(In-context Learning) 능력 덕분이다. 인컨텍스트 러닝이란, 모델이 사용자의 입력(프롬프트)을 통해 제공된 맥락을 이해하고, 그 맥락에 맞는 적절한 응답을 생성하는 능력이다. 이는 ChatGPT가 사전 학습된 지식을 활용해 사용자와의 대화를 유연하게 이어가는 데 중요한 역할을 한다. 따라서 정답은 ③이 된다.

12 대규모 언어 모델(LLM)의 정의로 가장 적절한 것은? (1점)

① 데이터를 저장하고 외부 유출 방지를 위한 보안 장치

② 단순한 계산기를 활용한 데이터 모델

③ 방대한 양의 데이터를 학습하여 자연어 등을 생성하는 모델

④ 물리적 객체를 인식하는 시스템

> 해설 대규모 언어 모델(LLM, Large Language Model)은 방대한 양의 텍스트 데이터를 학습하여 자연어 처리(NLP) 작업을 수행하는 데 사용되는 AI 모델이다. LLM은 문맥을 이해하고 자연어를 생성하거나 질문에 답하는 등 다양한 작업을 수행할 수 있으며, GPT, BERT, LLaMA와 같은 모델들이 대표적인 예이다. 따라서 정답은 ③이 된다.

13 대규모 언어 모델(LLM)을 학습시키는 과정에서 발생할 수 있는 가장 큰 문제점은 무엇인가?

① 데이터셋의 양이 충분할수록 모델 성능이 항상 개선된다.

② 모델은 문법적으로 틀린 문장을 자동으로 수정하여 학습한다.

③ 편향된 데이터를 학습할 경우 할루시네이션이 발생할 수 있다.

④ 훈련된 모델은 인간의 의도를 이해하고 실행할 수 있다.

> 해설 대규모 언어 모델(LLM)을 학습시키는 과정에서 발생할 수 있는 가장 큰 문제점 중 하나는 편향된 데이터를 학습했을 때 모델이 '할루시네이션(Hallucination)'을 일으킬 수 있다는 점이다.
> 할루시네이션은 모델이 학습한 데이터와는 상관없이 그럴듯하지만 잘못되거나 부정확한 정보를 생성하는 현상을 의미한다. 이는 데이터의 편향성이나 부족한 맥락 이해에서 기인하며, 신뢰성과 안전성 문제를 야기한다. 따라서 정답은 ③이 된다.

14 대규모 언어 모델(LLM)의 주요 기능은 무엇인가? (1점)

① 문맥을 바탕으로 추론하고 일관된 답변을 생성하는 것

② 물리적 객체를 인식하는 것

③ 컴퓨터 속도를 낮추는 것

④ 네트워크 연결을 최적화하는 것

> **해설** 대규모 언어 모델(LLM)의 주요 기능은 문맥을 이해하고 이를 바탕으로 추론하여 사용자의 요청에 대해 일관된 답변을 생성하는 것이다. LLM은 대규모 데이터를 학습하여 번역, 요약, 질문 응답, 글쓰기와 같은 자연어 처리 작업에 널리 활용된다. 그러나 객체 인식, 컴퓨터 속도 저하, 네트워크 연결 최적화와 같은 작업에는 적합하지 않다. 따라서 정답은 ①이 된다.

15 대규모 언어 모델(LLM)은 어떤 작업을 수행하는가? (1점)

① 단순한 수학 계산　　　　　② 자연어 처리(NLP) 작업

③ 그래픽 디자인　　　　　　④ 데이터베이스 관리

> **해설** 대규모 언어 모델(LLM)은 주로 자연어 처리(NLP) 작업을 수행하는 데 사용된다. LLM은 방대한 양의 텍스트 데이터를 학습하여 문맥을 이해하고, 번역, 요약, 질문 응답, 글쓰기 등과 같은 자연어 처리 작업을 효과적으로 처리할 수 있다. 따라서 정답은 ②가 된다.

16 대규모 언어 모델(LLM)의 작동 원리는 무엇인가?

① 입력된 텍스트의 패턴을 분석해 다음에 올 단어나 문장을 예측하는 방식

② 사전에 정의된 규칙에 따라 텍스트를 생성하는 방식

③ 문법 오류를 자동으로 수정하고 데이터를 보완하는 방식

④ 사용자의 감정을 분석하여 답변을 생성하는 방식

> **해설** 대규모 언어 모델(LLM)은 입력된 텍스트의 패턴을 분석하여 다음에 올 단어나 문장을 예측하는 방식으로 작동한다. LLM은 문법 오류를 직접 수정하거나 데이터를 보완하기 위해 설계된 것이 아니라, 텍스트 예측 및 생성에 초점을 맞춘다. 문법 오류 수정은 결과적으로 가능할 수 있지만, 작동 원리와는 관련이 없다. 따라서 정답은 ①이 된다.

17 프롬프트(Prompt)는 생성형 AI와의 상호작용에서 어떤 역할을 하는가? (1점)

① AI가 특정 작업을 수행하도록 지시하는 역할

② AI의 하드웨어 성능을 향상시키는 역할

③ AI가 생성한 데이터를 백업하는 역할

④ AI가 사용하는 메모리의 용량을 줄이는 역할

해설 프롬프트(Prompt)는 생성형 AI와의 상호작용에서 AI가 특정 작업을 수행하도록 지시하는 역할을 한다. 사용자가 입력한 프롬프트는 AI에게 맥락을 제공하며, 이를 기반으로 AI가 적절한 응답이나 결과를 생성한다. 따라서 정답은 ①이 된다.

18 프롬프트(Prompt)는 기술 개발 초기에 어떤 용도로 사용되었는가? (1점)

① 사용자가 특정 명령을 입력하도록 유도하는 인터페이스
② 수집된 데이터를 암호화하고 보안을 강화하는 도구
③ 인터넷 속도 최적화를 위하여 네트워크를 연결하는 기능
④ 이미지와 동영상 편집을 위한 소프트웨어

해설 프롬프트(Prompt)는 기술 개발 초기에 사용자가 특정 명령을 입력하도록 유도하는 인터페이스로 사용되었다. 컴퓨터 시스템의 명령줄 인터페이스(CLI)를 통해 사용자는 프롬프트를 통해 명령을 입력하고, 시스템은 해당 명령에 따라 작업을 수행한다. 이는 사용자가 시스템과 상호작용할 수 있는 기본적인 수단이었다. 따라서 정답은 ①이 된다.

19 생성형 AI 사용 시 프롬프트 엔지니어링이 중요한 이유로 관련이 가장 없는 것은?

① AI의 성능을 최적화하고, 모델이 보다 정확하고 유용한 결과를 제공할 수 있게 한다.
② AI 모델별 특징에 맞춰 가장 효율적인 모델을 선택할 수 있게 도와준다.
③ AI가 사용자 의도를 보다 정확하게 파악할 수 있게 한다.
④ AI 기술이 다양한 산업에 성공적으로 적용될 수 있게 한다.

해설 프롬프트 엔지니어링은 사용자가 입력한 프롬프트를 기반으로 AI 모델이 주어진 작업을 정확하고 유용하게 수행할 수 있도록 지원하는 기술이다. 다만, 프롬프트 엔지니어링은 AI 모델의 선택과 관련된 역할을 수행하지는 않는다. 따라서 정답은 ②가 된다.

20 생성형 AI의 할루시네이션 현상에 대한 설명으로 옳은 것은? (1점)

① AI가 명확하고 정확한 답변을 생성하는 현상
② AI가 올바르지 않거나 관련이 없는 결과를 생성하는 현상
③ AI가 데이터를 전송하는 속도를 증가시키는 현상
④ AI가 하드웨어 문제를 자동으로 해결하는 현상

해설 생성형 AI의 할루시네이션(Hallucination) 현상은 AI가 학습된 데이터와 관계없는 부정확하거나 잘못된 정보를 생성하는 문제를 말한다. 이러한 현상은 특히 사용자가 신뢰할 수 있는 답변을 기대할 때 문제를 야기할 수 있다. 따라서 정답은 ②가 된다.

21 프롬프트 엔지니어링에서 프롬프트를 지속적으로 조정해야 하는 이유는 무엇인가?

① AI의 하드웨어 문제를 해결하기 위해

② AI 시스템에서 원하는 결과를 얻기 위해

③ AI의 크기를 줄이기 위해

④ AI 모델의 전력 소비를 줄이기 위해

> **해설** 프롬프트 엔지니어링에서 프롬프트를 지속적으로 조정하는 이유는 AI 모델이 사용자가 원하는 결과를 정확하고 유용하게 생성하도록 하기 위해서이다. AI 모델은 입력된 프롬프트에 따라 결과를 생성하므로, 프롬프트가 명확하고 적절하게 설계되지 않으면 기대에 부합하지 않는 응답을 생성할 가능성이 높다. 따라서 원하는 결과를 얻기 위해 프롬프트를 반복적으로 테스트하고 최적화하는 과정이 필요하다. 따라서 정답은 ②가 된다.

22 AI 프레임워크 중 하나인 LangChain은 무엇을 구축하기 위한 오픈소스 프레임워크인가?

① 대규모 언어 모델을 기반으로 애플리케이션을 구축하기 위한 프레임워크

② 물리적 데이터 저장소를 구축하기 위한 프레임워크

③ 게임 및 메타버스 등 가상공간 개발을 위한 프레임워크

④ 쇼핑몰 웹사이트 디자인을 위한 프레임워크

> **해설** LangChain은 대규모 언어 모델(LLM)을 기반으로 다양한 애플리케이션(예 챗봇, 질문 응답 시스템, 자동화된 워크플로우 등)을 구축할 수 있도록 지원하는 오픈소스 프레임워크로, 언어 모델과 외부 데이터 소스를 연결, 사용자 정의 워크플로우 생성, 대화형 애플리케이션 개발 등의 기능을 제공한다. 따라서 정답은 ①이 된다.

23 AI 프레임워크에 대한 설명으로 가장 적절한 것은?

① AI 모델의 구축, 학습, 배포 지원 도구 모음

② AI 모델의 결과를 예측하는 도구

③ AI 모델을 자동으로 생성하는 시스템

④ AI 모델의 성능을 테스트하는 소프트웨어

> **해설** AI 프레임워크는 AI 모델의 구축, 학습, 배포를 지원하는 데 필요한 도구와 라이브러리를 제공하는 소프트웨어 모음이다. 이를 활용하면 개발자는 모델 설계, 데이터 처리, 배포 과정을 효율적으로 수행할 수 있다. AI 프레임워크는 사용 목적에 따라 다양한 선택지가 있다. 예를 들어 딥러닝 기반 프레임워크로는 TensorFlow와 PyTorch가 널리 사용되고, 언어 모델 기반 애플리케이션 개발을 위한 프레임워크로는 Hugging Face와 LangChain 등이 있다. 따라서 정답은 ①이 된다.

정답 21 ② 22 ① 23 ①

24 다음 중 LangChain 프레임워크의 주요 기능으로 옳지 않은 것은?

① 여러 언어 모델(LLM)과 도구들을 연결하여 복잡한 작업을 자동화할 수 있다.

② 외부 데이터 소스나 API와의 통합을 지원하여, AI 모델이 더 많은 정보를 처리할 수 있게 한다.

③ LangChain은 하드웨어 업그레이드를 자동으로 관리하는 기능을 제공한다.

④ 프롬프트 관리 및 최적화 기능을 제공하여 프롬프트 엔지니어링을 효율적으로 지원한다.

> **해설** LangChain은 대규모 언어 모델(LLM)을 활용한 애플리케이션 개발을 지원하는 프레임워크로, 언어 모델의 통합, 프롬프트 최적화, 데이터 연결 등의 소프트웨어와 관련된 기능을 제공한다. 그러나 하드웨어 업그레이드 관리는 LangChain의 기능과 관련이 없다. 따라서 정답은 ③이 된다.

25 AI 프레임워크를 사용할 때 발생 가능한 문제점은 무엇인가?

① 프레임워크에 의존하면 기술의 유연성이 감소할 수 있다.

② AI 모델의 학습 시간이 단축될 수 있다.

③ 프레임워크 사용 시 개발 비용이 절감될 수 있다.

④ AI 모델의 성능이 높아질 수 있다.

> **해설** AI 프레임워크는 개발자에게 편리함과 효율성을 제공하지만, 특정 프레임워크에 지나치게 의존하면 기술적 유연성이 감소할 수 있다. 이는 특정 프레임워크의 구조와 제한 사항에 따라 개발 방향이 제약을 받을 가능성이 있기 때문이다. 또한, 다른 프레임워크나 커스텀 솔루션으로 전환할 경우 추가적인 학습 곡선과 비용이 발생할 수 있다. 따라서 정답은 ①이 된다.

26 Naver Clova Studio에서 지원하지 않는 기능은 무엇인가? (1점)

① 소설 문체로 문장 변환

② 법률 문체로 문장 변환

③ 주가 예측 모델 구축

④ 메일 스팸 필터링 자동 설정

> **해설** Naver Clova Studio는 자연어 처리(NLP)와 생성형 AI를 기반으로 문장 생성, 변환, 텍스트 요약 등의 기능을 지원한다. 특히 소설 문체나 법률 문체로 문장을 변환하는 기능과 같은 다양한 언어 관련 작업을 제공한다. 그러나 주가 예측 모델 구축은 Clova Studio의 주요 기능 범위를 벗어나는 작업으로, 일반적으로 머신러닝 프레임워크(예 TensorFlow, PyTorch)에서 수행된다. 따라서 정답은 ③이 된다.

27 다음 중 생성형 AI가 한국어를 비롯한 비영어권 언어 사용 시 더 많은 토큰을 사용하는 이유로 옳지 않은 것은?

① 한국어가 영어보다 어미 변화와 조사 등이 많아 복잡한 문법 구조를 가지고 있기 때문에

② 비영어권 언어는 영어보다 더 많은 토큰을 생성하기 때문에

③ 한국어는 어절 단위로 의미를 담고 있어 토큰화 시 더 세분화되어야 하기 때문에

④ 생성형 AI는 비영어권 언어를 처리할 때 영어와 동일한 토큰 수를 사용하기 때문에

> **해설** 한국어는 조사와 어미 변화가 많아 문법 구조가 영어보다 복잡하며, 한 어절에 다양한 의미와 문법적 정보를 포함하고 있다. 이러한 이유로 생성형 AI는 한국어를 처리할 때 더 세밀하게 토큰화를 수행해야 한다. 이와 같은 특징 때문에 비영어권 언어는 영어에 비해 한 문장을 표현하는 데 더 많은 토큰이 필요할 수 있다. 따라서 정답은 ④가 된다.

28 비영어권 언어의 경우 AI 모델에서 영어보다 성능이 떨어지는 이유는 무엇인가? (1점)

① 비영어권 언어는 복잡한 문법 구조를 가지고 있기 때문이다.

② AI가 영어 데이터를 주로 학습했기 때문이다.

③ AI 모델은 영어 이외의 언어를 처리하지 않는다.

④ 영어는 AI 모델에서 제한적으로만 사용된다.

> **해설** 대규모 AI 모델은 주로 영어 데이터를 기반으로 학습되며, 영어 데이터가 방대한 양으로 제공되기 때문에 영어에서 더 높은 성능을 보인다. 반면, 비영어권 언어의 데이터는 상대적으로 적거나 편향되어 있을 수 있어, 이러한 언어에 대한 AI 모델의 성능이 떨어질 가능성이 높다. 따라서 정답은 ②가 된다.

29 국내 유통업체인 쿠팡은 AI 기술을 활용한 물류센터 자동화를 진행 중이다. 다음 중 물류센터 자동화의 주요 성과로 가장 적절하지 않은 것은 무엇인가?

① 로봇을 활용하여 상품 피킹 및 분배 업무 자동화

② 물류센터 분류 직원의 증원 및 근무 스케줄 작성

③ AI 기반 수요 예측으로 신선식품 재고 손실 50% 이상 축소

④ AI를 활용하여 배송 트럭 내 적재 위치 최적화

> **해설** 물류센터 자동화는 로봇을 활용하여 물류 작업의 효율성과 정확성을 높이는 것을 목표로 한다. 로봇에 탑재된 AI 기술은 상품 피킹, 분배, 재고 관리, 배송 경로 최적화 등 다양한 작업을 자동화할 수 있다. 이를 통해 물류센터 분류 직원을 감원할 수 있기 때문에 물류센터 자동화의 주요 성과와는 상반되는 설명이다. 따라서 정답은 ②가 된다.

30 국내 A 여행사는 AI 기술을 활용해 여행객에게 다양한 서비스를 제공 중이다. 다음 중 여행사에서 제공하는 서비스로 가장 적절하지 않은 것은 무엇인가?

① AI 챗봇을 통해 여행자들이 필요로 하는 현지 상품과 명소를 추천하는 서비스

② AI를 이용해 여행지의 사진을 찍고, 편집을 하여 SNS에 올리는 서비스

③ AI를 활용한 콜센터 운영을 통해 고객 문의에 빠르게 응답하는 서비스

④ AI 기술을 활용해 여행지의 날씨를 예측하고, 이를 기반으로 여행 일정을 조정해 주는 서비스

> **해설** 여행사가 제공하는 AI 기반 서비스는 주로 고객의 여행 경험을 개선하거나 편의를 제공하는 데 중점을 둔다. AI 챗봇을 통한 명소 추천, AI 콜센터 운영, 여행지 날씨 예측을 통한 일정 조정 등은 여행사의 핵심 서비스와 관련이 있다. 그러나 AI를 이용해 여행지의 사진을 찍고 편집하여 SNS에 올리는 서비스는 여행사의 주요 서비스로 보기 어렵고, 일반적으로 여행객 개인의 활동에 속한다. 따라서 정답은 ②가 된다.

31 다음 중 생성형 AI를 활용해 고객 서비스의 생산성을 향상시키는 방안으로 가장 적절하지 않은 것은?

① AI가 고객 문의 유형을 인식하여 미리 생성한 응답을 제시함으로써 고객 대기 시간 단축

② AI가 고객의 질문을 이해하고, 고객의 요구에 맞춘 개인화된 답변을 자동으로 생성

③ AI가 1차 답변을 통해 고객 불만을 처리하고 해결되지 않는 문제를 담당자에게 요약하여 전달

④ AI가 업무 효율화를 위하여 모든 고객처리를 담당하는 시스템 구축을 위한 정책방안 마련

> **해설** 생성형 AI는 고객 서비스의 생산성을 향상시키는 데 매우 유용하지만, 모든 고객 응대를 완전히 대체하는 시스템을 구축하는 것은 적절하지 않을 수 있다. 이는 고객의 다양한 요구와 복잡한 상황을 모두 처리하기에는 한계가 있기 때문이다. 따라서 정답은 ④가 된다.

32 다음 중 생성형 AI를 활용하여 데이터 분석 과정에서 반복적인 작업을 자동화한 사례로 가장 적절하지 않 은 것은?

① 데이터 클렌징 작업을 자동으로 수행하여 분석 과정의 오류를 줄이는 절차 마련

② 반복적인 통계 계산 작업을 자동화하고, 이를 통해 분석 시간 단축

③ 새로운 분석 시도를 위해 기초 데이터를 AI가 직접 수정할 수 있도록 정책 완화

④ 데이터 시각화 작업을 자동으로 수행하여 보고서 작성에 소요되는 시간을 단축

> **해설** 데이터 분석에서 기초 데이터를 AI가 직접 수정하도록 정책을 완화하는 것은 적절하지 않다. 기초 데이터는 분석의 기반이 되며, 데이터의 신뢰성과 정확성을 유지하는 것이 가장 중요하다. AI가 데이터를 자동으로 수정하는 경우, 데이터의 무결성이 훼손될 수 있으며, 이는 분석 결과의 신뢰도를 떨어뜨릴 위험이 있다. 따라서 데이터 수정은 전문가의 검토와 승인 과정을 거쳐야 한다. 따라서 정답은 ③이 된다.

33 법률 분야에 특화된 생성형 AI 모델의 활용 방식으로 가장 적절한 것은 무엇인가?

① 법률 문서 작성 시간을 줄이고, 데이터 기반 기초 질의 자동화

② 변호사 수임료를 자동으로 계산하여 수익 창출

③ 법률 문서를 외부 클라우드에 저장하여 비용 절감

④ 법률 문서를 출력하여 종이 문서로 제공

> **해설** 법률 분야에 특화된 생성형 AI 모델은 법률 문서 작성과 같은 반복적인 작업을 자동화하고, 데이터 기반 질의 응답을 통해 기본적인 법적 질문에 신속하게 답변하는 데 활용된다. 이를 통해 업무 효율성을 높이고, 변호사나 법률 전문가가 고부가가치 작업에 집중할 수 있도록 돕는다. 따라서 정답은 ①이 된다.

34 생성형 AI를 활용한 수익창출 방법으로 가장 적절하지 않은 것은 무엇인가?

① 미드저니와 같은 이미지 생성 도구를 활용한 로고 제작 및 판매

② 특정 분야에 특화된 생성형 AI를 제작하여 판매

③ AI를 활용한 자동화된 소설 작성 및 출판 후 판매

④ 생성형 AI를 활용한 뉴스 기사 자동 작성 및 온·오프라인 배포

> **해설** 뉴스 기사를 자동으로 작성하고 배포하는 것은 생성형 AI의 기술적 가능성을 활용한 작업일 수 있지만, 뉴스 기사 작성 및 배포는 저작권, 사실 확인, 윤리적 문제 등 다양한 법적 및 사회적 쟁점이 얽혀 있어 수익 창출 방식으로 적절하지 않을 수 있다. 생성형 AI가 생성한 콘텐츠는 정확성과 신뢰성을 담보하지 못할 가능성이 있으며, 이는 언론의 본질과 맞지 않을 수 있다. 따라서 정답은 ④가 된다

35 O업체는 메타데이터를 활용하여 다양한 영역에 AI 추천 시스템을 제공하고 있다. 다음 중 생성형 AI 기술을 활용하여 사용자에게 맞춤형 콘텐츠를 제공하는 방법으로 보기 어려운 것은?

① 사용자의 콘텐츠 시청 기록과 선호도를 분석하여 맞춤형 콘텐츠를 제공한다.

② 사용자의 위치 정보를 분석하여 맞춤형 콘텐츠를 제공한다.

③ 생성형 AI를 통해 실시간으로 새로운 콘텐츠를 생성하고 사용자에게 제공한다.

④ 사용자 취향에 맞추기 위하여 직접 입력한 검색 기록만을 기반으로 콘텐츠를 제공한다.

> **해설** 생성형 AI는 사용자의 데이터(예 시청 기록, 선호도, 위치 정보 등)를 분석하여 맞춤형 콘텐츠를 제공하거나, 새로운 콘텐츠를 실시간으로 생성하는 데 활용될 수 있다. 그러나 검색 기록만을 기반으로 콘텐츠를 제공하는 것은 단순 필터링 시스템에 가까워, 생성형 AI의 활용과는 거리가 있다. 따라서 정답은 ④가 된다.

36 다음 중 아래 설명에 해당하는 프롬프트 기법은 무엇인가? (1점)

> 복잡한 주제나 문제를 다룰 때, 질문을 단계적으로 나누어 점진적으로 깊이 있는 답변을 유도하는 방법이다. 이 기법은 주제를 단계적으로 세분화하여 구체적이고 명확한 답변을 얻는 데 유용하다.

① 페르소나 기법(Persona Technique)
② 계층적 질문 기법(Layered Questioning Technique)
③ 롤플레잉 기법(Roleplaying Technique)
④ 목표 중심 기법(Goal-Oriented Technique)

> **해설** 주제를 단계적으로 나누어 점진적으로 깊이 있는 답변을 유도하는 방식은 '계층적 질문 기법'에 해당한다. 이 기법은 복잡한 문제를 더 작은 단위로 나누어 AI가 각 단계를 처리하고, 이를 통해 명확하고 구체적인 결과를 도출하도록 돕는다. 따라서 정답은 ②가 된다.

37 MidJourney와 DALL-E의 차이점에 대한 설명으로 가장 적절한 것은?

① DALL-E는 텍스트 입력을 기반으로 하고, MidJourney는 예술적 감각을 반영한 이미지 생성에 특화되어 있다.
② DALL-E는 텍스트 기반의 대화를 제공하고, MidJourney는 이미지를 생성한다.
③ MidJourney와 DALL-E는 실시간 정보 검색 기능을 제공한다.
④ MidJourney는 한국어에 특화되어 있고, DALL-E는 영어만 사용 가능하다.

> **해설** DALL-E는 텍스트 입력을 기반으로 사실적이고 구체적인 이미지를 생성하고, MidJourney는 예술적 감각과 독창성을 반영한 이미지를 생성한다. 따라서 정답은 ①이 된다.

38 다음 중 AI 챗봇의 도입으로 인해 가능해지는 업무 효율화 사례로 가장 적절한 것은 무엇인가?

① 매뉴얼에 의존하여 고객 서비스를 수작업으로 처리하는 업무
② 대량의 요청사항을 처리하여 고객의 요구에 신속하게 대응하는 업무
③ 고객의 감정에 따라 서비스를 개인화하는 업무
④ 정확한 데이터 확보를 위하여 상담사가 직접 상담내용을 기록하는 업무

> **해설** AI 챗봇은 대량의 고객 요청을 동시에 처리할 수 있는 능력을 갖추고 있어, 고객의 질문에 신속하게 응답하거나 기본적인 문제를 해결하는 데 매우 효과적이다. 이를 통해 고객 대기 시간을 줄이고, 상담사의 부담을 덜어 업무 효율성을 높이는 데 기여할 수 있다. 따라서 정답은 ②가 된다.

정답 36 ② 37 ① 38 ②

39 다음 중 생성형 AI의 할루시네이션이 발생하는 이유를 모두 고른 것은 무엇인가?

> ㄱ. 모호하거나 명확하지 않은 프롬프트 사용
> ㄴ. 해당 분야 전문가의 의견만 학습에 사용
> ㄷ. 사용 중인 생성형 AI 모델의 한계
> ㄹ. 생성형 AI 개발 기업의 윤리의식 부재

① ㄱ, ㄴ, ㄹ   ② ㄴ, ㄷ, ㄹ

③ ㄴ, ㄷ   ④ ㄱ, ㄴ, ㄷ

> **해설** 프롬프트가 명확하지 않거나 구체적이지 않을 경우, 모델이 적절한 응답을 생성하지 못해 할루시네이션이 발생할 수 있다(ㄱ). 특정 데이터만 학습하는 경우, 편향이 발생할 수 있다(ㄴ). 생성형 AI는 학습 데이터에 기반하여 작동하므로, 데이터의 부족, 불완전한 알고리즘, 모델의 기술적 한계 등이 할루시네이션의 원인이 될 수 있다(ㄷ). 따라서 정답은 ④가 된다.

40 다음 중 생성형 AI의 비용 효율성을 높이기 위해 가장 적절하지 않은 방법은?

① 모델을 다양한 환경에서 테스트하기

② 다양한 모델 파라미터를 사용하여 실험하기

③ 필요에 따라 인프라 자원 투입량을 조절하기

④ 동일한 작업을 반복적으로 수행하기

> **해설** 모델을 다양한 환경에서 테스트함으로써 모델이 특정 작업에서 최적의 성능을 발휘할 수 있는 설정을 찾을 수 있다. 이는 비용 효율성을 높이는 데 유용하다(①). 모델의 파라미터를 조정하며 실험하면, 특정 작업에 적합한 최적의 파라미터를 찾아 자원 소모를 줄일 수 있다(②). 작업의 크기와 복잡도에 따라 컴퓨팅 자원(예 GPU, CPU)을 조정하면 비용을 절감할 수 있다(③). 하지만, 동일한 작업을 반복적으로 수행하는 것은 자원을 비효율적으로 사용하는 방식이며, 생성형 AI의 비용 효율성을 높이는 데 적합하지 않다(④). 따라서 정답은 ④가 된다.

41 AI 챗봇의 도입으로 기업이 비용을 절감할 수 있는 방법은 무엇인가?

① 반복·단순 업무를 처리할 수 있는 자동 응답 시스템을 구축한다.

② 고객 데이터를 수작업으로 관리하여 인력 비용을 절감한다.

③ AI 챗봇은 운영 비용이 비싸기 때문에 특정 시간대에만 동작시킨다.

④ 고객의 문의를 감정적으로 처리하여 만족도를 높인다.

> **해설** AI 챗봇은 반복적이고 단순한 고객 문의를 자동으로 처리할 수 있는 자동 응답 시스템을 구축하여 기업의 인건비와 운영 비용을 절감할 수 있다. 이를 통해 고객 대기 시간을 줄이고, 복잡한 문제는 상담사에게 연결하여 업무 효율성을 높이는 방식으로 비용 절감에 기여한다. 따라서 정답은 ①이 된다.

42 AI를 활용하여 대본을 작성할 때에, 프롬프트 기술을 활용하여 얻을 수 있는 이점은 무엇인가?

① 작가가 설정한 모든 설정을 무시하고 작성한다.

② AI는 작가가 설정한 지침에 따라 대본을 작성하여 작가가 작업 시간을 크게 절약할 수 있다.

③ AI가 대본을 작성하지 않고 단순한 텍스트 편집만 돕는다.

④ AI는 대본 작성 속도를 늦춰 더 많은 자원이 필요하게 한다.

> **해설** 프롬프트 기술은 AI에게 작가가 원하는 지침(예 스타일, 주제, 캐릭터 설정 등)을 전달하여 이를 기반으로 대본을 작성하도록 유도할 수 있다. 이를 통해 작가는 반복적이거나 시간이 많이 걸리는 작업을 줄이고, 창의적인 아이디어 개발에 집중할 수 있다. 따라서 정답은 ②가 된다.

43 프롬프트 엔지니어링은 어떤 역할을 하는가? (1점)

① 데이터를 저장하는 역할   ② 모델의 속도를 낮추는 역할

③ 원하는 결과를 도출하는 역할 ④ 모델의 크기를 늘리는 역할

> **해설** 프롬프트 엔지니어링은 AI 모델로부터 원하는 결과를 효과적으로 도출하기 위해 프롬프트(명령어, 질문 등)를 설계하고 최적화하는 기술이다. 이를 통해 사용자는 AI 모델의 응답을 더 정확하고 유용하게 조정할 수 있다. 프롬프트 엔지니어링은 생성형 AI의 활용성을 높이고, 특정 작업에 맞는 최적화된 출력을 얻는 데 중요한 역할을 한다. 따라서 정답은 ③이 된다.

44 프롬프트 엔지니어링의 주요 목적은 무엇인가?

① AI 모델의 크기를 줄이는 것 ② 사용자와의 상호작용을 없애는 것

③ 프롬프트를 최적화하는 것   ④ 데이터를 삭제하는 것

> **해설** 프롬프트 엔지니어링의 주요 목적은 프롬프트를 최적화하여 AI 모델이 더 정확하고 유용한 결과를 생성하도록 유도하는 것이다. 이를 통해 모델의 활용도를 극대화하고, 사용자 요구에 맞는 출력물을 효율적으로 도출할 수 있다. 따라서 정답은 ③이 된다.

45 프롬프트 엔지니어링에서 프롬프트를 설계할 때 중요한 요소는 무엇인가? (1점)

① 입력 구조, 구문, 단어 선택 ② 모델의 메모리 용량

③ 데이터베이스 크기   ④ 인터넷 속도와 응답 속도

> **해설** 프롬프트 엔지니어링에서 가장 중요한 요소는 입력 구조, 구문, 단어 선택이다. 프롬프트가 AI 모델의 응답 결과를 결정짓는 핵심 요소이기 때문에, 입력 구조를 체계적으로 설계하고, 구체적이며 명확한 단어를 사용하는 것이 중요하다. 잘 설계된 프롬프트는 AI가 주어진 작업의 의도를 정확히 파악하고, 더 적절한 결과를 생성하도록 돕는다. 따라서 정답은 ①이 된다.

정답   42 ②   43 ③   44 ③   45 ①

46 LLM 모델에서 역할을 정의하고, 그 역할을 바탕으로 질문에 응답하도록 하는 프롬프트 패턴은 무엇인가? (1점)

① 페르소나 패턴

② 게임플레이 패턴

③ 레시피 패턴

④ 시맨틱 필터 패턴

> **해설** 페르소나 패턴(Persona Pattern)은 거대 언어 모델(LLM)에서 특정 역할을 정의하고, 해당 역할에 맞춰 AI가 응답하도록 하는 프롬프트 패턴이다. 이를 통해 모델은 특정 인물, 직업, 또는 성격을 가진 캐릭터처럼 행동하며 질문에 응답할 수 있다. 이 패턴은 컨텍스트를 풍부하게 만들어 응답의 일관성과 자연스러움을 높이는 데 사용된다. 게임플레이 패턴(②)은 주로 게임 시나리오나 인터랙티브 스토리텔링을 설계할 때 사용된다. 레시피 패턴(③)은 특정 작업이나 절차를 단계적으로 설명하거나 수행할 때 사용되는 패턴이다. 시맨틱 필터 패턴 (④)은 입력 데이터에서 의미를 추출하거나 분류하는 데 사용된다. 따라서 정답은 ①이 된다.

47 제로샷 프롬프팅(Zero-shot Prompting)에 대한 설명으로 가장 적절한 것은 무엇인가?

① 예시 없이 명확한 지시만으로 원하는 답변을 유도한다.

② 하나의 예시를 자세하게 제공한다.

③ 서로 다른 분야의 예시를 제공하여 답변을 유도한다.

④ 프롬프팅의 상황에 맞춰 예시를 단계적으로 제공한다.

> **해설** 제로샷 프롬프팅(Zero-shot Prompting)은 예시를 제공하지 않고, 명확한 지시나 질문만으로 AI 모델이 원하는 답변을 생성하도록 유도하는 방식이다(①). 하나의 예시를 자세하게 제공하는 것은 원샷 프롬프팅(One-shot Prompting)에 해당하는 설명이고(②), 서로 다른 분야의 예시를 제공하여 답변을 유도하는 것은 퓨샷 프롬프팅(Few-shot Prompting)에 해당한다(③). 프롬프팅의 상황에 맞춰 예시를 단계적으로 제공하는 것은 단계별 질문 패턴이나 계층적 질문 패턴과 관련이 있다(④). 따라서 정답은 ①이 된다.

48 생성형 AI가 개인정보를 유출할 수 있는 위험이 있는 이유는 무엇인가?

① AI가 인터넷에 공개된 대규모 데이터를 학습하기 때문에

② AI가 모든 데이터를 무작위로 삭제하기 때문에

③ AI가 사용자 정보를 암호화하기 때문에

④ AI가 데이터를 공유하지 않기 때문에

> **해설** 생성형 AI는 인터넷에 공개된 대규모 데이터를 학습하여 동작한다. 이러한 데이터에는 의도치 않게 개인정보가 포함될 가능성이 있다. 모델이 학습 과정에서 개인정보를 학습하면, 사용자가 요청한 내용에 따라 이 정보를 출력할 위험이 생길 수 있다. 따라서 정답은 ①이 된다.

49 프롬프트에서 반드시 포함되지 않아도 되는 것은 무엇인가?

① 지시(Instruction)
② 맥락 정보(Context)
③ 입력 데이터(Input Data)
④ 응답 속도(Response time)

> **해설** 프롬프트에서 필수적으로 포함되어야 하는 요소는 지시(Instruction), 문맥(Context), 입력 데이터(Input Data), 출력 지시자(Output Indicator)이다. 이들은 AI 모델이 사용자의 요청을 이해하고 적절한 응답을 생성하는 데 필수적이다. 반면, 응답 속도(Response time)는 프롬프트 자체의 구성 요소가 아니라 모델이나 시스템 성능과 관련된 요소이다. 따라서 정답은 ④가 된다.

50 다음 중 생성형 AI 사용 시 저작권 보호를 위한 행동으로 가장 적절하지 않은 것은 무엇인가?

① 저작권이 있는 콘텐츠의 직접 인용 자제
② 원본 저작물의 사용은 최소화
③ 상업적으로만 사용하지 않으면 다양하게 활용 가능
④ 원작자의 권리를 존중하면서 사용

> **해설** 저작권 보호는 단순히 상업적 사용 여부에 국한되지 않는다. 비상업적 용도로 활용하더라도 저작권이 있는 콘텐츠를 사용할 경우 원작자의 허락이 필요하다. 저작권은 사용 목적과 상관없이 창작물의 무단 사용을 제한하고 있기 때문에 '상업적으로만 사용하지 않으면 자유롭게 활용 가능하다'는 잘못된 설명이다. 따라서 정답은 ③이 된다.

51 생성형 AI의 윤리적 사용에서 가장 중요한 것은 무엇인가? (1점)

① AI가 자동으로 윤리적 내용을 생성하는 것
② AI가 모든 정보를 검열하는 것
③ AI가 모든 데이터를 생성하지 않는 것
④ 이용자가 윤리의식을 가지고 잘못된 내용을 수정하는 것

> **해설** 생성형 AI는 데이터를 학습하여 답변을 생성하지만, 윤리적 판단은 AI 스스로 완벽히 수행할 수 없다. 따라서 이용자가 윤리의식을 가지고 생성된 내용을 검토하고 잘못된 내용을 수정하는 것이 가장 중요하다. AI는 학습 데이터와 알고리즘의 한계로 인해 완전히 윤리적인 내용을 보장할 수 없으므로 윤리적 책임은 결국 사용자의 몫이 된다(①). AI가 모든 정보를 검열하는 것은 현실적으로 불가능하고(②), 데이터를 생성하지 않는 것은 AI의 본질적인 기능이므로 AI가 모든 데이터를 생성하지 않게 하는 것은 불가능하다(③). 따라서 정답은 ④가 된다.

52 AI 모델을 고를 때 반드시 고려하지 않아도 되는 것은 무엇인가? (1점)

① 모델의 상품명 및 역사

② 모델의 신뢰성

③ 모델의 유지 관리 비용

④ 모델의 적용 분야 적합성

> **해설** AI 모델을 선택할 때 중요한 것은 모델의 성능, 신뢰성, 유지 관리 비용, 적용 분야와의 적합성이다. 반면, 모델의 상품명과 역사는 실제로 모델 선택에 큰 영향을 미치지 않는다. 모델의 과거보다는 현재의 성능과 요구사항에 얼마나 부합하는지가 더 중요하다. 따라서 정답은 ①이 된다.

53 A회사에서 고객 리뷰의 감정을 분석하여 제품 개발 전략을 수립할 때 비용과 시간을 절감할 수 있는 가장 적절한 방법은 무엇인가?

① 맞춤형 생성형 AI 솔루션을 개발한다.

② 기존에 개발된 기계 학습 모델을 도입한다.

③ 데이터베이스를 확장한다.

④ AI 모델을 도입하지 않는다.

> **해설** 기존에 개발된 기계 학습 모델은 이미 훈련되고 검증된 솔루션으로, 새로운 AI 솔루션을 개발하는 데 드는 비용과 시간을 절감할 수 있다. 특히 감정 분석과 같은 일반적인 작업에서는 사전 학습된 모델을 활용하여 빠르고 효율적으로 문제를 해결할 수 있다(②). 맞춤형 솔루션을 개발하는 것은 높은 비용과 시간이 소요되며, 일반적으로 초기 단계에서는 필요 이상의 자원을 투입하게 된다(①). 데이터베이스를 확장하는 것은 고객 리뷰의 감정을 분석해야 하므로 비용과 시간을 절감할 수 없다(③). AI 모델 없이 수작업으로 감정 분석을 수행하면 비용과 시간이 크게 증가한다(④). 따라서 정답은 ②가 된다.

54 모델이 특정 작업에 대해 정교하게 학습하여 더 정확한 응답을 제공할 수 있도록 하는 것은 무엇인가?

① 파인튜닝   ② 데이터 클러스터링

③ 모델 압축   ④ 텍스트 전처리

> **해설** 파인튜닝(fine tuning)은 사전 학습된 AI 모델을 특정 작업이나 목적에 맞게 추가로 학습시켜 더 정확한 응답을 제공할 수 있도록 하는 과정이다. 이 과정에서 특정 도메인 또는 작업과 관련된 데이터를 사용하여 모델을 미세 조정함으로써, 일반적인 모델이 특정 상황에 최적화되도록 만들 수 있다(①). 데이터 클러스터링은 데이터를 유사한 특성끼리 묶는 작업이다(②). 모델 압축은 모델의 크기를 줄여 실행 속도를 향상하거나 메모리 사용량을 줄이는 데 목적이 있다(③). 텍스트 전처리는 데이터 이상치 등을 제거하는 등 데이터의 품질을 향상시키기 위해 수행한다(④). 따라서 정답은 ①이 된다.

55 다음 중 AI 프레임워크에 대한 설명으로 옳지 않은 것은?

① LlamaIndex: AI가 대량의 이미지에서 필요한 정보를 빠르게 찾는다.

② TensorFlow: Google이 개발한 오픈소스 딥러닝 프레임워크이다.

③ Scikit-learn: 데이터 분석과 간단한 머신러닝 모델 구축을 위해 널리 사용된다.

④ PyTorch: Facebook AI Research에서 개발한 오픈소스 딥러닝 라이브러리이다.

> **해설** LlamaIndex는 대량의 비정형 데이터(예 텍스트 데이터)를 효율적으로 검색하고, LLM(대규모 언어 모델)과 통합하여 필요한 정보를 빠르게 찾는 데 특화된 도구이다. 이미지 처리를 직접적으로 지원하거나 대량 의 이미지를 분석하는 프레임워크는 아니다(①). TensorFlow는 Google이 개발한 오픈소스 딥러닝 프레임워 크로, 딥러닝 모델 구축, 학습, 배포에 널리 사용되고(②), Scikit-learn은 데이터 분석과 간단한 머신러닝 모델 구축에 널리 사용되는 파이썬 라이브러리이다(③). PyTorch는 Facebook AI Research에서 개발한 오픈소 스 딥러닝 프레임워크이다(④). 따라서 정답은 ①이 된다.

56 다음 중 AI 개발을 위한 프레임워크의 장점으로 적절한 것은 무엇인가?

① 코드를 직접 작성하지 않아도 고성능 모델을 쉽게 구축할 수 있다.

② 모든 코드를 직접 입력해야 하므로 세부 수정이 쉽다.

③ 다양한 도메인에서 사용이 가능하지만, 확장성이 부족하다.

④ 사용자가 코드의 모든 내용을 인지하고 있어야 한다.

> **해설** 생성형 AI 프레임워크는 사전 정의된 라이브러리와 도구를 통해 복잡한 작업을 단순화한다. 이를 활 용하면 코드를 직접 작성하지 않더라도 고성능 생성형 AI 애플리케이션을 쉽고 빠르게 구축할 수 있다. 특히, Hugging Face Transformers, OpenAI API, LangChain 등은 모델 설계, 학습, 그리고 자연어 처리와 같 은 생성형 AI 작업 과정을 간소화하는 데 유용하다(①). AI 프레임워크는 사용자가 모든 코드를 직접 작성하지 않아도 되도록 설계되어 있으며, 필요 시 세부 수정이 가능하도록 유연성을 제공한다(②). 대부분의 AI 프레임 워크는 확장성을 고려하여 설계되었으며, 다양한 도메인에서의 사용이 용이하다. ③에서 '확장성이 부족하다'는 잘못된 설명이다. AI 프레임워크는 복잡한 코드를 추상화하여 사용자 경험을 간소화한다. 따라서 사용자가 모든 세부 코드를 알 필요는 없다(④). 따라서 정답은 ①이 된다.

57 AI 개발을 위한 프레임워크 사용의 이유로 가장 적절하지 않은 것은 무엇인가?

① 신뢰성 있는 메시징과 트랜잭션 개발 시 사용

② 기능의 세부적인 부분을 몰라도 사용 가능

③ 제공되는 메소드의 기능을 편리하게 테스트 가능

④ 작성의 편리함과 제약 없이 모든 코드 작성 가능

> **해설** AI 개발을 위한 프레임워크는 사용 편의성과 생산성을 높이기 위해 설계되었지만, ④에서 '제약 없이 모든 코드를 작성할 수 있다'는 잘못된 설명이다. 프레임워크는 특정 구조와 방식을 따르도록 설계되어 있기 때 문에 프레임워크 사용 시 일부 코드 작성 방식에 제한이 있을 수 있다. 따라서 정답은 ④가 된다.

58 AI 모델의 성능을 향상시키고 비용을 절감할 수 있는 방법으로 가장 적절한 것은 무엇인가?

① 프롬프트 튜닝을 통해 성능을 최적화하는 것

② AI 모델의 물리적 크기를 줄이는 것

③ 데이터를 클라우드에 백업하는 것

④ AI 모델의 전력 소비를 줄이는 것

> **해설** 프롬프트 튜닝은 AI 모델이 주어진 작업에서 더 정확하고 효율적으로 작동할 수 있도록 프롬프트(명령어 또는 입력)를 최적화하는 방법이다. 이를 통해 모델의 성능을 향상시키고, 불필요한 계산 자원을 줄여 비용 절감 효과를 얻을 수 있다. 따라서 정답은 ①이 된다.

59 다음 중 토큰의 정의로 가장 적절한 것은 무엇인가?

① AI가 처리하는 데이터의 가장 작은 단위로, 단어나 구두점, 공백 등이 포함될 수 있다.

② 컴퓨터 프로세서가 명령을 실행하는 동안 사용하는 메모리 저장 공간의 한 종류이다.

③ 데이터베이스에서 정보를 검색할 때 사용하는 고유 식별자이다.

④ 네트워크에서 데이터 패킷을 전송하기 위해 사용하는 주소 지정 단위이다.

> **해설** 토큰(Token)은 AI 모델, 특히 자연어 처리(NLP) 모델이 텍스트 데이터를 처리할 때 사용하는 가장 작은 단위를 의미한다. 텍스트는 토큰화(Tokenization) 과정을 통해 단어, 구두점, 공백 등으로 나누어지며, 모델은 이러한 토큰을 기반으로 학습하거나 예측 작업을 수행한다. 따라서 정답은 ①이 된다.

60 AI 서비스 비용을 예측하고 관리하기 위해 중요한 것은 무엇인가? (1점)

① 주기적인 비용 예측과 실시간 모니터링

② AI 모델의 크기 고정

③ 데이터 보호를 위해 모든 데이터를 클라우드에 백업

④ 비용 절감을 위해 저렴한 서비스 제공자로 변경

> **해설** AI 서비스의 비용을 효율적으로 예측하고 관리하기 위해서는 주기적인 비용 예측과 실시간 모니터링이 중요하다. AI 서비스는 모델의 크기, 데이터 처리량, API 호출 빈도, 클라우드 사용량 등 다양한 요인에 따라 비용이 변동될 수 있기 때문에, 지속적인 모니터링과 예측은 비용 초과를 방지하고 예산 내에서 서비스를 운영하는 데 필수적이다. 따라서 정답은 ①이 된다.

AI활용능력/프롬프트엔지니어 2급

(The Official Approval Test for KAIT Certified Professional)

- 시험종목 : AI활용능력/프롬프트엔지니어 2급
- 시험일자 : 2025. 02. 22.(토) 14:00 ~ 15:00(60분)
- 응시자 기재사항 및 감독위원 확인

수 검 번 호	AES - 2501 -	감독위원 확인
성 명		(비대면온라인)

응 시 자 유 의 사 항

1. 응시자는 신분증을 지참하여야 시험에 응시할 수 있으며, 시험 종료 시까지 신분증을 제시하지 못할 경우 해당 시험은 0점 처리됩니다.

2. AI활용능력/프롬프트엔지니어 시험은 비대면 온라인 검정으로 진행됩니다.
   1) 시스템(PC작동여부, 네트워크 상태 등)의 이상여부를 반드시 확인하여야 하며, 시스템 이상이 있을 시 감독위원에게 조치를 받으셔야 합니다.
   2) 시험 중 부주의 또는 고의로 시스템을 파손하는 경우는 응시자 부담으로 합니다.

3. 다음 사항의 경우는 사전 또는 사후 검증을 통해 0점 혹은 부정행위 처리됩니다.
   1) PC화면, 핸드폰, 웹캠의 화면 공유를 응시자 임의대로 재설정 종료한 경우
   2) 시험 도중 임의 자리 이동
   3) 시험 중 인터넷 검색, 컴퓨터 스마트폰 계산기 사용, 메신저(카카오톡, 네이트온 등) 사용, 이어폰, 에어팟, 헤드폰, 스마트워치 등 전자기기를 사용한 행위
   4) 문제 내용을 이미지로 캡쳐하거나 텍스트를 복사하는 행위
   5) 타인이 대리 시험을 보거나, 타인과 논의해서 푸는 행위
   6) 기타 감독관의 지시사항을 불이행하거나 부정행위에 대해 3차례 이상의 경고를 받은 자에 대해 사후 녹화영상 등을 통해 부정행위로 인정되는 경우

4. 시험시행 후 결과는 홈페이지(www.ihd.or.kr)에서 확인하시기 바랍니다.

한국정보통신진흥협회 KAIT
Korea Association for ICT promotion

1 다음 중 생성형 AI의 주요 특징으로 가장 올바른 것은? (1점)

① 주로 데이터를 분류한다.

② 새로운 콘텐츠를 생성한다.

③ 네트워크 관리 및 최적화 기능을 제공한다.

④ 데이터베이스 관리 기능을 제공한다.

> **해설** 생성형 AI는 새로운 콘텐츠를 생성하는 기능을 핵심 특징으로 하는 인공지능 기술이다. 이 기술은 학습한 데이터를 바탕으로 텍스트, 이미지, 음악, 코드 등의 새로운 데이터를 생성할 수 있다. 따라서 정답은 ②가 된다.

2 다음 중 생성형 AI가 주로 활용되는 분야로 적절하지 않은 것은? (1점)

① 예술 콘텐츠 생성

② 대화형 AI 개발

③ 그래픽 게임 제어

④ 프로그래밍 코드 작성

> **해설** 생성형 AI는 새로운 콘텐츠를 생성하는 기능을 수행하며, 다음과 같은 분야에서 활용되고 있다.
> ① 예술 콘텐츠 생성: AI를 활용한 이미지, 음악, 영상, 소설 등 다양한 예술 콘텐츠 제작 가능(예 DALL-E, Midjourney)
> ② 대화형 AI 개발: 챗봇과 가상 비서 개발에 사용되며, 인간과 자연스럽게 소통할 수 있는 언어 모델(예 ChatGPT, Gemini)
> ④ 프로그래밍 코드 작성: AI 기반 코드 생성 및 자동 완성을 지원하여 개발자의 생산성을 향상(예 GitHub Copilot, OpenAI Codex)
> '그래픽 게임 제어'는 전통적인 알고리즘을 통해 처리되는 경우가 많으며, 생성형 AI의 주된 역할과는 다르다. 따라서 정답은 ③이 된다.

정답 1 ② 2 ③

3 생성형 AI가 할 수 있는 작업으로 가장 적절하지 않은 것은?

① 새로운 음악을 작곡한다.
② 콘텐츠 생성을 위한 데이터를 가공한다.
③ 주어진 텍스트에서 문장을 생성한다.
④ 기존 이미지 데이터를 기반으로 새로운 이미지를 만든다.

> **해설** 생성형 AI는 기존 데이터를 학습하여 새로운 콘텐츠를 생성하는 역할을 수행한다. 하지만 데이터 가공 및 정제는 일반적으로 생성형 AI보다는 데이터 처리 및 분석용 AI가 담당하는 영역이다. 따라서 정답은 ②가 된다.

4 생성형 AI가 다른 AI 기술(판별형, 규칙 기반 등)과 비교할 때 주요 차별점은 무엇인가?

① 주어진 데이터를 바탕으로 새로운 콘텐츠를 생성하는 능력
② 데이터를 수집하고 저장하는 능력
③ 네트워크 연결을 최적화하는 능력
④ 통계적 결과를 분석하고 예측하는 능력

> **해설** 생성형 AI는 기존의 판별형 AI 및 규칙 기반 AI와 비교했을 때, 판별형 AI는 분류, 예측, 이상 탐지 등을 판단하는 역할을 수행하는 AI 모델인 반면, 규칙 기반 AI는 개발자가 미리 설정한 규칙에 따라 의사 결정을 수행하는 AI 모델이다. 그러므로 다른 AI 기술과 비교할 때 생성형 AI는 새로운 콘텐츠를 생성할 수 있다는 점이 가장 큰 차별점이다. 따라서 정답은 ①이 된다.

5 다음 중 딥러닝과 생성형 AI의 차이점에 대한 설명으로 가장 적절한 것은?

① 딥러닝은 데이터를 바탕으로 새로운 콘텐츠를 생성하는 반면, 생성형 AI는 기존 데이터를 분류하고 예측하는 데 중점을 둔다.
② 생성형 AI는 딥러닝을 기반으로 하며, 텍스트, 이미지, 음악 등 새로운 데이터를 생성할 수 있다.
③ 딥러닝은 인간처럼 창의적인 작업을 수행할 수 있는 반면, 생성형 AI는 정해진 작업만 수행할 수 있다.
④ 생성형 AI는 특정 알고리즘만 사용하고, 딥러닝은 모든 종류의 머신러닝 알고리즘을 사용한다.

> **해설** 딥러닝은 심층 신경망을 활용하여 데이터의 패턴을 학습하고, 이를 바탕으로 예측 및 분류하는 역할을 수행하는 기술이고, 생성형 AI는 딥러닝을 기반으로 학습한 패턴을 활용하여 새로운 데이터를 생성하는 AI 기술이다. 따라서 정답은 ②가 된다.

6 다음 중 AI 기술의 핵심을 가장 적절하게 설명한 것은?

	머신러닝	딥러닝	생성형 AI
①	새로운 콘텐츠 생성	하드웨어 업그레이드	데이터 분석
②	데이터 분류 및 예측	새로운 콘텐츠 생성	심층신경망을 활용한 학습
③	하드웨어 업그레이드	데이터 저장	소셜 미디어 관리
④	패턴 식별	심층신경망을 활용한 학습	새로운 콘텐츠 생성

> **해설** AI 기술은 머신러닝, 딥러닝, 생성형으로 구분되며, 각각의 핵심 기능이 다르다.
> - 머신러닝(Machine Learning): 데이터를 학습하여 패턴을 찾고, 예측 및 분류를 수행하는 AI 기술이다.
>   **예** 스팸 필터링, 감성 분석, 추천 시스템
> - 딥러닝(Deep Learning) 머신러닝의 하위 개념으로, 인공신경망의 확장된 형태인 심층 신경망을 활용하여 복잡한 데이터 패턴을 학습한다.
>   **예** 이미지 인식(CNN), 음성 인식(RNN, Transformer)
> - 생성형 AI(Generative AI): 기존 데이터를 학습하여 새로운 텍스트, 이미지, 음악, 코드 등을 생성하는 AI 기술이다.
>   **예** ChatGPT(텍스트 생성), DALL−E(이미지 생성), Codex(코드 생성)
>
> 핵심사항을 정리하면, 머신러닝은 패턴 식별, 딥러닝은 심층신경망을 활용한 학습, 생성형 AI는 새로운 콘텐츠 생성의 특징을 가지므로, 정답은 ④가 된다.

7 생성형 AI 기초모델이 일반적으로 사용하는 학습 방식으로, 명시적으로 라벨링되지 않은 데이터에서 스스로 라벨을 생성하며 학습하는 방법은 무엇인가? (1점)

① 지도 학습   ② 비지도 학습
③ 강화 학습   ④ 자기지도 학습

> **해설** 생성형 AI의 기초 모델은 일반적으로 자기지도 학습 방식을 사용하여 학습한다. 자기지도 학습은 명시적으로 라벨링되지 않은 데이터에서 AI가 자체적으로 라벨을 생성하여 학습하는 방법이다. 따라서 정답은 ④가 된다.

8 다음 중 생성형 AI 기초 모델에 대한 설명으로 가장 적절한 것은? (1점)

① 생성형 AI 기초 모델은 텍스트, 이미지, 코드 등 다양한 콘텐츠를 생성할 수 있다.
② 생성형 AI 기초 모델은 오직 숫자 데이터를 처리하는 데만 사용된다.
③ 생성형 AI 기초 모델은 데이터를 전혀 학습하지 않고도 결과를 생성할 수 있다.
④ 생성형 AI 기초 모델은 사람이 작성한 콘텐츠만 복사하는 역할을 한다.

생성형 AI 기초 모델은 텍스트, 이미지, 음악, 코드 등 다양한 유형의 데이터를 학습하여 새로운 콘텐츠를 생성하는 기능을 갖고 있다. 따라서 정답은 ①이 된다.

9 다음 중 생성형 AI 기초 모델의 특징으로 가장 적절한 것은?

① 주어진 특정 작업에 맞춰 소규모 데이터셋으로 학습된다.
② 다양한 형태의 콘텐츠(텍스트, 이미지, 음악 등)를 생성할 수 있다.
③ 단일 목적에 맞춰 설계되어 범용성이 부족하다.
④ 사람이 명시적으로 라벨링한 데이터로만 학습된다.

해설 생성형 AI 기초 모델은 '대규모' 데이터를 학습하여 텍스트, 이미지, 음악, 코드 등 다양한 유형의 콘텐츠를 생성할 수 있는 '범용' AI 모델로, 자기지도 학습 방식을 활용하여 라벨링되지 않은 대규모 데이터를 학습한다. 이 모델들은 자연어 처리, 이미지 생성, 음악 작곡, 프로그래밍 코드 생성 등 다양한 작업을 수행할 수 있도록 설계되어 있다. 따라서 정답은 ②가 된다.

10 다음 중 생성형 AI 기초 모델의 주요 응용 분야로 가장 적절하지 않은 것은? (1점)

① 자연어 처리
② 이미지 생성 모델
③ 맞춤형 학습 콘텐츠 제공
④ 네트워크 최적화 모델

해설 생성형 AI 기초 모델은 자연어 처리, 이미지 생성, 맞춤형 학습 콘텐츠 제공 등 다양한 창의적 작업에 활용된다. 그러나 네트워크 최적화 모델은 생성형 AI가 아닌 전통적인 최적화 알고리즘이나 머신러닝 기반의 네트워크 관리 기법을 주로 사용하므로, 생성형 AI의 주요 응용 분야로 적절하지 않다. 따라서 정답은 ④가 된다.

11 다음 중 생성형 AI 기초 모델에 대한 설명으로 가장 적절하지 않은 것은?

① 생성형 AI 기초 모델은 대규모 데이터셋을 통해 학습된 거대한 신경망이다.
② 생성형 AI 기초 모델은 텍스트, 이미지, 오디오 등 다양한 형태의 콘텐츠를 생성할 수 있다.
③ 생성형 AI 기초 모델은 특정 작업에 맞게 미세 조정(fine tuning) 없이도 바로 사용할 수 있다.
④ 생성형 AI 기초 모델은 대규모 데이터셋을 통해 사전 학습(pre-training)된 모델이다.

해설 생성형 AI 기초 모델은 대규모 데이터셋을 활용하여 사전 학습된 거대한 신경망으로, 다양한 형태의 콘텐츠(텍스트, 이미지, 오디오 등)를 생성할 수 있다. 생성형 AI 기초 모델은 사전 학습된 상태에서도 기본적인 작업을 수행할 수 있지만, 특정 도메인이나 전문적인 작업에서는 미세 조정 과정이 필요하다. 따라서 정답은 ③이 된다.

12 다음 중 거대 언어 모델(LLM, Large Language Model)에 대한 설명으로 적절한 것은?

① LLM은 소규모 데이터만 처리할 수 있는 언어 모델을 의미한다.

② LLM은 텍스트 데이터를 학습하여 자연어를 이해하고 생성할 수 있는 모델이다.

③ LLM은 인간의 언어를 분석하지 않고 이미지 생성에만 사용되는 모델이다.

④ LLM은 단순한 계산을 수행하기 위한 도구이다.

> **해설** 거대 언어 모델은 대규모 텍스트 데이터를 학습하여 자연어를 이해하고 생성하는 인공지능 모델이다. 이 모델들은 자연어 처리(NLP)에 특화되어 있으며, 문장 생성, 번역, 요약, 질의응답 등 다양한 언어 관련 작업을 수행할 수 있다. LLM은 자연어 처리(NLP)에 특화된 모델이며, 이미지 생성은 DALL-E, Midjourney 같은 생성형 AI 모델이 수행한다. 따라서 정답은 ②가 된다.

13 대규모 언어 모델(LLM)을 훈련하기 위한 데이터로 가장 적절한 것은? (1점)

① 이미지 데이터   ② 텍스트 데이터

③ 비디오 데이터   ④ 오디오 데이터

> **해설** 거대 언어 모델(LLM, Large Language Model)은 텍스트 데이터를 학습하여 자연어를 이해하고 생성하는 모델이므로, 훈련 데이터로 가장 적절한 것은 '텍스트 데이터'이다. 이러한 모델은 인터넷의 웹페이지, 서적, 논문, 기사, 코드, 대화 데이터 등 방대한 텍스트 데이터를 기반으로 학습된다. 따라서 정답은 ②가 된다.

14 GPT와 BERT의 차이점에 대한 설명으로 옳은 것은? (1점)

① GPT는 양방향으로 텍스트를 처리하여 문맥을 이해하고, BERT는 단방향으로 텍스트를 처리하여 다음 단어를 예측한다.

② GPT는 텍스트 생성에 강점을 가지며, BERT는 텍스트 이해에 강점을 가진다.

③ GPT와 BERT 모두 단어의 순차적 예측에 초점을 맞추어 훈련된다.

④ GPT는 Google에서 개발되었고, BERT는 OpenAI에서 개발되었다.

> **해설** GPT와 BERT는 Transformer 기반의 모델이지만, 각각의 목적과 학습 방식이 다르다. GPT는 텍스트 생성에 강점이 있는 모델로, 주어진 문맥을 바탕으로 다음 단어를 예측하는 방식으로 학습되고, 주로 생성형 AI에 활용되어 자연스러운 문장을 만들어낼 수 있다. BERT는 텍스트 이해에 강점을 가진 모델로, 문장의 앞뒤 맥락을 모두 고려하는 양방향 학습 방식을 사용하여 주로 자연어 이해, 질의응답(Q&A), 문장 분류, 감성 분석 등에 활용된다. 따라서 정답은 ②가 된다.

15 거대 언어 모델의 파라미터에 대한 설명으로 가장 적절한 것은?

① 파라미터는 모델이 처리할 데이터의 크기를 의미한다.

② 파라미터는 모델이 예측 결과에 영향을 미치는 변수와 가중치를 의미한다.

③ 모든 거대 언어 모델은 1천만 개 이하의 파라미터를 사용한다.

④ 파라미터 수가 많을수록 항상 더 높은 성능을 보장한다.

> **해설** 거대 언어 모델(LLM)의 파라미터는 모델이 학습한 변수와 가중치로, AI가 입력 데이터를 처리하고 예측을 수행하는 데 중요한 역할을 한다. 즉, 파라미터는 LLM이 문맥을 이해하고 자연어를 생성하는 데 영향을 미치는 핵심 요소이다. 따라서 정답은 ②가 된다.

16 초기 거대 언어 모델 대비 현재의 거대 언어 모델이 발전하게 된 기술적 배경에 대한 설명으로 옳지 않은 것은?

① 딥러닝 기술의 발전으로 인해 모델의 학습 능력과 성능이 향상되었다.

② 트랜스포머 아키텍처의 도입으로 병렬 처리가 가능해져 대규모 데이터 학습이 더 효율적으로 이루어졌다.

③ 초기 모델에서는 통계 기반 접근 방식을 사용했지만, 현대 모델은 대부분 규칙 기반 접근 방식을 채택하고 있다.

④ 어텐션 메커니즘의 발전으로 문맥을 더 정확하게 이해하고 예측할 수 있게 되었다.

> **해설** 초기 거대 언어 모델(LLM)과 비교하여 현재의 LLM은 딥러닝, 트랜스포머 아키텍처, 어텐션 메커니즘 등의 기술적 발전으로 인해 성능이 크게 향상되었다. 초기 NLP 모델은 통계 기반 접근 방식(예 N-그램, Markov 모델)을 사용했지만, 현대의 거대 언어 모델(LLM)은 대부분 '규칙 기반'이 아닌 '딥러닝 기반' 접근 방식을 채택하고 있다. 기존의 규칙 기반 접근 방식은 사람이 직접 규칙을 설정해야 하므로 확장성이 낮고 비효율적이었다. 현대 LLM은 딥러닝과 대규모 데이터를 활용하여 규칙을 자동 학습하며, 사람의 개입 없이 더 정교한 언어 처리가 가능하다. 따라서 정답은 ③이 된다.

17 다음 중 프롬프트 엔지니어링이 필요한 이유로 옳은 것은? (1점)

① AI 학습 과정에서 반드시 수행해야 하기 때문이다.

② AI 모델로부터 원하는 결과를 얻기 위해 필요하다.

③ AI 모델에 필요한 알고리즘을 개발하기 위해 필요하다.

④ 프롬프트 엔지니어링 없이도 AI는 항상 최적의 답변을 제공하기 때문이다.

> **해설** 프롬프트 엔지니어링은 AI 모델이 더 정확하고 유용한 응답을 제공하도록 유도하기 위한 기법이다. AI 모델은 입력된 프롬프트에 따라 다양한 출력을 생성할 수 있으며, 프롬프트를 어떻게 설계하느냐에 따라 출력의 품질이 크게 달라지므로 프롬프트 엔지니어링이 필요하다. 따라서 정답은 ②가 된다.

18 다음 중 프롬프트 엔지니어링에서 모델의 성능을 최적화하기 위해 고려해야 할 요소로 가장 적합하지 않은 것은? (1점)

① 모델의 성능

② 모델의 예상 응답시간

③ 모델의 학습데이터 양

④ 모델의 라이센스 비용

> **해설** 프롬프트 엔지니어링은 AI 모델의 성능을 최적화하고, 원하는 출력을 얻기 위해 입력을 효과적으로 설계하는 과정이다. 이를 위해서는 모델의 성능, 응답 시간, 학습 데이터의 양과 같은 기술적인 요소가 중요하지만, 라이센스 비용은 프롬프트 엔지니어링과 직접적인 관련이 없다. 따라서 정답은 ④가 된다.

19 다음 중 할루시네이션 방지를 위한 전략으로 가장 적절하지 않은 것은? (1점)

① 명확하고 구체적인 지시사항 제공

② 관련 컨텍스트 정보 포함

③ 모델의 확신도 확인 요청

④ 복잡하고 모호한 질문 사용

> **해설** 할루시네이션 방지를 위해서는 명확한 지시사항, 충분한 컨텍스트, 모델의 확신도 확인이 중요하며, 복잡하고 모호한 질문은 AI의 오류 가능성을 높이므로 부적절하다. 따라서 정답은 ④가 된다.

20 다음 중 생성형 AI 애플리케이션 프레임워크에 대한 설명으로 옳지 않은 것은?

① 언어 모델을 이용해 애플리케이션에 쉽게 만들 수 있도록 돕는다.

② 사용자 요구에 따라 모델의 기능을 확장할 수 있도록 지원한다.

③ 모든 문제를 자동으로 해결하며, 사용자의 개입이 전혀 필요 없다.

④ 다양한 AI 작업을 자동화하고 작업 효율성을 높이는 데 도움을 준다.

> **해설** 생성형 AI 애플리케이션 프레임워크는 언어 모델을 활용하여 애플리케이션 개발을 용이하게 하고, 다양한 AI 기능을 확장할 수 있도록 지원하는 역할을 한다. 그러나 모든 문제를 자동으로 해결하며, 사용자의 개입이 전혀 필요 없다는 것은 잘못된 설명이다. 따라서 정답은 ③이 된다.

21 다음 중 생성형 AI 애플리케이션 프레임워크에 해당하지 않는 것은?

① LangChain

② LlamaIndex

③ Haystack

④ Microsoft Word

> **해설** LangChain, LlamaIndex, Haystack은 생성형 AI 애플리케이션을 개발하는 데 사용되는 프레임워크이지만, Microsoft Word는 문서 편집 소프트웨어이므로 생성형 AI 프레임워크에 해당하지 않는다. 따라서 정답은 ④가 된다.

정답 18 ④ 19 ④ 20 ③ 21 ④

22 다음 중 LangChain의 주요 기능으로 가장 적절하지 않은 것은? (1점)

① 프롬프트 관리   ② 메모리 관리

③ 외부 도구 통합   ④ 이미지/동영상 생성

> **해설** LangChain은 거대 언어 모델(LLM)을 활용한 애플리케이션을 쉽게 개발할 수 있도록 지원하는 프레임워크로, 프롬프트 최적화, 메모리 관리, 외부 도구 통합 등의 기능을 제공한다. 그러나, LangChain 자체가 이미지나 동영상을 생성하는 기능을 제공하지 않는다. 따라서 정답은 ④가 된다.

23 다음 중 Naver Clova Studio를 활용한 애플리케이션의 예시로 적절하지 않은 것은?

① 실시간 주식 거래 알고리즘

② 이미지 분석을 통한 제품 추천 시스템

③ 자연어 처리 기반 문서 번역 도구

④ 음성 인식 기반 고객 상담 서비스

> **해설** Naver Clova Studio는 자연어 처리(NLP), 음성 인식, 문서 번역 등 AI 기반의 다양한 서비스를 제공하는 플랫폼이다. 실시간 주식 거래 알고리즘은 금융 시장 데이터를 분석하고, 매매 전략을 자동으로 실행하는 프로그램으로, Naver Clova Studio를 활용해 실시간 주식 거래 알고리즘 개발은 적절하지 않다. 따라서 정답은 ①이 된다.

24 다음 중 LlamaIndex에 대한 설명으로 옳지 않은 것은?

① LLM이 외부 데이터를 효율적으로 검색하고 활용할 수 있도록 돕는다.

② PDF, HTML, CSV와 같은 비정형 데이터를 구조화하여 LLM과 연동할 수 있게 한다.

③ LlamaIndex는 LLM의 성능을 학습 과정에서 직접적으로 개선하는 역할을 한다.

④ API, 데이터베이스 등 다양한 외부 데이터 소스의 실시간 데이터 접근이 가능하다.

> **해설** LlamaIndex는 거대 언어 모델(LLM)이 외부 데이터와 원활하게 연동할 수 있도록 지원하는 프레임워크이다. 주요 기능은 LLM이 비정형 데이터(PDF, HTML, CSV 등)를 검색하고 구조화하여 활용할 수 있도록 도와주는 것이며, LLM 자체의 학습 과정에 직접 개입하지 않는다. 따라서 정답은 ③이 된다.

25 인공지능의 할루시네이션(Hallucination)에 대한 설명으로 옳지 않은 것은?

① 할루시네이션은 훈련 데이터만 충분히 늘리면 완전히 해결할 수 있다.

② 할루시네이션은 훈련 데이터의 과적합, 편향 또는 높은 모델 복잡성 등으로 인해 발생할 수 있다.

③ 할루시네이션으로 인해 AI가 생성한 응답에 대해 신뢰성을 검증해야 한다.

④ 할루시네이션은 거대 언어 모델이 부정확한 출력을 생성하는 현상이다.

정답 22 ④   23 ①   24 ③   25 ①

26 생성형 AI의 적용 분야로 가장 적절하지 않은 것은? (1점)

① 맞춤형 교육 제공을 위한 교육 플랫폼
② 법률 문서 요약
③ 실시간 교통 관리
④ 챗봇을 이용한 금융 상담

해설 생성형 AI는 콘텐츠 생성, 문서 요약, 대화형 챗봇 등의 분야에서 활용될 수 있다. 실시간 교통 관리는 주로 최적화 및 예측 알고리즘이 사용되므로 생성형 AI의 적절한 활용 분야로 보기 어렵다. 따라서 정답은 ③이 된다.

27 다음 중 생성형 AI가 특정 국가에 대해 부정확한 정보를 제공할 수 있는 이유로 가장 적절한 것은?

① 거대 언어 모델은 특정 국가와 관련된 질문을 차단하도록 설계되어 있기 때문이다.
② 거대 언어 모델은 학습된 데이터가 제한적이거나 편향될 수 있기 때문이다.
③ 거대 언어 모델은 모든 국가의 최신 정보를 실시간으로 학습하기 때문이다.
④ 거대 언어 모델은 특정 국가의 정보를 정책적으로 제공하지 않기 때문이다.

해설 거대 언어 모델이 특정 국가에 대해 부정확한 정보를 제공할 수 있는 주된 이유는, 학습된 데이터가 부족하거나 편향될 가능성이 있기 때문이다. 따라서 정답은 ②가 된다.

28 다음 중 소프트웨어 개발 시 생성형 AI 활용 방안으로 가장 적절하지 않은 것은 무엇인가?

① 코드 자동 생성을 통해 개발 생산성을 향상시킨다.
② 코드 리뷰 과정에서 잠재적 버그를 찾아내고 개선점을 제안한다.
③ 실시간 사용자 데이터 분석을 통해 트래픽을 예측하고 서버 리소스를 최적화한다.
④ 문서화 자동 생성을 통해 코드에 대한 설명과 API 문서를 자동으로 작성한다.

해설 생성형 AI는 코드 생성, 자동 문서화, 코드 리뷰 및 버그 탐지 등의 소프트웨어 개발 작업을 지원하는 데 활용될 수 있다. 그러나, 실시간 트래픽 분석 및 서버 리소스 최적화는 생성형 AI가 아닌 데이터 분석 및 최적화 알고리즘이 수행하는 작업이다. 따라서 정답은 ③이 된다.

29 다음 중 생성형 AI 활용 사례에 대한 설명으로 가장 옳지 않은 것은 무엇인가?

① 생성형 AI는 제품 개발에서 디자인 감수와 비용 절감을 가능하게 한다.

② 생성형 AI는 합성 데이터를 생성하여 AI 모델 훈련 및 테스트에 활용될 수 있다.

③ 생성형 AI는 법적 규제 및 인사이트 부족으로 인해 의료 및 보험 분야에서 광범위하게 도입되고 있다.

④ 생성형 AI는 사기 탐지 및 위험 관리에서 대량 데이터를 신속하게 분석하고 이상 징후를 식별하는 데 활용될 수 있다.

> **해설** 생성형 AI는 디자인, 합성 데이터 생성, 사기 탐지 등 다양한 분야에서 활용되고 있지만, 의료 및 보험 분야에서는 법적 규제, 데이터 프라이버시 문제, 윤리적 이슈로 인해 도입이 제한적이다. 따라서 정답은 ③이 된다.

30 생성형 AI를 활용한 응용 프로그램 개발 프레임워크에 대한 설명으로 옳은 것은?

① LangChain은 주로 이미지 처리 작업을 위한 프레임워크이다.

② LlamaIndex는 언어 모델의 이미지 생성 작업을 감수하기 위해 사용된다.

③ Hugging Face Transformers는 NLP 모델과 관련된 다양한 작업을 지원하는 프레임워크이다.

④ OpenAI API는 데이터베이스 관리 및 네트워크 트래픽 감수에 중점을 둔 도구이다.

> **해설** Hugging Face Transformers는 '자연어 처리'를 위해 NLP 모델을 지원하는 프레임워크이며, LangChain, LlamaIndex, OpenAI API는 각각 생성형 AI 애플리케이션 개발에 활용되지만, 이미지 처리나 네트워크 트래픽 감수와 같은 기능을 수행하지 않는다. 따라서 정답은 ③이 된다.

31 다음 중 생성형 AI를 활용해 이커머스 상품 기획전 제목을 작성했을 때, 그 결과를 평가하는 지표로 가장 적절하지 않은 것은?

① 표준 편차(Standard Deviation)

② 블루 스코어(BLEU Score)

③ 고객 만족도 점수(Customer Satisfaction Score)

④ 추천의향 조사(Net Promotor Score)

> **해설** 생성형 AI를 활용하여 이커머스 상품 기획전 제목을 작성했을 때, 그 결과를 평가하는 적절한 지표는 문장 유사도(BLEU Score), 고객 만족도(Customer Satisfaction Score), 추천 의향 조사(Net Promoter Score, NPS) 등을 활용할 수 있다. BLEU Score는 AI가 생성한 텍스트가 사람이 작성한 텍스트와 얼마나 유사한지를 측정하는 지표이고, 고객 만족도 점수는 생성한 제목에 대해 고객이 만족하는 정도를 측정하는 지표이다. 추천의향 조사는 AI가 생성한 상품 기획전 제목이 고객에게 긍정적인 영향을 미쳤는지 평가하는 지표이다. 하지만, 표준 편차는 숫자 데이터의 변동성을 측정하는 통계 지표로, 텍스트 생성 결과의 품질을 직접 평가하기에는 적절하지 않다. 따라서 정답은 ①이 된다.

32 다음 중 생성형 AI 비즈니스 모델의 주요 수익 구조로 가장 적절한 것은 무엇인가? (1점)

① 무상 제공 후 광고 수익에만 의존한다.
② 사용량 기반 과금 또는 구독형 모델을 활용한다.
③ 단일 제품만 제공하여 초기 도입 비용으로 수익을 낸다.
④ 일정 금액 이상의 고정 요금제를 강제한다.

> **해설** 생성형 AI 비즈니스 모델의 주요 수익 구조는 사용량 기반 과금(Pay-as-you-go) 또는 구독형 (Subscription) 모델을 활용하는 방식이 일반적이다. 이러한 수익 모델은 고객이 AI 서비스를 필요에 따라 이용하고 비용을 지불할 수 있도록 유연하게 설계할 수 있다. 따라서 정답은 ②가 된다.

33 다음 중 생성형 AI를 기반으로 한 비즈니스 모델 사례로 가장 적절하지 않은 것은?

① 교육 분야: 학생의 학습 데이터를 분석하여 개인 맞춤형 학습 계획을 제공
② 마케팅 분야: 고객 데이터를 기반으로 맞춤형 광고와 콘텐츠를 자동 생성
③ 제조 분야: 공장 설비의 기계적 결함을 실시간으로 진단하고 유지보수 수행
④ 창작 분야: 텍스트, 이미지, 음악 등 다양한 콘텐츠를 생성하여 제공

> **해설** 생성형 AI는 텍스트, 이미지, 음악 등의 콘텐츠 생성에 강점을 가지며, 기계 결함 진단 및 유지보수 같은 제조 분야의 작업은 전통적인 데이터 분석 및 최적화 알고리즘이 더 적합하다. 따라서 정답은 ③이 된다.

34 다음 중 생성형 AI를 기반으로 한 비즈니스 모델 사례로 가장 적절하지 않은 것은?

① AI가 다양한 상품 리뷰를 분석하고 핵심 내용을 추출해 요약하는 서비스
② 개인의 취향과 입력된 주제를 기반으로 맞춤형 소설이나 시를 생성하는 AI 서비스
③ 실시간 영상 데이터를 분석해 침입자를 식별하고 추적하는 AI 기반 보안 서비스
④ 회의 내용을 실시간으로 받아쓰고 요약하여 회의록을 자동 작성하는 AI 서비스

> **해설** 생성형 AI는 텍스트, 이미지, 음악 생성 등 콘텐츠 생성에 특화되어 있으며, 실시간 영상 감시 및 침입자 탐지는 전통적인 컴퓨터 비전 및 객체 탐지 AI가 더 적합하다. 따라서 정답은 ③이 된다.

35 다음 중 생성형 AI가 비즈니스 모델에서 새로운 수익 흐름을 창출하는 방식에 대한 설명으로 가장 적절한 것은 무엇인가?

① 사용자의 콘텐츠 시청 기록과 선호도를 분석하여 맞춤형 콘텐츠를 제공한다.
② 사용자의 위치 정보를 분석하여 맞춤형 콘텐츠를 제공한다.
③ 생성형 AI를 통해 실시간으로 새로운 콘텐츠를 생성하고 사용자에게 제공한다.
④ 사용자 취향에 맞추기 위하여 직접 입력한 검색 기록만을 기반으로 콘텐츠를 제공한다.

정답 32 ②   33 ③   34 ③   35 ③

생성형 AI는 새로운 콘텐츠(텍스트, 이미지, 음악, 코드 등)를 자동으로 생성하여 비즈니스 모델에서 새로운 수익 흐름을 창출할 수 있다. 이를 통해 기업은 맞춤형 뉴스 기사, 마케팅 콘텐츠, AI 기반 예술 작품, 자동 생성 동영상, AI 작곡 음악 등 다양한 형태의 콘텐츠를 제공하여 수익을 창출할 수 있다. 따라서 정답은 ③이 된다.

36 다음 중 생성형 AI를 활용하여 기업의 생산성을 향상시키는 방법으로 가장 적절한 것은?

① AI를 도입하여 모든 업무를 자동화하고, 직원의 역할을 줄임으로써 인력을 감축한다.

② 생성형 AI를 활용하여 반복적인 업무를 자동화하고, 직원들이 창의적이고 전략적인 업무에 집중할 수 있도록 지원한다.

③ AI를 통해 수집된 데이터를 외부에 판매하여 추가 수익을 창출한다.

④ AI 기술을 도입하지 않고, 기존의 수작업 방식을 유지하여 안정성을 확보한다.

생성형 AI는 기업 내 반복적인 업무를 자동화하여 생산성을 향상시키고, 직원들이 더 가치 있는 창의적 업무에 집중할 수 있도록 지원하는 역할을 한다. 이를 통해 기업은 운영 효율성을 높이고, 업무 프로세스를 최적화하며, 혁신적인 솔루션을 도입할 수 있다. 따라서 정답은 ②가 된다.

37 다음 중 프롬프트 엔지니어링에 대한 설명으로 옳은 것은?

① AI 하드웨어 성능을 향상시키기 위한 기술

② AI 모델의 학습 데이터를 가공하고 추가하는 과정

③ AI 모델에게 입력하는 문장을 최적화하여 원하는 결과를 얻는 과정

④ AI 모델의 학습 알고리즘을 설계하고 구현하는 과정

프롬프트 엔지니어링은 AI 모델이 더 정확하고 유용한 응답을 생성할 수 있도록 입력하는 문장(프롬프트)을 최적화하는 과정이다. 이 기법을 활용하면 같은 AI 모델이라도 더 정교하고 원하는 결과를 얻을 수 있도록 유도할 수 있다. 따라서 정답은 ③이 된다.

38 다음 중 생성형 AI 기반의 개인화된 서비스로 개발할 수 있는 수익 모델로 가장 적절하지 않은 것은 무엇인가? (1점)

① 사용자 맞춤형 AI 코치가 제공하는 헬스케어 서비스 구독 모델

② 사용자의 글쓰기 스타일을 분석하여 맞춤형 문체 교정 서비스를 제공하는 월간 구독 서비스

③ 개인 취향에 맞는 맞춤형 패션 디자인을 제공하는 AI 기반의 의류 추천 서비스

④ AI가 사용자의 개인정보를 수집하여 광고주에게 판매하는 수익 모델

생성형 AI 기반의 개인화 서비스는 구독 모델, 맞춤형 추천, AI 코칭 서비스 등으로 수익을 창출할 수 있지만, 개인정보를 무단으로 수집하여 판매하는 것은 법적·윤리적으로 부적절하다. 따라서 정답은 ④가 된다.

39 다음 중 생성형 AI를 활용하여 업무 생산성을 향상시키는 사례로 가장 적절하지 않은 것은?

① 고객의 문의에 대한 자동화된 응답 작성

② 데이터 분석 결과를 바탕으로 보고서 초안 생성

③ 기업의 재무제표를 감리하고 감사 업무를 직접 수행

④ 프로젝트 회의 내용을 요약하여 팀원들과 공유

> **해설** 생성형 AI는 반복적인 업무를 자동화하고, 문서 생성 및 요약, 고객 응대 등의 작업을 지원하여 업무 생산성을 향상시키는 역할을 한다. 그러나, 기업의 재무제표 감리 및 감사 업무는 생성형 AI가 직접 수행하기에는 부적절하며, 전문적인 회계 기준과 법적 규정을 준수해야 하는 영역이므로 사람이 직접 검토해야 한다. 따라서 정답은 ③이 된다.

40 다음 중 생성형 AI를 활용한 업무 생산성 향상에 대한 설명으로 가장 적절한 것은?

① 생성형 AI는 정해진 작업을 수행하는 데 감수되어 있어 창의적 문제 해결에는 적합하지 않다.

② 생성형 AI는 텍스트, 이미지, 코드 등의 다양한 콘텐츠를 생성할 수 있어 반복적인 작업을 자동화하는 데 유용하다.

③ 생성형 AI는 데이터 학습이 필요하지 않으므로 즉각적으로 모든 산업에 적용할 수 있다.

④ 생성형 AI는 인간의 업무를 완전히 대체하며, 인간의 개입이 필요하지 않다.

> **해설** 생성형 AI는 텍스트, 이미지, 코드 등의 새로운 콘텐츠를 자동으로 생성할 수 있으며, 반복적인 업무를 자동화하여 업무 생산성을 향상시키는 데 유용하다. 기업에서는 문서 요약, 이메일 작성, 마케팅 콘텐츠 생성, 코드 자동 완성, 고객 응대 챗봇 등 다양한 분야에서 생성형 AI를 활용하여 생산성을 높일 수 있다. 따라서 정답은 ②가 된다.

41 다음 중 생성형 AI로 인해 투입 비용을 절감할 수 있는 분야로 옳은 것은?

① AI 기반 데이터센터 냉각 시스템 운영 최적화를 통해 전력 비용 절감

② AI가 대형 공장의 기계 유지보수 작업을 직접 수행해 인건비를 절감하는 사례

③ AI가 기업 재무제표를 감사하고 세금 보고서를 제출해 회계 비용 절감

④ AI가 대면 법률 상담을 전담하여 법률 비용을 절감

> **해설** 생성형 AI를 활용하여 데이터센터 냉각시스템 운영을 최적화한다면 전력 사용량을 줄이고 운영 효율성을 높여 비용 절감에 기여할 수 있다. 실제로 Google은 DeepMind AI를 활용하여 데이터센터의 냉각 시스템 운영을 최적화하고, 전력 소비를 최대 40% 절감한 사례를 보유하고 있다. 따라서 정답은 ①이 된다.

42 A사는 AI 도입을 통해 연간 약 36만 시간이 소요되던 계약 검토 작업을 몇 초 내에 완료할 수 있게 되었다. 기존 프로세스에서는 1시간당 100달러의 비용이 발생했다고 가정할 때, AI 도입으로 인한 연간 비용 절감 효과는 얼마인가?

① 360만 달러 ② 3,600만 달러
③ 36만 달러 ④ 72만 달러

> **해설** A사는 AI 도입을 통해 연간 36만 시간(360,000시간)이 소요되던 계약 검토 작업을 몇 초 내에 완료할 수 있게 되었고, 기존 프로세스에서는 1시간당 100달러의 비용이 발생하므로, 연간 비용 절감 효과는 다음과 같이 계산된다.
> 360,000×100=36,000,000 달러(3,600만 달러)
> 따라서 정답은 ②가 된다.

43 다음 중 프롬프트 엔지니어링의 목적으로 옳지 않은 것은? (1점)

① AI 모델이 사용자의 의도를 더 정확히 이해하도록 돕는다.
② 원하는 결과를 얻기 위해 입력 형식을 설계하고 감수한다.
③ 모델의 학습 데이터를 직접 변경하여 새로운 정보를 추가한다.
④ AI의 응답 품질을 개선하고, 작업의 효율성을 높인다.

> **해설** 프롬프트 엔지니어링은 AI 모델의 학습 데이터를 직접 변경하지 않으며, 모델이 기존 지식을 더 잘 활용하도록 입력을 최적화하는 과정이다. 따라서 정답은 ③이 된다.

44 다음 중 프롬프트 엔지니어링이 중요한 이유로 가장 적합하지 않은 것은? (1점)

① AI 모델의 편향성 감소 ② AI 시스템의 처리 속도 개선
③ 작업 수행의 정확도 향상 ④ 사용자 경험 최적화

> **해설** 프롬프트 엔지니어링은 AI 모델의 편향성을 줄이고, 작업 정확도를 향상시키며, 사용자 경험을 최적화하는 데 중요한 역할을 하지만, AI 시스템의 처리 속도를 직접 개선하지는 않는다. 따라서 정답은 ②가 된다.

45 다음 중 프롬프트 엔지니어링에 대한 설명으로 가장 적절하지 않은 것은?

① 프롬프트는 구체적이고 명확하게 작성할수록 AI가 더 나은 결과를 생성할 수 있다.
② 프롬프트 엔지니어링은 AI의 출력 품질을 높이고 작업 효율성을 개선할 수 있다.
③ 프롬프트 엔지니어링은 AI 모델의 학습 알고리즘을 수정하여 성능을 향상시킨다.
④ 프롬프트에 포함된 정보의 순서와 형식은 AI의 응답에 영향을 미칠 수 있다.

프롬프트 엔지니어링은 AI 모델이 더 나은 출력을 생성하도록 입력을 최적화하는 과정이지만, 모델의 학습 알고리즘 자체를 수정하는 것은 아니다. 따라서 정답은 ③이 된다.

46 다음 중 프롬프트의 구성 요소에 해당하지 않는 것은? (1점)

① 모델이 수행할 특정 작업을 지시하는 지시(Instruction)
② 더 나은 응답을 위해 제공되는 문맥(Context)
③ 모델의 학습 데이터를 조정하는 데이터 튜닝(Data Tuning)
④ 출력의 유형이나 형식을 지정하는 출력 지시자(Output Indicator)

프롬프트의 구성 요소는 지시(Instruction), 문맥(Context), 출력 지시자(Output Indicator) 등이 포함되며, 데이터 튜닝(Data Tuning)은 AI 모델의 학습 데이터를 조정하는 과정으로, 프롬프트의 구성 요소가 아니다. 따라서 정답은 ③이 된다.

47 생성형 AI에게 단계적으로 질문을 할 때에 2단계 빈칸에 들어갈 알맞은 프롬프트는 무엇인가? (1점)

1단계	"여름 휴가로 유럽 여행을 가고 싶은데, 인기 있는 여행지는 어디인가요?"
AI 답변	"여름철 유럽 여행지로는 이탈리아 로마, 프랑스 파리, 스페인 바르셀로나, 그리스 산토리니 등이 인기 있습니다."
2단계	( )
AI 답변	"주요 명소로는 로마의 콜로세움, 파리의 에펠탑, 바르셀로나의 사그라다 파밀리아, 산토리니의 아름다운 석양이 있습니다."
3단계	"이 도시들을 여행할 때 효율적인 일정은 어떻게 짤 수 있나요?"
AI 답변	"이탈리아에서 시작해 프랑스, 스페인, 그리스 순으로 이동하며 각 도시에 2~3일씩 머무는 일정이 효율적입니다."

① "유럽에서 즐길 수 있는 액티비티는 무엇인가요?"
② "유럽 여행 시 필요한 준비물은 무엇인가요?"
③ "유럽 각 도시의 주요 명소는 어디인가요?"
④ "유럽 여행 계획은 어떻게 세우나요?"

1단계에서 "여름 휴가로 유럽 여행을 가고 싶은데, 인기 있는 여행지는 어디인가요?"라는 질문을 통해 AI가 유럽의 인기 여행지를 추천했다. 단계적 질문을 위해 2단계에서는 이 여행지에 대한 추가 정보를 요청하는 것이 자연스럽다. 따라서, "유럽 각 도시의 주요 명소는 어디인가요?"라는 질문이 가장 적절하다. 따라서 정답은 ③이 된다.

46 ③ 47 ③

48 다음 중 프롬프트 엔지니어링의 기본 원칙으로 적절하지 않은 것은?

① 프롬프트는 명확하고 간결하게 작성되어야 한다.

② 프롬프트는 모델의 학습 데이터를 직접 수정해야 한다.

③ 프롬프트는 모델이 수행할 작업을 정확하게 지시해야 한다.

④ 프롬프트는 필요한 문맥 정보를 포함해야 한다.

> **해설** 프롬프트 엔지니어링의 핵심은 명확하고 구체적인 입력을 제공하여 AI 모델이 원하는 출력을 생성하도록 유도하는 것이며, 학습 데이터를 직접 수정하는 것은 프롬프트 엔지니어링의 범위에 포함되지 않는다. 따라서 정답은 ②가 된다.

49 다음 중 생성형 AI 활용 시 저작권 준수 원칙에 대한 설명으로 옳지 않은 것은? (1점)

① 생성형 AI가 생성한 콘텐츠는 저작권이 없으므로 자유롭게 사용할 수 있다.

② 생성형 AI로 만든 콘텐츠는 기존 저작물과의 저작권 침해 여부를 반드시 검토해야 한다.

③ 생성형 AI가 생성한 콘텐츠를 활용할 때는 원 저작자나 출처를 명시해야 한다.

④ 생성형 AI 활용 시 저작권 침해 방지를 위해 표절 검사 도구를 사용할 수 있다.

> **해설** 생성형 AI가 생성한 콘텐츠는 반드시 저작권 검토가 필요하며, 기존 저작물과의 유사성을 확인하고 출처를 명시하는 것이 중요하기 때문에 'AI 생성 콘텐츠는 저작권이 없으므로 자유롭게 사용 가능하다'는 잘못된 설명이다. 따라서 정답은 ①이 된다.

50 다음 문장이 설명하는 프롬프트 엔지니어링 기법은 무엇인가?

① 롤 플레잉 기법(Role-playing)

② 퓨샷 기법(Few Shot)

③ 제로샷 기법(Zero Shot)

④ 사고의 연쇄 기법(Chain of Thought)

> **해설** 사고의 연쇄 기법(Chain of Thought, CoT)은 AI 모델에게 단계적인 사고 과정을 유도하여 논리적이고 정교한 답변을 생성하도록 하는 기법으로, 제시된 문장에서는 사고의 연쇄기법을 설명하고 있다. 따라서 정답은 ④가 된다.

51 다음 중 생성형 AI를 활용하여 투입 비용을 절감할 수 있는 사례로 가장 적절한 것은?

① 고객의 요청에 따라 맞춤형 코딩 서비스를 제공하기 위해 수작업으로 코드를 작성한다.
② 대량의 데이터 입력 작업을 AI 기반 자동화 도구를 통해 처리한다.
③ 기업 내부 문서를 검토하고 요약하기 위해 전담 인력을 확충한다.
④ 광고 콘텐츠를 제작하기 위해 전문 디자이너를 지속적으로 고용한다.

> **해설** 생성형 AI를 활용하면 반복적인 데이터 입력 작업을 자동화하여 업무 속도를 높이고 인건비를 절감할 수 있다. 이는 AI 기반 자동화가 가장 효과적인 비용 절감 사례 중 하나이다. 나머지 보기는 비용 절감이 아니라 오히려 인건비 증가로 이어질 수 있다. 따라서 정답은 ②가 된다.

52 다음 중 생성형 AI 활용 시 개인정보 보호에 대한 설명으로 적절하지 않은 것은?

① 생성형 AI가 처리하는 데이터에 개인 식별 정보가 포함될 수 있으므로 민감한 정보를 입력하지 않도록 주의해야 한다.
② 생성형 AI를 통해 수집한 데이터가 제3자에게 제공될 경우 사용자 동의를 받아야 한다.
③ 생성형 AI를 활용한 콘텐츠 생성 시 개인정보 보호법 등 관련 법규를 준수해야 한다.
④ 생성형 AI는 학습 데이터에서 개인정보를 자동으로 필터링하므로 추가적인 검토는 필요 없다.

> **해설** 생성형 AI는 학습 데이터에서 개인정보를 자동으로 필터링하지 않으므로, 개인정보 보호를 위해 AI가 생성한 데이터를 추가로 검토하는 과정이 반드시 필요하다. 따라서 정답은 ④가 된다.

53 대규모 언어 모델(LLM) 운영 비용 감수를 위해 다음 중 가장 적절한 전략 조합은 무엇인가?

> 가. 작업의 복잡도와 요구 사항에 따라 적절한 크기의 모델을 선택한다.
> 나. 사용량 데이터를 지속적으로 모니터링하고, 비효율적인 사용을 식별해 감수한다.
> 다. 모든 작업에서 일관된 품질을 보장하기 위해 가장 큰 모델을 항상 사용한다.
> 라. 프롬프트 엔지니어링을 활용하여 토큰 사용량을 줄이고 응답 품질을 감수한다.

① 가, 나, 라   ② 가, 나, 다
③ 나, 다, 라   ④ 가, 다, 라

> **해설** LLM 운영 비용을 감수하기 위해서는 적절한 모델 선택, 사용량 최적화, 프롬프트 엔지니어링을 활용한 토큰 절약이 중요하며, 무조건 가장 큰 모델을 사용하는 것은 비용 증가로 이어지므로 적절한 전략이 아니다. 따라서 정답은 ①이 된다.

정답 51 ②   52 ④   53 ①

54 다음 중 ChatGPT-4의 기능에 대한 설명으로 올바르지 않은 것은? (1점)

① 이전 모델보다 더 높은 정확도의 응답을 제공한다.

② 기본적으로 텍스트 입력만 처리 가능하다.

③ 다국어 지원 및 실시간 번역 기능을 제공한다.

④ 이미지와 텍스트를 모두 처리할 수 있는 멀티모달 기능을 제공한다.

> **해설** ChatGPT-4는 텍스트뿐만 아니라 이미지도 처리할 수 있는 멀티모달 기능을 제공하므로, '기본적으로 텍스트 입력만 처리 가능하다'는 설명은 부정확하다. 따라서 정답은 ②가 된다.

55 다음 중 특정 도메인(예 의료, 법률)에 특화된 최적 모델링을 검토할 때 가장 적합하지 않은 것은?

① 도메인 특화 데이터로 사전 훈련된 모델 파인튜닝

② 도메인 전문가의 검토 및 피드백 반영

③ 모델 개발자의 학력과 경력

④ 도메인 특화 평가 지표 개발 및 적용

> **해설** 도메인 특화 AI 모델을 검토할 때는 '데이터 학습, 전문가 피드백, 도메인 평가 지표'가 중요한 요소이며, 모델 개발자의 학력과 경력은 성능 최적화와 직접적인 연관이 없다. 따라서 정답은 ③이 된다.

56 다음 중 ChatGPT 모델을 선택할 때 요구사항에 가장 적합한 모델을 고르는 기준으로 적절하지 않은 것은?

① 응답 속도가 중요한 경우, ChatGPT 3.5는 ChatGPT 4.0보다 빠른 응답을 제공하므로 적합하다.

② 복잡한 언어 이해와 다양한 언어 지원이 필요한 경우, ChatGPT 4.0은 더 높은 정확도와 다국어 지원을 제공하므로 적합하다.

③ 멀티모달 입력 처리와 실시간 번역이 필요한 경우, Chat GPT-4o는 텍스트, 이미지, 오디오를 처리하며 실시간 번역 기능을 제공하므로 적합하다.

④ 특정 도메인에 특화된 응답을 원할 경우, ChatGPT 3.5는 사용자에게 학습 데이터 수정 기능을 제공하므로 적합하다.

> **해설** ChatGPT 모델 선택 시, 응답 속도, 언어 이해력, 멀티모달 처리 기능을 고려해야 하지만, 학습 데이터 수정 기능은 제공되지 않으므로 특정 도메인 특화 응답을 원할 경우 파인튜닝 또는 RAG 기술을 활용해야 한다. 따라서 정답은 ④가 된다.

57 다음 중 프롬프트 엔지니어링에서 성능 최적화와 직접 관련 있는 항목을 연결한 것은?

① 모델의 응답 정확도 – 프롬프트 작성 방법

② 모델의 학습 데이터 양 – 라이센스 비용

③ 예상 응답 시간 – 입력 데이터의 양

④ 모델의 라이센스 비용 – 사용 기간 계약 조건

> **해설** 프롬프트 엔지니어링에서 성능 최적화는 보통 AI 모델의 응답 품질을 의미한다. 즉, 정확한 응답이 나온다면 성능이 높다고 말한다. 문제에서 '성능 최적화'라는 표현은 응답의 정확도를 높이기 위한 과정을 의미한다. 프롬프트 작성 방법이 모델의 응답 정확도에 직접적인 영향을 미치므로, '모델의 응답 정확도 – 프롬프트 작성 방법'이 가장 적절한 연결이다. 따라서 정답은 ①이 된다.

58 LLM(거대 언어 모델) 기반 개발 프레임워크가 필요한 이유로 적절하지 않은 것은?

① LLM을 활용한 개발 프레임워크는 모델의 학습 데이터에 따라 발생할 수 있는 편향성을 줄이고, 결과의 신뢰성을 높이는 데 도움을 줄 수 있다.

② 개발 프레임워크는 개발자가 복잡한 모델 학습 과정을 직접 다룰 필요 없이 애플리케이션에 통합할 수 있도록 지원한다.

③ LLM 기반 프레임워크는 다양한 응용 분야의 특수한 요구사항을 충족하기 위해 모델의 커스터마이징을 용이하게 한다.

④ LLM 기반 개발 프레임워크는 별도의 평가나 테스트 없이 바로 제품에 적용할 수 있어 개발 속도를 극대화한다.

> **해설** 개발 프레임워크를 통해 Retrieval-Augmented Generation(RAG) 기법 등을 활용한다면, 학습 데이터의 편향성을 줄일 수 있다. 또한, 개발 프레임워크를 통해 복잡한 모델 학습 과정을 직접 다룰 필요 없이 애플리케이션에 통합할 수 있고, 맞춤형 모델을 쉽게 구축할 수 있도록 지원할 수 있다. 하지만, 모델을 별도의 평가 없이 제품에 바로 적용하는 것은 적절하지 않다. 따라서 정답은 ④가 된다.

59 생성형 AI의 활용 효율성을 높이는 전략으로 적절하지 않은 것은?

① 모델의 성능과 작업 요구 사항에 따라 적합한 AI 모델을 선택한다.

② 프롬프트를 최적화하여 불필요한 토큰 사용을 줄인다.

③ 토큰의 계산 방식을 고려해 프롬프트를 설계한다.

④ AI가 더 정교하게 분석하도록 프롬프트를 복잡하게 작성한다.

> **해설** 생성형 AI의 활용 효율성을 높이려면, 명확하고 간결한 프롬프트를 작성해야 하며, 불필요하게 복잡한 문장은 오히려 AI의 성능을 저하시킬 수 있다. 따라서 정답은 ④가 된다.

정답 57 ① 58 ④ 59 ④

60 빈칸에 들어갈 단어가 순서에 맞게 짝지어진 것은 무엇인가?

> LLM을 운영할 때 비용을 절감하기 위해서는 작업에 적합한 모델을 선택하고, (   )을/
> 를 통해 불필요한 토큰 사용을 줄이며, 사용량 추적 메커니즘을 구현하는 것이 중요하다. 반
> 면, (   )은/는 오히려 비용을 증가시킬 수 있으므로 신중하게 고려해야 한다.

① 프롬프트 최적화 / 항상 최신 모델을 사용하는 것
② 모델의 학습 데이터 증가 / 모든 작업에서 최대 규모의 모델을 사용하는 것
③ 모델의 학습 데이터 증가 / 응답 속도를 줄이는 것
④ 프롬프트 최적화 / 응답 속도를 줄이는 것

> 해설 LLM 운영 비용 절감을 위해서는 '프롬프트 최적화'를 통해 불필요한 토큰 사용을 줄이고, 비용이 많
> 이 드는 최신 모델을 사용하는 것 대신, 목적에 따라 적절한 모델을 사용하는 것이 중요하다. 예를 들어, 고객 문
> 의 응답, FAQ 챗봇, 기본적인 문장 요약 등의 작업에는 GPT-4보다 비용이 저렴한 GPT-3.5를 사용해도 충
> 분하다. 논리적 추론이 필요한 글쓰기, 정교한 코드 작성, 고품질 번역 작업이 요구된다면 GPT-4가 필요할 수
> 있다. 이미지와 텍스트를 함께 분석해야 하는 작업이라면 GPT-4o 같은 멀티모달 모델이 효과적이다. 따라서
> 정답은 ①이 된다.

Chapter 1 생성형 인공지능

1. 생성형 AI 개념

https://www.ibm.com/kr-ko/topics/generative-ai
https://addepto.com/blog/generative-ai-for-data-augmentation-how-to-use-it/
https://blog-ko.superb-ai.com/core-principles-of-generative-ai-and-deep-learning/#생성형-ai
의-핵심이-되는-심층신경학습망deep-neural-network이란
https://www.elastic.co/kr/what-is/generative-ai
https://www.nvidia.com/en-us/glossary/generative-ai/

2. 생성형 AI 동작 방식

https://eiec.kdi.re.kr/publish/reviewView.do?ridx=14&idx=143&fcode=000020003600003
https://www.sciencefocus.com/future-technology/gpt-3
https://www.nvidia.com/en-us/glossary/generative-ai/

3. 생성형 AI 종류

https://openai.com/index/chatgpt/
https://www.techtarget.com/searchenterpriseai/definition/Google-Gemini
https://medium.com/aimonks/google-bard-9126747fbc95
https://ai.google.dev/gemini-api/docs/changelog?hl=ko
https://tech.co/news/what-is-claude-ai-anthropic
https://www.zdnet.com/article/anthropics-claude-3-chatbot-claims-to-outperform-chatgpt-gemini/
https://aws.amazon.com/ko/polly/
https://cloud.google.com/text-to-speech?hl=ko
https://clovadubbing.naver.com/
https://www.synthesia.io/
https://pictory.ai/?el=2000b&htrafficsource=pictoryblog
https://runwayml.com/
https://openai.com/index/musenet/
https://www.aiva.ai/
https://github.com/features/copilot
https://meetcody.ai/ko/blog/앤트로픽의-도구와-클로드-3로-작업을-자동화하는-방/
https://openai.com/index/openai-codex/
https://blog.google/technology/ai/google-gemini-ai/#performance
https://www.techtarget.com/whatis/definition/ChatGPT
https://openai.com/index/chatgpt/
https://docs.anthropic.com/ko/docs/intro-to-claude

4. AI 기술의 발전과정

Smith, J.(2023). A brief history of AI: How to prevent another winter(A critical review). AI Journal, 12(3), 45 – 67. https://doi.org/xxxx

Q. Wang, "Support Vector Machine Algorithm in Machine Learning," 2022 IEEE International Conference on Artificial Intelligence and Computer Applications(ICAICA), Dalian, China, 2022, pp. 750–756, doi: 10.1109/ICAICA54878.2022.9844516.

https://ethw.org/First–Hand:The_Hidden_Markov_Model

Russell, S., & Norvig, P.(2010). Artificial intelligence: A modern approach(3rd ed.). Pearson.

https://medium.com/@genedarocha/a–brief–history–of–geoffrey–hinton–a–i–researcher–2aae15dc6756

Vaswani, A., Shazeer, N., Parmar, N., Uszkoreit, J., Jones, L., Gomez, A. N., Kaiser, Ł., & Polosukhin, I.(2017). Attention is all you need. Advances in Neural Information Processing Systems, 30, 5998 – 6008. https://doi.org/10.48550/arXiv.1706.03762

https://www.science.org/doi/10.1126/science.aar6404

https://www.edlitera.com/blog/posts/gpt–models–history

Chapter 2 거대 언어 모델

1. 거대 언어 모델 개념

https://www.entrypointai.com/blog/pre–training–vs–fine–tuning–vs–in–context–learning–of–large–language–models/

https://aws.amazon.com/what–is–large–language–model/

https://kili–technology.com/large–language–models–llms/the–ultimate–guide–to–fine–tuning–llms–2024#what–is–llm–fine–tuning?

2. 거대 언어 모델 발전과정

Mikolov, T., Chen, K., Corrado, G., & Dean, J.(2013). Efficient estimation of word representations in vector space. arXiv preprint arXiv:1301.3781. https://doi.org/10.48550/arXiv.1301.3781

https://swimm.io/learn/large–language–models/what–is–word2vec–and–how–does–it–work

https://www.dremio.com/wiki/word2vec/

https://openai.com/index/chatgpt/

Radford, A., Narasimhan, K., Salimans, T., & Sutskever, I.(2018). Improving language understanding by generative pre–training. OpenAI. https://cdn.openai.com/research–covers/language–unsupervised/language_understanding_paper.pdf

Elman, J. L.(1990). Finding structure in time. Cognitive Science, 14(2), 179 – 211. https://doi.org/10.1207/s15516709cog1402_1

Hochreiter, S., & Schmidhuber, J.(1997). Long short–term memory. Neural Computation, 9(8), 1735 – 1780. https://doi.org/10.1162/neco.1997.9.8.1735

Bahdanau, D., Cho, K., & Bengio, Y.(2014). Neural machine translation by jointly learning to align and translate. arXiv preprint arXiv:1409.0473. https://doi.org/10.48550/arXiv.1409.0473

Vaswani, A., Shazeer, N., Parmar, N., Uszkoreit, J., Jones, L., Gomez, A. N., Kaiser, Ł., & Polosukhin, I.(2017). Attention Is All You Need. Advances in Neural Information Processing Systems, 30. Available at: https://arxiv.org/abs/1706.03762

Devlin, J., Chang, M. W., Lee, K., & Toutanova, K.(2018). BERT: Pre–training of deep bidirectional transformers for language understanding. arXiv preprint arXiv:1810.04805.

https://www.datacamp.com/tutorial/how-transformers-work

https://callchimp.ai/blogs/the-evolution-of-language-modeling-from-word2vec-to-gpt

3. 거대 언어 모델 주요 과제

https://deeperinsights.com/ai-blog/the-costs-and-complexities-of-training-large-language-models

https://www.rim-ai.com/en/blog/data-challenges-llm

https://enterprise.kt.com/bt/dxstory/2521.do

https://adasci.org/how-much-energy-do-llms-consume-unveiling-the-power-behind-ai/

4. 거대 언어 모델 발전 요소

https://www.ibm.com/think/topics/self-supervised-learning

https://medium.com/@zhonghong9998/attention-mechanisms-in-deep-learning-enhancing-model-performance-32a91006092a

https://www.linkedin.com/pulse/parameters-llm-models-simple-explanation-gaurang-desai-kabfe/

5. 거대 언어 모델 학습 방식

https://www.ibm.com/think/topics/self-supervised-learning

https://www.linkedin.com/pulse/mastering-unsupervised-learning-generative-models-aravind-raghunathan/

Bommasani, R., Aghajanyan, A., Narayanan, D., et al.(2021). On the Opportunities and Risks of Foundation Models. Stanford Center for Research on Foundation Models. Available at:

https://aws.amazon.com/what-is/reinforcement-learning-from-human-feedback/

https://crfm.stanford.edu/report.html

https://openai.com/index/chatgpt/

https://www.ibm.com/think/topics/supervised-learning

https://www.ibm.com/think/topics/unsupervised-learning

https://aws.amazon.com/what-is/reinforcement-learning/

https://research.ibm.com/blog/what-are-foundation-models

Chapter 3 프롬프트 엔지니어링

1. 프롬프트 엔지니어링 개념 및 중요성

https://www.promptingguide.ai/kr

https://skimai.com/ko/프롬프트-엔지니어링이란

https://www.promptingguide.ai/kr/introduction/elements

https://www.samsungsds.com/kr/insights/prompt-engineering.html

2. 프롬프트 엔지니어링 단계

OpenAI 가이드라인 및 문서(OpenAI Documentation), "Effective Prompt Engineering Practices," 학계 및 산업 보고서, AI 활용 실무자들의 블로그 및 사례 연구

https://cdecl.github.io/dev/ai-prompt-engineering/

https://www.leewayhertz.com/prompt-engineering/#Insight:BridgingtheAI-humancommunicationgap:
Acomprehensiveguidetopromptengineering-Keyelementsofaprompt

3. 프롬프트 구성 요소
https://www.promptingguide.ai/kr/introduction/elements
https://www.leewayhertz.com/prompt-engineering/#Insight:BridgingtheAI-humancommunicationgap:
Acomprehensiveguidetopromptengineering-Keyelementsofaprompt

4. 좋은 프롬프트를 위한 작성 원칙
https://platform.openai.com/docs/guides/prompt-engineering

5. 프롬프트 엔지니어링 기법
https://www.magicaiprompts.com/blog/prompt-engineering-guide-in-llm
https://pub.aimind.so/prompts-masterclass-output-formatting-custom-output-6-256bb3b0d14e
https://www.promptingguide.ai/kr/techniques/prompt_chaining

6. 인컨텍스트 러닝
https://www.lakera.ai/blog/what-is-in-context-learning
Brown, T., Mann, B., Ryder, N., Subbiah, M., Kaplan, J., Dhariwal, P., Neelakantan, A., et al.(2020). Language models are few-shot learners. *Advances in Neural Information Processing Systems(NeurIPS)*, 33, 1877-1901. Available at: https://arxiv.org/abs/2005.14165

7. 프롬프트 전략 패턴
https://www.linkedin.com/pulse/day-6-mastering-basics-role-based-goal-oriented-prompting-gupta-ughqe/
White, J., Fu, Q., Hays, S., Sandborn, M., Olea, C., Gilbert, H., Elnashar, A., Spencer-Smith, J., & Schmidt, D. C.(연도). A Prompt Pattern Catalog to Enhance Prompt Engineering with ChatGPT. Department of Computer Science, Vanderbilt University, Tennessee.
https://www.prompthub.us/blog/prompt-patterns-what-they-are-and-16-you-should-know
https://medium.com/@priyeshdave90/mastering-prompting-an-introduction-and-deep-dive-into-step-by-step-modular-decomposition-79b7ed19fd9f

Chapter 4 거대 언어 모델의 신뢰성과 윤리

1. 거대 언어 모델의 할루시네이션
https://www.kci.go.kr/kciportal/ci/sereArticleSearch/ciSereArtiView.kci?sereArticleSearchBean.artiId=ART003124092
https://www.kci.go.kr/kciportal/ci/sereArticleSearch/ciSereArtiView.kci?sereArticleSearchBean.artiId=ART003125816
http://www.sisa-news.com/news/article.html?no=238748
https://www.ibm.com/kr-ko/topics/ai-hallucinations
https://www.lecturernews.com/news/articleView.html?idxno=129556

Nicholas, G., & Bhatia, A.(2023). Lost in translation: Large language models in non-English content analysis. Center for Democracy & Technology. https://cdt.org/insights/lost-in-translation-large-language-models-in-non-english-content-analysis/

https://clova.ai/tech-blog/ko-hyperclova-x-한국어에-최적화된-최첨단-ai-모델

https://cloud.google.com/discover/what-are-ai-hallucinations?hl=ko

2. 거대 언어 모델의 편향성

https://www.ibm.com/think/topics/ai-bias

https://www.ibm.com/kr-ko/think/topics/shedding-light-on-ai-bias-with-real-world-examples

https://blog-ko.superb-ai.com/generative-ai-and-the-data-bias-problem-what-is-data-bias-and-how-can-it-be-solved

https://www.kci.go.kr/kciportal/ci/sereArticleSearch/ciSereArtiView.kci?sereArticleSearchBean.artiId=ART003024313

3. 개인정보보호 및 저작권 준수

Carlini, N., Tramer, F., Wallace, E., Jagielski, M., Herbert-Voss, A., Lee, K., ... & Erlingsson, U.(2021). Are Large Pre-Trained Language Models Leaking Your Personal Information? Proceedings of the 30th USENIX Security Symposium(USENIX Security 21). Retrieved from https://arxiv.org/abs/2012.07805

https://www.boannews.com/media/view.asp?idx=121107

https://medium.com/@deconch30/understanding-data-privacy-protection-and-algorithmic-bias-mitigation-d14615bf42f6

https://www.etnews.com/20240213000015

https://www.cio.com/article/3522716/오픈소스-생성형-ai에서-주의해야-할-10가지-사항.html

한국저작권위원회, 생성형 AI 저작권 안내서(2023년)

한국지능정보사회진흥원, AI윤리가이드북(2023년)

Chapter 5 프롬프트 엔지니어링 적용 방법

1. 생성형 AI 모델 선정 방법

https://help.openai.com/en/articles/7102672-how-can-i-access-gpt-4-gpt-4-turbo-gpt-4o-and-gpt-4o-mini

https://dida.do/openai-s-api-pricing-cost-breakdown-for-gpt-3-5-gpt-4-and-gpt-4o

https://www.donga.com/news/lt/article/all/20240521/125038885/1

https://blog.naver.com/cha6718/223446208854

https://kr.beincrypto.com/learn-kr/chatgpt-review/

https://www.linkedin.com/pulse/chatgpt-40-vs-4o-which-ai-tool-best-writers-bloggers-p-jay-massey-%E3%83%84-smnje/

https://www.krishaweb.com/blog/chatgpt-3-5-vs-chatgpt-4-0-vs-chatgpt-4o/

https://blog.tigris.cloud/190

https://www.artfish.ai/p/all-languages-are-not-created-tokenized

2. 애플리케이션 개발 프레임워크

https://codeinstitute.net/global/blog/what-is-a-framework/
https://www.spiceworks.com/tech/tech-general/articles/what-is-framework/
https://aws.amazon.com/ko/what-is/langchain/
https://www.ibm.com/kr-ko/topics/langchain
https://www.samsungsds.com/kr/insights/what-is-langchain.html?
https://docs.llamaindex.ai/en/stable/
https://www.ncloud.com/product/aiService/clovaStudio
https://www.techtarget.com/whatis/definition/Hugging-Face
https://www.tensorflow.org
https://scikit-learn.org/stable/
https://pytorch.org/

3. 클라우드 서비스 활용

https://aws.amazon.com/ko/what-is-cloud-computing
https://cloud.google.com/learn/what-is-cloud-computing

Chapter 6 | 생성형 AI 활용 사례 및 도입 효과

1. 생성형 AI 활용 사례

https://openai.com/index/dall-e-2
https://www.diffus.me
https://www.adobe.com/kr/products/photoshop.html
https://www.microsoft.com/ko-kr/microsoft-365/microsoft-designer
https://www.ft.com/content/3b443015-25e1-4a13-b68f-ec769934ec75
https://www.ibm.com/kr-ko/think/topics/generative-ai-banking
https://www.duolingo.com/
https://aipure.ai/kr/articles/how-to-use-harvey-a-comprehensive-guide-for-legal-pros
https://www.ibm.com/products/watsonx-assistant/healthcare
https://resources.github.com/copilot-demo/
https://docs.github.com/ko/copilot/using-github-copilot

2. 생성형 AI 기반 비즈니스 모델

https://blog.comento.kr/three-stages-of-adopting-generative-ai
https://bcgblog.kr/maximizing-the-potential-of-generative-ai
https://blog.comento.kr/three-stages-of-adopting-generative-ai
https://mokeya2.tistory.com/entry/생성형-AI거대 언어 모델-앱-서비스와-비즈니스-모델

3. 생성형 AI 도입 효과

https://blog.comento.kr/three-stages-of-adopting-generative-ai
https://www.samsungsds.com/kr/insights/generative-ai-excellence.html

책 소개

본 도서는 AI 서비스를 처음 접하거나 수많은 서비스 중에 어떤 것을 사용해야 할지 모르는 독자를 대상으로 AI 서비스별로 대표적인 특징을 간단하게 구현할 수 있는 방법을 소개하였기에, 도서를 학습한 후 원하는 AI 서비스를 선택하여 활용할 수 있게 하는 데 목적이 있습니다.

본 도서의 내용은 다양한 관공서, 학교, 업체, 교육기관에서 김종철 저자가 강의한 내용 중 가장 호응이 높았던 AI 서비스와 강의 내용을 바탕으로 구성했습니다.

이 책의 특징

첫째, AI 입문자나 수많은 서비스 중에 어떤 것을 사용해야 할지 모르는 독자를 대상으로 총 57개의 AI 서비스를 7개 범주로 구분하고, AI 서비스별로 특징과 사용법을 수록하였기에 AI 입문자에게 원하는 서비스를 선택할 수 있는 기회를 제공합니다.

둘째, 본 도서에서 설명하는 내용을 학습하기 위한 이미지, 동영상 등의 학습자료를 성안당 도서몰의 [자료실]에서 제공합니다(https://www.cyber.co.kr/book/).

셋째, 책에서는 AI 서비스별로 간단한 특징과 사용법을 설명하였지만, 좀 더 깊이 있는 내용과 활용법을 원하는 독자를 위해 성안당 이러닝에서 유료 동영상 강의를 제공합니다 (https://bm.cyber.co.kr/).

쇼핑몰 QR코드 ▶다양한 전문서적을 빠르고 신속하게 만나실 수 있습니다.
경기도 파주시 문발로 112번지 파주 출판 문화도시   TEL.031)950-6300   FAX. 031)955-0510

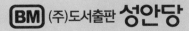

프롬프트엔지니어 2급

2025. 4. 2. 초 판 1쇄 인쇄
2025. 4. 9. 초 판 1쇄 발행

저자와의
협의하에
검인생략

지은이 | 김현정
펴낸이 | 이종춘
펴낸곳 | BM ㈜도서출판 **성안당**

주소 | 04032 서울시 마포구 양화로 127 첨단빌딩 3층(출판기획 R&D 센터)
10881 경기도 파주시 문발로 112 파주 출판 문화도시(제작 및 물류)

전화 | 02) 3142-0036
031) 950-6300

팩스 | 031) 955-0510
등록 | 1973. 2. 1. 제406-2005-000046호
내용문의 | edu@ketia.kr
출판사 홈페이지 | www.cyber.co.kr
ISBN | 978-89-315-7577-4 (13000)
정가 | 20,000원

이 책을 만든 사람들
책임 | 최옥현
진행 | 최창동
교정·교열 | 인투
본문 디자인 | 인투
표지 디자인 | 박원석
홍보 | 김계향, 임진성, 김주승, 최정민
국제부 | 이선민, 조혜란
마케팅 | 구본철, 차정욱, 오영일, 나진호, 강호묵
마케팅 지원 | 장상범
제작 | 김유석